全国教育科学"十三五"规划 2018 年度教育部重点课题"小学科学教师实践性知识发展模型及改善机制研究"（课题批准号：DHA180364）研究成果

小学科学教师实践性知识发展研究

⊙樊文芳　著

湖南师范大学出版社
·长沙·

图书在版编目（CIP）数据

小学科学教师实践性知识发展研究/樊文芳著.—长沙：湖南师范大学出版社，2023.7

ISBN 978-7-5648-4971-9

Ⅰ.①小… Ⅱ.①樊… Ⅲ.①科学知识－师资培养－研究－小学 Ⅳ.①G623.62

中国国家版本馆CIP数据核字(2023)第104609号

XIAOXUE KEXUEJIAOSHI SHIJIANXING ZHISHI FAZHAN YANJIU

小学科学教师实践性知识发展研究

樊文芳　著

出 版 人｜吴真文
责任编辑｜吕超颖
责任校对｜张晓芳
出版发行｜湖南师范大学出版社
　　　　　地址：长沙市岳麓山　邮编：410081
　　　　　电话：0731—88873071　88873070
　　　　　传真：0731—88872636
　　　　　网址：www.hunnu.edu.cn/press
经　　销｜湖南省新华书店
印　　刷｜长沙印通印刷有限公司
开　　本｜710 mm×1000 mm　　1/16
印　　张｜17
字　　数｜244千字
版　　次｜2023年7月第1版
印　　次｜2023年7月第1次印刷
书　　号｜ISBN 978-7-5648-4971-9
定　　价｜48.00元

前　言

　　党的十九大报告提出要"优先发展教育事业"，并把"培养高素质教师队伍"列为全面建设社会主义现代化国家战略任务的重要任务。中共中央、国务院发布了《关于全面深化新时代教师队伍建设改革的意见》（2018）（以下简称《意见》），这一里程碑式的文件提出了"造就党和人民满意的高素质专业化创新型教师队伍"的重大决策和重要举措，明确了"到2035年，教师综合素质、专业化水平和创新能力大幅提升，培养造就数以百万计的骨干教师、数以十万计的卓越教师、数以万计的教育家型教师"的目标。由此可见，党和国家已把培养大批高素质教师作为重大战略目标。

　　随着社会的发展和科技的进步，人类跨入了全球知识经济时代。在这种背景下，科技人才的竞争成为新世纪国际竞争的制高点，公众的科学素养引起世界各国的普遍关注。《全民科学素质行动规划纲要（2021—2035年）》指出："提升科学素质，对于公民树立科学的世界观和方法论，对于增强国家自主创新能力和文化软实力、建设社会主义现代化强国，具有十分重要的意义。"小学科学教育是普遍提高公众科学素养的起点，小学科学教育质量的高低关系着公众科学素养的发展，《义务教育小学科学课程标准》（2017）指出："小学科学课程是一门基础性课程。早期的科学教育对一个人的科学素养的形成具有十分重要的作用。"《义务教育科学课程标准（2022年版）》更进一步明确："科学课程有助于学生保持对自然现象的好奇心，从亲近自然走向亲近科学，初步从整体上认识自然世界，理解科学、技术、社会与环境的关系，发展基本的科学能力，形成基本的科学态度和社会责任感，逐步树立正确的世界观、人生观和价值观，为今后学习、生活以及终身发展奠定良好的基础；有助于提高全民科学素质，促进经济社会发展和科技强国建设。"

优质的科学教育需要优秀的教师，建设一支高素质专业化创新型的小学科学教师队伍是具有战略意义的基础性工作。然而，正如《意见》指出："有的教师素质能力难以适应新时代人才培养需要，专业化水平需要提高。"前期调研结果显示，我国小学科学教育现状堪忧，在提升小学生的科学素养方面仍有一定落差，根本原因是缺少一支高素质的小学科学教师队伍，具体表现在：教师的专业性不强，"教非所学"现象严重，知识面较窄，自主发展意识薄弱。因此，提升小学科学教师的综合素质，提高小学科学教师专业化水平是具有紧迫性的现实任务。

影响教师成长为一名成熟的专业人员固然有社会期望、学校管理等多种因素，但真正起支配作用的是教师在平凡而复杂的日常教育实践和教学生活中实际使用的知识，即教师实践性知识。在教师的知识结构中，实践性知识的丰富程度往往决定一个教师专业发展的水平。教师拥有结构良好的实践性知识，就可以快速提取、应用存储于头脑中的理论知识并有效支配日常教育教学行为，提高教学的效能和效率。因此，要培养"教育家型"的小学科学教师必然要求教师具有结构良好的实践性知识。

本书从小学科学教师的专业实践出发，针对小学科学教师专业发展的现实问题，在对科学教师实践性知识实际发展状况调查研究的基础上，结合专家型科学教师实践性知识发展的经历，充分考虑相关教育主体及周围社群环境的影响，构建出相对稳定的、整体化和系统性的教师实践性知识发展模型和改善机制，并提出相应的对策和建议，以提高小学科学教师的专业素养，使之胜任发展学生科学素养的育人职责。在研究内容上，本书开拓了对小学科学教师实践性知识发展的系统研究，研究范式上结合小学科学教师的专业实践，采用专家型教师和非专家型教师相比较的视角对实践性知识的发展现状作了对比分析，突破了以往只从普通教师来研究教师发展现状的模式。

本书以质化研究为主，量化研究为辅，综合运用了文献分析、课堂观察、深入访谈、实物分析、问卷调查等多种研究方法，在研究对象的选取上，对非专家型教师采取"目的性抽样"中的"典型个案抽样"法，目的是了解一般科学教师的实践性知识现状，便于深入探讨科学教师实践性知识发展中存在的问题；对专家型教师采取"目的性抽样"中的"极端型个案抽样"法，通过这种独特的抽样方式来揭示专家型科学教师实践性知识的形成和发展过程，促进科学教师反思自身的专业实践。

本书力图找到有效提高小学科学教师实践性知识的质量、促进科学教师专业发展的途径，将满足深化科学课程改革和促进教师专业发展两个方面的需求，主要围绕"科学教师实践性知识是什么、当下科学教师实践性知识的发展现状如何、专家型科学教师的实践性知识是如何发展的、怎样促进科学教师实践性知识的发展"4个问题展开，内容分为5章。

第一章：介绍小学科学教师实践性知识发展研究的背景、研究设计、研究动态及研究所依赖的理论基础。以小学科学教育与教师专业发展为切入点阐述了研究问题，对科学教师实践性知识的基本概念作出明确的界定，详细介绍本研究的目的、内容和方法，阐述与本研究相关的研究动态，分析教师实践性知识发展所依赖的理论基础。

第二章：论证小学科学教师实践性知识的构成要素及其相互之间的关系。立足于小学科学教师的专业实践，回顾国内外小学科学教育教学的历史演变，来阐释小学科学教师的专业实践目标；分析小学科学课程及学生科学探究学习的特点，探讨信息技术支持的科学探究学习，提出小学科学教师的专业实践要求；分析世界各国对科学教师专业实践素养的要求，提出科学教师专业实践所应必备的专业素养；探讨科学教学实践中科学教师发展所需要的成长环境。在此基础上，论证小学科学教师实践性知识的构成要素，包括科学专业信念、科学专业知识和科学实践技能，并对每种构成要素的成分及其相互之间的关系作了详细阐述和分析。

第三章：剖析科学教师实践性知识发展状况及存在问题。深入科学教师专业实践现场，收集专家型教师和非专家型教师的相关实证素材，通过比较专家型教师和非专家型教师在科学专业信念、科学专业知识、科学实践技能

3 个方面所呈现出的实践性知识发展状况，揭示科学教师实践性知识发展所存在的问题。

第四章：探寻专家型科学教师实践性知识形成和发展的规律。深入专家型教师的生活与教育实践环境，从专家型科学教师实践性知识发展的阶段特点入手，探讨实践性知识发展的层次和质变关系，从科学教师个体自主发展的角度提出提升教师实践性知识水平的策略；从专家型科学教师专业实践环境出发，从教师个人品质和教师的人际交往两个方面探讨小学科学教师实践性知识发展的环境影响，进而从科学教师群体共生发展的角度提出改善小学科学教师实践性知识的建议。

第五章：构建小学科学教师实践性知识发展模型。立足于科学教师实践性知识所存在的问题，依据专家型教师实践性知识发展规律，结合现实影响因素和环境，并考虑相关教育主体的影响，构建教师实践性知识发展模型，建立小学科学教师实践性知识改善机制，并对改善机制作详细论证和阐释，在分析的基础上提出促进小学科学教师实践性知识发展的可行性建议。

本书的相关研究和撰写参考了大量文献资料，难以一一列出，在此对所有文献作者表示衷心感谢。

目　录

第一章 绪论

第一节　研究概述

一、新时代小学科学教师专业发展

（一）素质教育呼唤对小学科学教育的重视

随着全球化、信息化时代与知识社会的到来，各国综合国力的竞争日益加剧，国际竞争最终归结为人才的竞争。以经济发展为核心、致力于公民素养的提升，已成为世界各国发展的共同主题。

科学素养是公民素养的核心成分。提高公众科学素养要从基础教育开始，科学教育改革是其落实的首要方面。因此，世界各国纷纷采取措施来提高科学教育的质量，主要表现为对小学科学教育课程的重视。英国作为科学教育的发源地，早在 20 世纪末就重视小学科学教学改革，1988 年，以立法的形式规定了科学课程在小学教育中的核心地位。1989 年，《国家科学课程标准》出台，明确了小学科学课程的培养目标和课程内容，之后又经多次修改，于 2000 年正式颁布，确立了英国小学科学教育面向 21 世纪改革的基调和准则。2013 年 9 月，针对小学科学课程普遍存在学生对基础知识、技能掌握不扎实的问题，英国对小学科学课程进行了再一次改革，又出台了《小学国家课程学习纲要》，并于 2014 年 9 月开始执行。[1] 早在 20 世纪

---

[1] 闫守轩，朱宁波 . 英国新一轮小学科学课程改革及其启示 [J]. 课程・教材・教法，2015（10）：120-124.

80 年代初期，美国基础教育掀起了一场"高质量教育"运动，将小学科学课程作为最基本、最重要的核心学科之一，并且从幼儿园开始设置科学课程，从幼儿园到 12 年级，科学课程内容标准统筹规划，循序渐进，环环相扣。[1]1985 年，在法国制定和推行的小学教学大纲中，科学与技术就被列入本国教学的七大基本学科，其中，科学与技术课程的开设情况为低年级学生每周 2 课时，高年级学生每周 3 课时。20 世纪 80 年代以来，加拿大几乎所有省都制定了贯穿基础教育阶段的科学教育计划。[2]2000 年，联合国教科文组织强调了科学教育对于人的发展的重要性，提出所有人都有从小为和平而学习科学知识的权利，以培养个体的科学能力，造就富有进取心和有知识的公民。[3]可见，提高公民科学素质，必须从儿童抓起，重视小学科学教育是当今时代的要求。

顺应国际形势，《中华人民共和国国民经济和社会发展第十四个五年规划和 2035 年远景目标纲要》（2021）提出深入实施人才强国战略，强调"提升国民素质，促进人的全面发展""把提升国民素质放在突出重要位置"。在我国基础教育领域，"素质教育"是个永恒的主题。2016 年 9 月，《中国学生发展核心素养》框架正式发布，明确了学生经历教育后必须拥有怎样的基本素养和能力，成为怎样的人才。建构学生发展核心素养体系，是为了落实立德树人根本任务，全面实施素质教育。基础教育改革将确立起以"学生核心素养"为基本框架的教育质量评价体系和课程体系，真正深化与落实素质教育，提高基础教育质量。《中国学生发展核心素养》明确了中国学生发展的六大核心素养，其中之一是科学精神，主要是学生在学习、理解、运用科学知识和技能等方面所形成的价值标准、思维方式和行为表现，具体包括理性思维、批判质疑、勇于探究等基本要点。

---

[1] 丁邦平，罗星凯. 美国基础科学教育改革及其主要特点——兼谈加强我国科学教育研究 [J]. 首都师范大学学报（社会科学版），2005（4）：98-103.
[2] 黄海旺. 小学科学课程改革的几点思考 [J]. 课程·教材·教法，2009（10）：71-74.
[3] 李水霞. 新课程下小学科学课程实施个案研究 [D]. 长春：东北师范大学，2015.

2016 年 10 月，在北京师范大学召开的全国小学科学教育研讨会肯定了小学科学教育对于学生核心素养发展的不可替代性。[1] 教育部印发的《义务教育小学科学课程标准》（2017）指出："科学课程有助于学生保持对自然现象的好奇心，从亲近自然走向亲近科学，初步从整体上认识自然世界，理解科学、技术、社会与环境的关系，发展基本的科学能力，形成基本的科学态度和社会责任感，逐步树立正确的世界观、人生观和价值观，为今后学习、生活以及终身发展奠定良好的基础；有助于提高全民科学素质，促进经济社会发展和科技强国建设。"《中华人民共和国国民经济和社会发展第十四个五年规划和 2035 年远景目标纲要》（2021）也明确提出要"广泛开展科学普及活动，加强青少年科学兴趣引导和培养，形成热爱科学、崇尚创新的社会氛围，提高全民科学素质"。由此，国内外普遍认识到小学科学教育是科学素养培养的基础，对个体科学素养的发展具有终身影响，直接关系国民的整体素质和国家的综合竞争力，对经济社会发展有重要意义。

（二）小学科学教育需要高素质专业化教师队伍

优质的科学教育需要优秀的科学教师，专业化的小学科学教师队伍是提高科学教育质量的基础。小学科学教师在学生科学素养的发展过程中扮演着转化者的重要角色，是影响科学素养落实的重要因素。为了将科学素养融入实际的教学过程中，需要加强对教师专业发展的引领。将科学素养的相关内容融入教师培训及专业化发展指导过程中，确保教师能够成为学生科学素养形成和发展的有力引导者、辅导者、咨询者及合作者，并最终实现科学素养的发展。

然而，近几年的文献研究和现状调查表明，当前由于小学科学课程处于"被边缘化"状态，小学科学教师的专业性不强，"教非所学"现象严重，知识面较窄，自主发展意识薄弱等是普遍存在的问题，已严重影响我国科学教

---

[1] 胡玉敏. 2016 全国小学科学教育研讨会顺利召开 [J]. 中国教师，2016（22）：96.

育质量的提高。这些研究从时间上来看，表现出一定的持续性，从地域来看，又显示出广泛性，因此，具有一定的代表性。小学科学教师的专业发展问题成为制约科学课程改革以至于素质教育推进的瓶颈。

中共中央、国务院《关于全面深化新时代教师队伍建设改革的意见》（2018）（以下简称《意见》）提出了"造就党和人民满意的高素质专业化创新型教师队伍"的战略任务和重大举措，明确了"到2035年，教师综合素质、专业化水平和创新能力大幅提升，培养造就数以百万计的骨干教师、数以十万计的卓越教师、数以万计的教育家型教师"的目标。由此可见，党和国家已把培养大批教育家型教师作为重大战略目标。《意见》进一步指出，"有的教师素质能力难以适应新时代人才培养需要，专业化水平需要提高"。因此，如何提升小学科学教师的专业素质进而培养大批教育家型教师是值得研究的问题。

（三）改善小学科学教师实践性知识的必要性

20世纪60年代以来，随着知识量的急剧增加和教育规模的迅速扩大，教师专业发展引起了世界各国的重视，进入了教师教育研究领域，促进教师发展的任务由"量"的满足逐步转向了"质"的提高。为了提升教师的专业水平，我国教育部也陆续启动了各种教师培训项目，如2003年实施了"中小学教师全员培训计划"和"全国教师教育网络联盟计划"，2006年到2008年连续三年组织了"中小学骨干教师国家级远程培训"和"西部农村教师远程培训计划"，2010年又启动了"中小学教师国家级培训计划"（简称"国培"）。在培训阶段上，不仅加强职前教师的培养，而且职后教师的培训也受到了前所未有的重视；在培训形式上，脱岗培训与在场培训相结合，讲授式培训与讲座式培训相结合；培训内容上，教材培训和教法培训齐头并进。这一系列措施，足见政府对教师教育工作的重视。然而，来自于全国9省市的一项关于小学教师培训现状的实地调查研究表明，在所有接受调查的教师中，

51.1%的教师认为很难将培训中所学的知识和技能迁移到教学中去。[1]可见，培训效果并非如我们所愿。其根本原因在于，长期以来，对于教师专业发展的研究，人们主要从教师"应该知道什么"的角度出发，再归纳和演绎出"如何学""如何教"，其思维方式偏于单线式，而没有考察教师"实际拥有了哪些知识"以及"如何拥有的"，即缺乏对教师实践性知识的考量，这是长期以来难以从根本上改善教师专业素养的一个重要原因。

20世纪60年代以来，随着对教师教育的深入探讨，各国对教师的培养目标由"量"的满足逐步转向了"质"的提高，纷纷要求通过培养高素质教师来改善课堂教学实践。研究者们相继提出了与教师实践相关的理论，其中较有代表性的有舒尔曼（Lee S.Shulman）提出的学科教学知识理论、艾尔贝兹（F. Elbaz）提出的实践性知识理论，以及舍恩（D. Schon）关于反思性实践者的论述等，这些理论引导着国际教师教育研究的重点逐步转向了教学实践。[2]对教育理论的研究降解到日常实际进行的教育教学活动之中，转向教师自身，呈现教师教育教学活动的真实过程，了解教师平凡而复杂的日常教育实践和日常教学生活，关注教师"实际使用的理论"，即教师实践性知识。"实践性知识"是教师个体在应对教育情境中生成的关于"如何做"的相对稳定的策略性认识体系。研究表明，制约教师成长为一名成熟的专业人员固然有社会期望、学校管理等多种因素，但真正起支配作用的是教师在平凡而复杂的日常教育实践和教学生活中实际使用的教师实践性知识。教师实践性知识在教师的专业实践工作中发挥着举足轻重的作用，是教师专业发展的主要知识基础。在教师的知识结构中，实践性知识的丰富程度往往决定一个教师专业发展的水平。教师拥有结构良好的实践性知识，就可以快速提取、应用存储于头脑中的理论知识并有效支配日常教育教学行为，提高教学的效能和效率。课堂教学实践的复杂性与创造性必然要求教师应该具有结构良好的实践性知识。

---

[1] 薛海平，陈向明. 我国中小学教师培训质量调查研究[J]. 教育科学，2012（6）：53-57.
[2] 伯拉. 数学教育心理学研究手册：过去、现在与未来[M]. 徐文彬，喻平，孙玲，译. 桂林：广西师范大学出版社，2009：521-523.

由此，拥有结构良好的实践性知识，成了高素质教师必备素养的核心内容，改善教师的实践性知识对于提高小学科学教师专业素质是必要的和关键的举措，从改善实践性知识入手，能为加速培养教育家型科学教师探寻新的切实途径。

二、科学教师实践性知识的基本概念

（一）知识

"知识"是一个古老的词汇，对于"知识"的研究，学术界有各自不同的理解，但要给"知识"下一个确切的定义，并非易事，正如罗素所认为的，知识是一个"高度模糊"的字眼，是"无法精确"的用语。[1] 在此，笔者将知识的发展脉络作一简单梳理，以便在理解"知识"的基础上，更加清晰地认识教师的实践性知识。依据学者们对知识的看法，笔者将知识的发展划分为 3 个阶段及 3 种观点：传统知识观、现代知识观、后现代知识观。

传统知识观重理论、重思辨，强调知识的客观性、普遍性及价值中立性，认为对知识的理解应该以人类的沉思为基础。研究者们认为知识是关于自然界和社会中其他事物的，人们可以去认识它，但它的存在是不以人的意志为转移的，具有明显的"自在性"和"自为性"。如以柏拉图、亚里士多德、笛卡儿为代表的唯理主义者注重"理智"在"知识"形成中的作用，认为知识是先验的、预设的，他们反对经由感觉而产生的经验，认为事物的本质必须通过理智形成"理念"然后才能把握；以洛克、培根、康德等为代表的经验主义者关注人的"感觉经验"，认为人类是在观察和实验的基础上获得知识的。在认识的这个阶段，知识被认为是少数人的专利，具有一定的权威性，与人们的日常生活实践活动相分离。这种观点把知识理解为主观认识与客观对象相符合的结果，将人的求知视为人类的本性，忽视了人的生存实

---

[1] 刘清华. 教师知识的模型建构研究 [M]. 北京：中国社会科学出版社，2004：18-19.

践性，缺乏现实的依据。

现代知识观对于知识的研究由单纯的纯认识活动转向了人类的实践活动，不仅探讨知识是什么，而且探讨人类如何获得知识，认为知识揭露的不是一个先在的存在，而是有意识行动的结果，所有的知识都是暂时的和不断进化的。在承认知识客观性的同时，更强调主体能动性，它以科学的方式影响着人的生活，知识的传播是网状互动的，知识向大众化、日常化的生活方式转变。马克思主义认为，知识有用或无用可以因人而异、因阶级而异，判定一种认识是否具有真理性，唯一的标准就是通过实践检验。随着科技的不断发展，各种知识不断涌现，"技术理性"主导下的科技知识观产生并成为现代知识观的主要成分。在这个阶段，知识被认为是人类征服自然、改造社会、创造财富的工具，知识被套上了沉重的科学枷锁，成了压迫人的心灵、支配人的命运的重要力量，科学知识成了所有知识门类的典范，对知识的学习具有明显的功利倾向，知识的全部意义就在于它的社会价值和经济价值。

20世纪后，哲学家们面对种种问题，对长期以来的知识体系和知识观提出了根本性的质疑，把研究焦点逐渐转向了知识与社会、知识与人类的关系上，以 J. F. 利奥塔和米歇尔·福柯为代表的后现代主义者认为知识的获得是认识者主动建构的过程，知识不再独立于主体之外，而是人与环境交互作用的结果，是充满了人的价值负载和逻辑愿望的。知识具有"个人性"，在知识产生之初，不可避免地会带有对某个人或某件事的见解及看法，在知识形成过程中，也会融入个人的世界观、价值观，当这种知识被大部分人所认同并传播开之后便成为公共知识。公共知识是无法被个人直接获得的，个人只能通过对话来建构具有个体意义的个体知识。所以，公共知识的获取已不再是教育的最终目的，而代之以个人知识的生长为主要目的。由此可见，随着后现代知识观的提出与发展，人与知识之间"发现、占有的关系"逐步被"探寻和构建意义的关系"所取代，实现了由外在意义向内在意义的转变。

通过以上关于知识观点的梳理，可以看出，知识的研究经历了一个漫长的过程，随着人们对知识理解的加深，知识的内涵也变得越来越丰富。在"知识"这个大家族中，不仅存在客观性的知识，还存在主观建构性的知识；不仅存在公共性、普遍性的知识，还存在个人性的知识；不仅存在"是什么"的纯理论思辨性的知识，还存在"如何做"的包含有人类实践活动的知识；不仅存在文本上和口头上可以言说的知识，还存在无法用语言表达的知识；知识不仅仅指的是某种活动的结果，还指某种活动的状态与过程。可以说，知识的研究出现了多元化的特征，这种多元知识观的发展，使人们逐渐转向探求知识的意义性、境遇性、价值性和可理解性，从而导致学术上一些新名词的出现，如个人知识、缄默知识、实践知识等。

通观知识的发展变化，本文把知识界定为：个人在具体的情境下，面对具体问题的解决时，与周围环境所进行的社会实践与互动，既包括解决问题之前个人已存储的理论知识，又包括面对新情况时即时调用的实践性知识，既包括显性知识，也包括隐性知识。

(二) 实践

要对实践性知识进行一个较为准确的界定，除了深入了解"知识"之外，还需要搞清楚"实践"的含义。在此，笔者将对"实践"的认识发展划分为3个阶段：道德实践观、理性化实践观和交往理解实践观。

对于"实践"的研究应首推古希腊哲学家亚里士多德，亚里士多德首次将"实践"从人们的日常生活中提升出来并将其作为一种常识性概念来分析和反思人类的行为，他提出人的实践具有多样性，目的也同样具有多样性，但并非所有的目的都是最终的，他把实践的目的进行了不同层次的划分，以"善"来统摄人类的一切活动。[1]康德继承并发展了亚里士多德的实践观，他在《判断力批判》一书中指出了两种实践——"技术实践"和"道德实践"。他认为"技术实践"是一个自然概念，属于理论哲学研究的范畴，而"道德

---

[1] 丁立群. 亚里士多德的实践哲学及其现代效应 [J]. 哲学研究, 2005 (1)：76-81.

实践"是一个自由的概念，属于实践哲学研究的范畴，他更看重后者。这种实践观把实践等同为一种单纯的道德活动，所以把它称为道德实践观或伦理实践观，认为实践是一种超验玄思或脱离现实的恣意妄为，与现实相脱离，具有狭隘性。

18世纪以来，受理性主义认识观的影响，科学技术逐渐成为社会的主导并广泛地进入人们的生活，工具理性和功利价值观充斥于人类行为中，"实践"就此演变成了一种"操作"。这种观点以认识理性为主要原则，认为通过理性可以解决所有实践问题，把理论看作与实践毫不相干的不切实际的非生产性的活动，而把实践等同于物质性生产活动。培根的著名论断"知识就是力量"就是该理论的重要体现。笛卡儿也认为借助于实践，人类可以了解自然界存在的一切事物，使自己成为自然的主人和占有者，并且促进人类生活的改善。这种观点虽然特别强调把理论运用于实践，强调"做"的重要性，但认为理论是高高在上的，实践只是认识理论、获取材料以验证理论的手段，实践要完全按照理论逻辑来实施，是一种物质性的或对象化了的理论活动。这种实践观从认识论意义上去理解实践，把实践作为某种工具来看待，等同于物质性生产活动，虽然提高了生产活动在人类活动中的地位，但具有一定的功利性及片面性，导致了实践的庸俗化、粗浅化的理解。

在哲学发展史上，马克思在对德国古典哲学批判的基础上形成了自己的实践观，认为实践是人类自觉、能动地改造客观世界的感性的物质活动，主旨是要实现人的解放，第一次使实践具有了本体论意义。哈贝马斯继承和发展了马克思的实践观，他在批判"技术理性"的基础上，通过反思理论与实践之间的关系，提出了著名的交往行动理论，认为人类的实践活动应该建立在沟通与交往的基础上，由此构成了他的交往实践观。[1] 哈贝马斯认为"实践"应侧重于人与人之间的交互作用，只有通过人与人之间的交往对话才能

[1] 王树生. 布迪厄的"实践理论"及其对社会学研究的启示 [J]. 社会科学研究, 2007 (5)：97-103.

判断出实践的有效性。因此，与实践理性的观点不同，实践中的参与者不是尽最大努力来争取自己的利益，而是要努力探讨一种能够被所有参与者共享的兴趣。

由此可见，对"实践"的研究，经历了一个由内含着超验理念的终极关怀、带有工具理性的功利意识到追求人类自由解放和相互理解的3个阶段。依据其发展历程，笔者认为，对于实践的认识，应把握以下几点：第一，实践是一种行动的过程，所谓行动，是主体参与某个情境的过程；第二，实践活动涵盖了公共领域中经济、政治、文化、艺术等的一切活动；第三，实践是一种有意识的活动，具有一定的目的性和功利性，最终目的都是为了使人类更好地生活；第四，在实践活动中，个人要不断地进行反思，而多个主体之间要互相沟通，达到相互理解。因此，实践是指在公共领域中，参与主体根据他们所认可的某种规则，通过个人反思、相互之间协商的方式，为了能够更好地生活，参与到各类活动中而进行的一种行动过程。

（三）实践性知识

"实践性知识"是一个复杂的概念，从不同的视角出发可以有不同的理解。从哲学的角度，在明确"知识"和"实践"的基础上，可以来探讨"实践性知识"的特征。"实践性知识"并不是"实践"和"知识"的简单相加，而是两者的融合。依据"知识"和"实践"的含义，可以确定实践性知识的两个特征：第一，实践性知识是有关行动的知识，这里不仅仅指某种知识状态，更多地指向一种过程。第二，实践性知识具有价值负载性，即"实践性知识"是某个人实施某项行动时，依据自身的价值观所使用的知识。

在教育学中，"实践性知识"特指"教师实践性知识"，可以从施瓦布的"实践样式"和"实践性课程"开始，他认为教师在做出某项实际决策时会综合多样的理论与技法。他提出"教师即课程，教师不再孤立于课程之外，而是课程的有机构成部分，是课程意义的创造者和课程研究的主体"，该种提法首次承认了教师在课程实施中的主动权。美国学者舍恩提出了"反思性实践者"这一专有名词，他反对在"技术理性"思想的主导下，将教师作为"技术熟练者"来对待，并指出教师知识具有缄默性，必须通过个人的反思来获得，引发了以教师的"实践性知识"的形成为轴心的新型教师教育和教学研究模式的兴起。国外对教师实践性知识研究的第一人应首推加拿大学者艾尔贝兹，将教师实践性知识界定为："教师以其个人的价值、信念统整他所有的专业理论知识，并且依照实际情境为导向的知识。[1]"他强调实践性知识具有价值负载性和情境性。后来加拿大学者康纳利（F. M. Connelly）和克兰迪宁（D. J. Clandinin）认为"实践性知识"出自个人经验，所以将其称为"个人实践性知识"，认为"那种知识不是某种客观的和独立于教师之外而被习得或传递的东西，而是教师经验的全部，贯穿于教师实践过程[2]"，强调实践性知识来源于经验，植根于个人。威鲁普（Verloop）等人则认为："教师实践性知识构成教师实践行为的所有知识和洞察力，是隐含在他或她行为背后的知识和信念。"强调实践性知识的缄默性。

随着世界教师教育研究范式的转型，"教师实践性知识"的研究在我国也逐渐兴起并发展繁荣，国内学者叶澜认为："实践性知识一般是指教师关于课堂情境和课堂上如何处理所遇到的困境的知识，建立在前一时期专业学科知识和一般教学法知识基础上的，体现教师个人特征和智慧的知识。"认为教师实践性知识反映了教师的教育智慧。陈向明将教师"实践性知识"界定为"教师对自己的教育教学经验进行反思和提炼后形成的，并通过自己的行动做出来的（enacted）对教育教学的认识。[3]"强调了教师实践性知识不仅包含了教师思想上的认识，而且要能够身体力行地做出来。

由上可以形成一个基本理解：实践性知识是指教师在具体的日常教育教学实践情境中，通过对自己教育教学经验的反思，并结合自己的生活经历，逐渐积累而成的用于解决教育教学实际问题的知识。

---

[1] Elbaz. F. Teaching Thinking: A Study of Practical Knowledge[M]. Lodon: Croom Helm, 1983：5.
[2] F. 麦克尔·康内利，D. 琼·柯兰迪宁，何敏芳，王建军. 专业知识场景中的教师个人实践知识 [J]. 华东师范大学学报（教育科学版），1996（2）：5-16.
[3] 陈向明，等. 搭建实践与理论之桥——教师实践性知识研究 [M]. 北京：教育科学出版社，2011：1-4.

（四）科学教师的实践性知识

科学教师实践性知识是对教师实践性知识的具体化、学科化，研究范围上涉及实践性知识的阶段层次和学科层次，研究内容上涉及科学教师的专业实践。因此，以下先对范围进行框定，然后从科学教师的专业实践出发，结合教师实践性知识的含义来探讨"科学教师的实践性知识"的概念。

教师依据是否上岗，分为职前师范教师和职后在职教师；依据教师的专兼职情况，分为专职教师和兼职教师。本研究主要指职后在职教师，既包括专职教师，也包括兼职教师。科学课程主要分为两个阶段，小学科学课程和中学科学课程，在小学阶段呈现为综合课程的形式，在中学阶段呈现为分科课程的形式。本研究认为以综合形式呈现的课程更需要教师较高的综合素质，并且小学阶段是学生科学素养的奠基阶段，所以将研究对象定位为从事小学科学课程教学的在职教师，以下简称科学教师。

由上可知，教师实践性知识来自于教师的教育经验，而教师的教育经验又是在教师的专业实践中生成的，因此，探讨教师实践性知识必然涉及教师的专业实践。小学科学教师的专业实践主要是以小学科学课程为载体，通过对小学生施加一定的科学教育影响来提高学生的科学素养。因此，小学科学教育的培养目标及小学科学课程的性质决定了科学教师实践性知识的内涵。

小学科学教育的培养目标是随着基础教育阶段科学教育的发展而逐步改变的，是一个由量变到质变的认识过程。从国内外小学科学教育的发展历程来看，依次经历了科学知识的学习、科学技能与方法的掌握，以及科学思维和探究能力的培养 3 个阶段。当前的小学科学教育不仅要让学生掌握一系列科学知识和科学操作技能，还强调要发展他们对科学探究的理解，将科学素养的培养作为小学科学教育的总目标，重视学生科学世界观和价值观的培养。从我国小学科学课程的性质来看，我国的小学科学课程是一门基础性课程，以提升学生的科学素养为目标，依据小学科学课程标准的要求，科学教师应引领学生学习与周围世界有关的科学知识，帮助学生体验科学活动的过程和方法，并且要使学生了解科学、技术与社会的关系。由小学科学教育的培养目标及我国关于小学科学课程的培养理念可以看出，具有丰富的科学知识已不再是对小学科学教师的唯一要求，能够引导学生进行科学探究并帮助学生理解探究的意义成为了小学科学教师所必须具备的能力之一。因此，科学教师应该具有多方面的知识和能力，包括具有丰富的科学和教学知识、熟练的教学实践操作技能及坚定的科学教育信念，这三部分的有机融合构成了科学教师的实践性知识。

基于以上探讨，科学教师的实践性知识是小学科学教师在反思自己以往科学实践经验的基础上，结合当下的科学教育情境和自己的生活经历所生成的对于科学专业知识、科学实践操作技能的认识和把握，并将这种认识用于指导和改善科学教学实践的知识。它受科学教师的实践环境、实践内容和实践对象等方面的影响。在具体的科学实践环境中，教师通过与他所从事的实践内容和实践对象相互作用形成了基于科学课程的教育教学智慧，即科学教学实践性知识，并积极作用于科学教学实践。

科学教师的实践性知识生成之后，一段时间内是相对稳定的，但是随着自身经验的进一步积累及个人的积极反思和向他人学习，实践性知识会继续向前发展，走向实践智慧。它在静态上反映了科学教师对当下科学教育教学的认识，以及实际上所持有的科学专业知识和科学实践技能，在动态上反映了科学教师的一套行动意识，即在自身教育信念的指导下，整合自己所具有的相关知识和技能去开展科学教学实践活动。因此，其主要由 3 个部分构成：科学专业信念、科学专业知识和科学实践技能。

科学专业信念是科学教师对科学教育教学活动、学生及教师自己的看法和见解，即对业、对生、对己 3 个维度。科学专业知识是关于科学教师在科学课上"教什么"和"如何教"的知识，具体包括科学学科知识和科学教学知识。科学实践技能是指科学教师在科学教学实践中所运用的专门技能，包括科学实验操作技能、教具选择和使用技能、科学实验设计技能、自制教具技能、科学资料查阅和整理技能、运用现代化教学手段辅助教学的技能，以及争取校外科技资源积极配合的技能等。

三、小学科学教师实践性知识发展的研究设计

（一）研究目的

优质的科学教育需要优秀的科学教师，教师实践性知识是教师专业素养和能力的核心，具备良好的实践性知识是优秀教师必备素养的核心内容。本研究从教师实践性知识发展着手，落实十九大以来系列政策提出的"培养高素质教师队伍"和国家"十四五"规划纲要提出的"建设高质量教育体系"的任务和目标，从小学科学教师专业发展的现实问题出发，以提升小学科学教师队伍专业化水平为目的，结合专家型教师的教育教学实践，构建小学科学教师实践性知识发展模型，建立小学科学教师实践性知识改善机制，进而提出促进教师实践性知识改善的建议，从根本上提升教师对"立德树人"的胜任力。

（二）研究内容

本研究力图找到有效提高小学科学教师实践性知识的质与量、促进科学教师专业发展的途径，将满足两个方面的需求：其一是深化科学课程改革，其二是教师自身专业发展，主要围绕"科学教师实践性知识是什么、当下科学教师实践性知识的发展现状如何、专家型科学教师的实践性知识是如何发展的、怎样促进科学教师实践性知识的发展"4个问题展开，研究内容如下。

1. 小学科学教师实践性知识的构成

分析小学科学教师专业实践的目标和特点，梳理国内外对科学教师专业

实践素养的要求，探讨科学教学实践中科学教师发展所需要的成长环境，结合学者们对教师实践性知识构成的相关研究成果，探讨科学教师实践性知识的构成，建立科学教师实践性知识研究的理论框架。

2. 当前小学科学教师实践性知识发展的现状

深入小学科学教师专业实践现场，站在专家型教师和非专家型教师相比较的视角，从科学教师实践性知识构成要素出发，剖析科学教师实践性知识发展现状及问题，提出科学教师实践性知识改善建议。

3. 专家型科学教师实践性知识形成和发展的规律

深入考察专家型科学教师实践性知识形成与发展的过程，从教师个体发展和群体共生两个角度探寻专家型教师实践性知识形成和发展规律，为构建科学教师实践性知识发展模型和改善机制提供依据。

4. 小学科学教师实践性知识发展模型的构建

依据专家型教师实践性知识发展规律，结合现实影响因素和环境，并考虑相关教育主体的影响，构建教师实践性知识发展模型，建立小学科学教师实践性知识改善机制，并对改善机制作详细论证和阐释，在此基础上提出促进小学科学教师实践性知识发展的可行性建议。

（三）研究方法

本研究总体上采用质的研究方法，从研究目的和研究解决的问题出发。一般来说，质的研究方法适合比较深入地追究事物的本源和深层原因，不仅回答"是什么"，还能探寻"怎么样"和"为什么"；量化研究的方法有助于厘清"是什么"的研究问题，并得到较为有说服力的"普遍性"结论。本课题研究的是具有"缄默性"特征，也即具有无法言传性的教师实践性知识。在研究过程中，不仅需要考察能够观测到的教师在教学中"这样做"的表现，更为重要的是探究隐于内部的教师"为什么这样做"的原因，以及教师经过筛选"不那样做"的行为。由此，笔者选择了以质的研究为主，量化研究为辅的方案，采用的主要方法有文献分析法、课堂观察法、深度访谈法、实物分析法和问卷调查法，力图较为全面和深入地把握科学教师的实践性知识。

1. 文献分析

本研究的文献资料来源包括专著、期刊，以及各大文献数据库和网络搜索引擎等数字化资料。研读的内容涉及国内外对教师实践性知识的溯源、内涵、特征、构成和形成机制，关于科学教师的知识结构、素养构成、存在问题和发展对策，以及国内外关于科学课程的政策、文件等。

文献研究的主要目的是通过对相关文献的梳理和分析，厘清关于教师实践性知识及科学教师专业发展的既有研究成果，以开阔研究视野，发现有待解决的问题，找到研究的切入点，在借鉴前人研究成果基础上开展进一步研究，避免重复性工作；此外，广泛的理论文献阅读有助于开阔研究视角，提升研究起点高度，直接贡献于笔者对科学教师实践性知识的相关方面进行深入剖析，继而为探讨其发展规律和模型、机制提供相应的理论依据。

2. 课堂观察

教师实践性知识依附于教师个人，植根于教师的教学实践，与教师教学工作紧密相连，它具有复杂性、情境性和不确定性的特征，这就要求我们要紧密贴近教师的教育教学工作，对教师的工作要有深入透彻的理解，因此，课堂观察是必不可少的。

本研究的课堂观察主要对大同市 X 小学、Y 小学、Z 小学科学教师的课堂教学状况及学生的学习状况进行为期两个月的观察，从而可以看到教师实践性知识在教学实际中的真实表现及学生探究式学习的状况。针对教师的观察内容主要包括对科学教材的处理，课堂教学材料的选择和使用，课堂的导入、提问和理答等方面；针对学生的观察内容主要为科学探究式学习中提到的提出问题、猜想与假设、制定计划、实验验证、搜集整理信息、思考与结论、表达交流等目标要素。

本研究共进行了 16 节课的非参与式课堂观察，文字整理约 9 万字。在观察之前，笔者已经与被观察者之间进行过多次交流，与被观察者建立了比较友好的关系，所以在征得同意后进入了观察现场。进入现场之前，笔者设计了详细的观察记录表，主要分为基本情况区、记录区、个人反思区及理论分析区。基本情况区包括被观察者的基本信息，有姓名、年龄、性别、授课时间、授课地点、授课班级、授课名称；记录区主要用来记录课堂实况；反思区主要记录笔者针对课堂实况的所思所想；理论分析区主要记录对观察内容的初步分析。为了能够使课堂实况记录得真实、完整，笔者还征求了被观察者的同意，对课堂实况做了录音。在观察过程中，为了提高研究的有效性，笔者以"介于局内人和局外人之间"的身份进行观察，即"边缘成员式研究者"。此外，使用质的研究方法不可避免地会受到"前设"和"偏见"的影响，课堂观察作为质的研究方法的一种，同样遵循此种规律。因此，笔者在整个研究过程中尽量保持一种客观中立的态度，在进行课堂观察时尽量避免"前设"对研究造成的影响，在观察后及时将课堂实况整理成文字性的观察记录并对自己的观察过程进行反思。

3. 深度访谈

访谈法是本研究所采用的主要研究方法，本研究的访谈对象主要有两类，一类为专家型教师，另一类为非专家型教师。专家型教师以路培琦老师（后文简称 L 老师）为代表，非专家型教师选自大同市小学科学教师。

（1）研究对象的选取及其代表性

对于专家型教师的选取，本研究采取了"极端型个案抽样"，是"目的性抽样"法之一。运用这种方法的目的是从一个极端的例子中学到为一般情况服务的经验教训，虽然看起来"不正常"，比较极端，但有时这种独特的方式会比一个典型现象更具有说服力。对此，本研究选取了 L 老师作为专家型教师来研究。L 老师原为天津市河西区一名小学科学教师，从事小学科学一线教学工作近 30 年，积累了丰富的小学科学教学经验，1990 年开始从事天津市科学教师师资培训工作 10 年，2000 年至今，先后担任过国家基础教育课程项目小学科学课程标准研制组成员、国家教委教学仪器研究所兼职研究员、国家教委中小学教材审定委员会自然学科审查委员、中国教育学会小学自然研究会理事等职，是全国知名的自然特级教师，和浙江省章鼎儿老师一同被誉为我国自然教学的两座丰碑，有"南章北路"之称，具有一定的"极端型"。

对于非专家型教师的选取，本研究采取了"典型个案抽样"法，该方法也是"目的性抽样"之一，通过选取具有一定"代表性"的个案来了解研究现象的一般情况。在质的研究中，对典型个案进行研究不是为了证实某种规律的正确性或者将研究结果推论到个案所在的人群，而是为了展示和说明此类现象的典型个案。基于此，非专家型教师选自大同市的小学。大同市地处我国经济欠发达中部地区，是以工业和旅游业为主导产业的较大规模城市，基础教育发展水平一般，市区范围覆盖城市、郊区、农村，有300多所小学，该地理区域在国内具有一定的"代表性"。

从选取的对象来看，本研究从300多所小学中分别选取城市、郊区、农村各一所学校进行研究，再从这三所学校中各选取3名教师进行访谈，被访教师的基本情况如表1-1所示：

表1-1　被访教师的基本情况

教师代码	性别	专业背景	最初学历	从教时间	从事科学教学时间	专兼职
M	男	综合	中专	18	15	兼职
J	男	综合	中专	15	2	兼职
G	女	美术	本科	1	1	专职
B	女	英语	中专	14	5	专职
F	女	工科	大专	8	3	专职
S	女	综合	中专	21	2	专职
A	女	体育	中专	26	5	兼职
C	女	综合	中专	28	10	兼职
D	女	体育	中专	10	6	兼职

从被访教师的性别组成来看，男女教师比例为 2 ：7；从专业背景来看，以中专学历居多，7 名，本科学历仅 1 名且为刚参加工作的新任教师；从从事小学科学教学的时间来看，从 1 年到 15 年不等，以 3 ~ 5 年居多；从专兼职情况来看，专兼职比例为 4 ：5。由此可见，被访教师的总体情况与我国小学阶段科学教师的总体分布状况较吻合，具有一定的代表性。

（2）研究过程

①与 L 老师的接触

与 L 老师相识，是在一次"科学教师好课堂教学观摩展示活动"会场上，笔者在工作期间一直参与本科生的见习、实习工作，从一些小学科学教师的口中已经对 L 老师多少有些了解。在那次"展示活动"上，L 老师丰富的知识、不凡的言吐，以及对一线科学教师提问的耐心解答，深深打动了我，在中场休息时，我上前跟 L 老师打招呼并简单介绍了自己，接着提出想邀请他参与我的课题研究，以简短的话语向他介绍了我的研究内容，L 老师一听我要研究他的任教学科，非常开心，当场就同意配合我的研究，并给我留了他的联系方式。

第一次去 L 老师家，是在一天上午，九点左右，L 老师把我迎进门，再一次详细询问了我的情况后，便跟我交谈了起来，跟我谈了一些他过去的事情，包括他的童年、他师范教育阶段，以及工作期间的一些经历，中间还不时地找出他当年的小发明、小制作来让我看，我们一直谈到大约十一点，临走时，L 老师还送给我一本他自己编的书，山东教育出版社出版的《自然教学改革探索》，还借给我一些关于小学科学课程的教学录像光盘，为我推荐兰本达教授编写的《小学科学教育的"探究—研讨"教学法》和刘默耕编写的《小学自然课改革探索》这两本书，鼓励我好好做研究。可以说，第一次的合作是愉快而又成功的，这为我后期的研究奠定了良好的开端。之后，为了研究的需要，又连续去过两次，半年后，为了对我的研究做一些必要的补充，又一次联系 L 老师，L 老师再一次欣然答应并接受了我的访谈。

对 L 老师的访谈，前后共进行了 4 次，每次时间一个半小时左右。为了保证研究的原汁原味，力求每次访谈后当天整理。

②与小学科学教师的接触

如前所述，本研究调研场地选取的是大同市的小学，之前笔者的工作单位一直与大同市的小学合作，而笔者承担本科生的见习、实习指导工作，跟学校校长、副校长及一些小学老师有过接触，已经有了很好的研究基础，为进入调查现场提供了很大的便利条件。

对于访谈对象的选取，为了避嫌，不至于让小学科学教师觉得我是校长"派来的"，没有采取让校长推荐的方式，而是采取其他学科教师推荐，并从自己认识的老师开始，由远及近，先在科学教研办公室与教师们聊天，即非正式访谈，聊天内容有些与专业有关，有些与专业无关，在聊天的基础上慢慢走近科学教师，让教师们接受我，把我当成朋友。然后在每所学校选取 1 名科学教师作为重点访谈和观察对象，其他 2 名科学教师作为辅助，进入小学科学教师的生活、工作中，近距离地了解小学科学教师的专业实践工作。

③访谈资料的收集与整理

本研究主要采取了正式访谈和非正式访谈相结合的方式。正式访谈即为和研究对象约定专门的时间，在专门的场所，依据访谈提纲的内容进行访谈；非正式访谈主要为在课堂观察后及课间休息时与老师们的交谈。

在正式访谈前，制订访谈提纲；在访谈过程中，以访谈提纲为主但又不拘泥于访谈提纲，力求做到不打扰被访者的思路。在整个过程中，为了保证研究信息的准确性，研究者综合运用了提问和追问、倾听和回应的访谈技术，个别访谈和集体访谈相结合的方式，引导教师回答问题，并在征得教师同意的情况下，用录音笔对所有访谈进行了录音及关键话语的文字记录；访谈结束后，根据录音和记录及时进行录入整理、编码、归纳分析，整理访谈内容约 12 万字。

访谈内容主要包括科学教师的家庭背景与生活经历、学习经历、教学实践经历、对科学课程与教学的认识和理解、科学教学中遇到的问题及自己的所思所想、参加培训情况、教育科研情况，等等。

4.实物分析

实物分析是指通过收集与研究者有关的东西来辅助笔者进行研究的一种方式。任何实物都是被研究者在一定历史条件下的产物，能够反映被研究者对某些问题的观点和看法，因此，可以把与被研究者有关的实物材料收集起来，在特定文化背景下对研究对象的观点进行物化分析。"实物"主要包括所有与研究有关的文字、图片、音像、物品等，可以是人工制作的东西，也可以是经过人工加工的自然物。[1]在本研究中，笔者在当事人同意的情况下，主要收集了 L 老师的一些相关资料，包括 L 老师的文章、著作、反思日记、讲课录像，以及报告录像和录音等。

5.问卷调查

运用此种研究方法，是为了用数据作为以上质的研究的补充。主要调查小学科学教师的科学学科知识基本情况，具体包括对科学内容知识的掌握情况和教师的科学本质观。关于教师科学内容知识的掌握情况，主要针对小学科学课程涉及的内容范围并结合其难易程度设计题目进行考察，问题形式为正误判断题;关于教师的科学本质观，主要从科学知识的相对性、实证性、主观性、创造性、科学包含观察和推理、科学知识与一定的社会文化背景的联系、定理和理论在科学中的角色 7 个方面来考察，问题形式采用李克特五点量表。

本研究中的问卷是在借鉴张红霞教授的 "小学科学教师科学素养调查问卷"[2]及高潇怡老师的 "小学科学教师科学本质观调查问卷"[3]的基础上，结合小学阶段的科学课程标准及学者们的科学本质观点而编制出来的。为了提

---

[1] 陈向明. 质的研究方法与社会科学研究 [M]. 北京:教育科学出版社, 2006:257.
[2] 张红霞, 郁波. 小学科学教师科学素养调查研究 [J]. 教育研究, 2004 (11):68-73.
[3] 高潇怡, 胡巧. 小学科学教师科学本质观的现状调查与思考 [J]. 教师教育研究, 2012 (4):78-84.

高问卷的信度和效度，在问卷正式发放之前，先进行了预调查，预调查共发放问卷 30 份，回收有效问卷 24 份，根据预调查问卷中的调查结果所存在的问题进行了修改。随后在大同地区进行了正式问卷的发放，涉及 68 所小学，共发放问卷 250 份，回收有效问卷 218 份，问卷有效回收率为 87.2%，之后对所有问卷采用 SPSS 进行统计分析。

第二节　研究动态

一、教师实践性知识的研究

（一）教师实践性知识的思想溯源

论及实践性知识（practical knowledge），"美国课程专家施瓦布（J. J. Schwab）是对教师'实践性知识'进行研究的鼻祖，他提出了'实践性样式'的术语"[1]。1969 年，施瓦布首次发表题为《实践》的 4 篇系列论文，对抗以行为科学为基础的"理论样式"的话语和"过程—产出模型"的教学研究，提出了在教育研究中恢复"实践样式"的话语的必要性。他指出自上而下的课程改革，使得"理论样式"的话语在课堂中泛滥，"实践样式"的话语处于衰弱、岌岌可危的状态，从而主张探索基于"实践样式"的课堂课程改革。施瓦布认为，"理论样式"的目的在于形成新知，形成以新知内容为特定事实的严密认识，其方法的特征是从已知知识到可能解决的未知知识的过渡；"实践样式"的目的在于实践问题之解决的决策，而不是形成特定的知识，其方法的特征是立足于不确定前提来从事未知问题的解决。他首先以"实践理性"建构了课程探究的"实践模式"，主张"实践性话语"的回归，并在学科结构上提出了显示概念与术语结构的"实词结

---

[1] 佐藤学. 课程与教师 [M]. 钟启泉，译. 北京：教育科学出版社，2003：388.

构"（substantive structure）和显示描述与话语结构的"句法结构"（syntactic structure）的概念。一个学科的"实词结构"指的是在研究某种学问时所采用的术语结构，构成该学问命题化的知识、概念、原理、法则的结构，它与知识的内涵相对应，能够很好地解释为什么同一学科会有不同的学派：采用不同的术语作为研究问题的核心概念，就会有不同的"学问"特征。而"句法结构"是指表现某种学问的认识方法、表达方法和论述方法的修辞"结构"，它与用于表征知识的修辞相对应。"句法结构"的提出肯定了教师知识结构中的实践技能，分为"理论性样式"和"实践性样式"。施瓦布指出："实践性样式"的知识特征就是技法，主要有两个——"熟虑术"（art of deliberation）与"折衷术"（art of eclectic），前者是以多元观点深入思考一件事物的技法，后者是在做出实际决策时综合多样的理论与方法的技法。[1]教师运用知识并非理论分析框架的自动转换，而是根据实践场景所体现的自主选择。[2]在施瓦布的"实践样式"的话语和"实践性课程范式"视野中，"教师即课程，教师不再孤立于课程之外，而是课程的有机构成部分，是课程意义的创造者和课程研究的主体"。施瓦布的"实践样式"的探究意味着作为实践主体的教师的赋权，这点对于我们今天阐明教师实践性知识的内容与性质具有非常重要的意义。

20世纪70年代，美国学者舍恩提出了"反思性实践者"的专有名词，可以说是教师实践性知识研究的促进者、推动者。舍恩是在波兰尼"个人知识"（personal knowledge）、"缄默知识"（tacit knowledge）理论的影响下，通过对"技术理性"的批判，倡导用"反思性实践家"取代"技术熟练者"取向的教师定位，从而引领大家认识教师专业知识中另一重要内容——实践性知识。波兰尼认为所谓精确科学知识具有完全客观性本身是一种错误的知识理想，所有的人类知识，在根本上都是个体精神活动的产物，即"个人知识"，其基础是"缄默知识"论，并且认为缄默知识相对于显性知识而言具有理论上的

---

[1] 邹斌，陈向明．教师知识概念的溯源 [J]．课程·教材·教法，2005 (6)：85-89.
[2] J. J. Schwab. The Practical: A language for curriculum [J]. School Review, 1969 (2)：1-9.

优先性。在波兰尼研究的基础上，舍恩在《反思性实践—专家是如何思考的》一书中对从技术理性角度来阐释专业知识进行了激烈的抨击，他把专业实践分为两大层次："高硬之地"和"低湿之地"。在"高硬之地"，情景和目标都是清晰的，实践者能够有效地运用科学理论和技术去解决问题；而在"低湿之地"，"其中发生的事情往往是令人困惑的、乱作一团的，没有一个技术性的解决办法"，充满着"复杂性、模糊性、不稳定性、独特性和价值冲突"。他认为，在面对后一种问题时，我们不能简单地运用科学理论和技术去解决问题，而应先从复杂的、混乱的、不确定性的情境中去发现问题，然后经过体验和试误，在经过多次失败后才能解决它。对此，他提出了"行动中的知识"（knowledge-in-action），其指实践者在专业实践活动中对活动进行反思而形成的知识，它不建立在"技术理性"基础上，而是由"反思实践"活动来澄清、验证和发展的，常常隐含在实践者面临不确定、不稳定、独特而又充满价值冲突的情境时所表现出来的那种艺术和直觉过程中，是借助艺术性（artistry）——在行动中生成的直觉而有效解决问题的能力来实现的，由"现场的实验"来推动和检验。舍恩通过建筑师、城市工程学家、经营管理专家、精神分析专家等实践的案例研究，提出了用"反思性实践者"来表达新型专家形象，他从"对行动的反思"和"在行动中反思"两个维度来揭示反思的方式。前者是对自己已经做的或经历的事件进行反思；后者发生在行动过程中，是运用经验中培育的缄默知识对问题反复建构与思考的结果，特别是当遇到不曾预料的疑难情形时，能够找到一种看待问题或现象的新方法，并产生一种新的理解。舍恩主要立足于"在行动中反思"这一实践性认识论来探讨这一特征，其研究对后来教师知识及教师发展的研究产生了深远的影响。他指出："教师的专业是具有不稳定性、不确定性，同时又是充满许多潜在的价值冲突的专业，在这类专业中，执业者的知识隐藏于艺术的、直觉的过程中，是一种行动的缄默知识。"[1]按照舍恩的理论，教师在日常教学过程中，

[1] D. A. Schon. The Reflective Practitioners: How Professionals Think in Action [M]. New York: Basie Books, 1983：49.

就会成为实际情景中的研究者，并在这种过程中获得正式的和严谨的专业知识，教师在学习理论和亲身实践中逐步形成自己的"使用理论"，当在新的情境中面临新的问题时，教师会通过自己的"使用理论"与情境互动，共同对面临的问题进行"重新框定"，进而寻找新的解决问题的对策。[1] 舍恩的研究促成了传统的以"技术理性"为核心的教师教育研究模式的逐步崩溃，从而拓展出以教师的"实践性知识"的形成为轴心的新型教师教育和教学研究模式的兴起。

　　真正对教师实践性知识进行研究的第一人，应为加拿大学者艾尔贝兹（Elbaz），早在 1976 年，她就致力于教师实践性知识的研究。1981 年，艾尔贝兹运用开放性访谈，通过对一位经验丰富的加拿大中学英语教师莎拉（Sarah）的故事展开跟踪研究，揭示了教师实践性知识的存在。艾尔贝兹首次用"知识"来指称一直被视为模糊的、不确切的经验层面的教师对教学实践的理解，赋予了教师作为实践者的知识生产者和使用者的角色，为教师专业性的研究开辟了一个崭新且独特的视角。这项研究有一个基本假设，即实践性知识是存在的。艾尔贝兹指出：教师以独特的方式拥有一种特别的知识，她把这种知识称为"实践性知识"（practical knowledge），将教师知识理解为教师对该情境反应的一个函数。[2] 艾尔贝兹的研究，为以后学者们研究教师实践性知识拉开了序幕，从而促进了教师教育研究的发展。此后，针对实践性知识，专家学者们分别从知识的产生、知识的功用及两者相结合的角度对其进行了界定，研究逐渐深入。

（二）教师实践性知识研究的深化

　　自 20 世纪 90 年代以来，随着对教师研究的逐步深入，教师实践性知识进入了学者们的研究视野，并逐渐成为学术界研究的热点，研究成果主要集中在教师实践性知识的理解、特征、构成及形成机制等多个方面。

---

[1] 邹斌，陈向明. 教师知识概念的溯源 [J]. 课程·教材·教法，2005(6)：85-89.
[2] 徐碧美. 追求卓越——教师专业发展案例研究 [M]. 北京：人民教育出版社，2003：51.

1. 教师实践性知识的概念界定

对于"教师实践性知识是什么"的研究，从检索到的文献来看，主要经历了教师个人经验转变论、教学问题解决论和二者结合论3个阶段的发展。

"教师个人经验转变论"侧重于从教师实践性知识的来源对其进行概念的界定，认为教师实践性知识受原有信念、价值观的影响，而教师的信念、价值观又来源于教师以往的经验。代表性人物国外有艾尔贝兹、康纳利和克兰迪宁、佐藤学等，国内有申继亮、钟启泉等。艾尔贝兹对教师实践性知识的界定为："教师以其个人的价值、信念统整他所有的专业理论知识，并且依照实际情境为导向的知识。"[1]她认为这种知识产生于教师所拥有的大量关于学习者的知识（包括学生的兴趣爱好、学习风格、先决知识技能、常见困难等）和常用的课堂教学技能、技巧。在日常教学实践中，教师会把这些知识整合为个人的信念和价值观，并把它们运用到实际教学情境中，这些知识统称为"实践性知识"。加拿大学者康纳利和克兰迪宁认为教师实践性知识并非是与教师无关的、独立于教师之外的客观存在的东西，而是教师经验的全部，并且贯穿于教师整个实践过程，即教师个人过去、现在以至于将来的所有经历都可能塑造教师实践性知识。日本学者佐藤学认为实践性知识是指将具体的实践活动与当前情境相结合而总结出的经验性知识。[2]申继亮等人认为教师实践知识是教师教学经验的积累。[3]钟启泉认为："教师实践性知识是教师作为教育实践者发现和洞察自身的实践和经验之中的'意蕴'的活动。"[4]

随着对实践性知识研究的进一步深入，学者们对其概念的界定不再着眼于来源，而转向了它的功用，认为认识实践性知识的关键在于解决教育教学中存在的问题，侧重于教师实践性知识实践性的特征，代表性人物有叶澜、陈静静、张立忠等。叶澜等人认为实践性知识是指教师关于课堂情境和课堂上如何处理所遇到的困境的知识。[5]陈静静在其博士论文中将教师实践性知

[1] F.Elbaz. Teaching Thinking: A Study of Practical Knowledge[M]. Lodon: Croom Helm, 1983：5.
[2] 宋宏福. 论教师个人知识及其作用[J]. 黑龙江高教研究, 2004 (7)：91-99.
[3] 辛涛，申继亮，林崇德. 从教师的知识结构看师范教育的改革[J]. 高等师范教育研究, 1999 (6)：12-17.
[4] 叶澜，白益民，王枬，等. 教师角色与教师发展新探[M]. 北京: 教育科学出版社, 2001：301.
[5] 陈静静. 教师实践性知识及其生成机制研究[D]. 上海: 华东师范大学, 2009：57.

识界定对教师对其个人生活史反思基础上形成的运用于日常教育教学活动中的，与情境相适应的动态知识体系。[1] 张立忠将实践性知识进行了广义和狭义的划分，在他看来，狭义的教师实践性知识是教师在实践中基于实践的情境调用并解决实践问题的知识。[2] 值得一提的是，至此，国内学者们不仅关注到了教师实践性知识的实践性，同时也关注到了教师实践性知识需要与具体情境相结合，并加入自己的反思。国内实践性知识研究的集大成者陈向明教授在经过多次研究与反复论证后，提出教师实践性知识是教师对自己的教育教学经验进行反思和提炼后形成的，并通过自己的行动做出来的（enacted）对教育教学的认识，[3] 指出教师不仅要有思想上的认识，还要有具体的教育行动，把知和行相统一了起来。

此外，需要注意的是，以上关于教师实践性知识的界定的角度是指研究者从哪个角度来对其进行界定，而不是指侧重于研究哪个方面。例如艾尔贝兹对教师实践性知识的界定是从其来源界定的，但是他认为教师实践性知识兼具实践性和个人性，并且相比较而言，他更关注教师实践性知识的实践性。

由上可见，对于教师实践性知识的界定经历了一个由不完善到逐步完善的过程，通过对这个演变过程的探讨，让我们了解了"教师实践性知识"的复杂性，正因为其具有复杂性、丰富性，所以没有唯一的定义。我们大体上可以从以下3个方面来把握：(1)与教学经验和（或）个人生活相联系；(2)与教学情境的关联；(3)目的在于解决教育教学实际问题。据此，本书对教师实践性知识的界定为：教师在对自己教育教学经验反思的基础上结合具体的教学实践场景和自身生活经历，逐渐积累而成的用于解决教育教学实际问题的知识。

2.教师实践性知识的特征

教师实践性知识的特征与其内涵是相伴相生的，内涵是在对本质特征进行总结概括的基础上形成的。所以，对教师实践性知识特征的认识与了解，

[1] 张立忠，熊梅.论教师实践性知识的内涵与结构[J].课程·教材·教法，2010（4）：89-95.
[2] 张立忠，熊梅.论教师实践性知识的内涵与结构[J].课程·教材·教法，2010（4）：89-95.
[3] 陈向明，等.搭建实践与理论之桥——教师实践性知识研究[M].北京：教育科学出版社，2011：1-4.

有助于我们更深刻地理解和把握教师实践性知识的内涵。

对教师实践性知识特征的认识，也是一个从简单到复杂的过程。艾尔贝兹早在探讨其概念时，就指出教师实践性知识应该以特定的实践情境为特征，应该是高度经验化和个人化的，指出了教师实践性知识与其他类型知识的区别在于其特有的实践性和个人性。[1]康纳利和克兰迪宁认为教师实践性知识是教师个人经验的全部，旨在满足某一情景的需要，也强调实践性知识的个人性和实践性，但他们更侧重于个人性。随着对教师实践性知识的深入研究，许多学者在艾尔贝兹、康纳利、克兰迪宁研究的基础上将其特征做了进一步扩展，使其内容更加丰富多样，认为实践性知识不仅具有个人性和实践性，还具有情境性、经验性、默会性、综合性等特征。国外代表人物有梅叶、佐藤学、威鲁普等，国内代表人物有陈振华、姜美玲、张立忠等，但他们认为实践性和个体性是教师实践性知识的本质特征，其他特征都从属于这两个特征，或者是这两个特征的延伸。后来，张立新从时空向度对教师实践性特征进行分析，他认为教师实践性知识具有时空性。[2]陈静静认为教师实践性知识具有家族相似性。[3]此外，曹正善和姜美玲还指出其具有某种身体化倾向，认为具有一定的道德性。

由上可见，学者们对于教师实践性知识特征的研究经历了一个从简单到丰富多样化的阶段。对此，我们首先应该坚持全面的观点，从多角度来认识，才能深刻把握教师实践性知识的总体特征，只研究其中某个方面或某一阶段都是错误的；其次应该坚持动态发展的观点，承认其差异性，教师实践性知识的特征不是固定不变的，不同阶段不同学科，有其不同的特征。

3. 教师实践性知识的构成

"教师实践性知识"是一种无法言说的知识，具有缄默性，对于这种隐性、无法言明的知识，我们很难直接把握它，只能通过了解其构成要素和各构成要素相互之间的关系来间接地认识它。对教师实践性知识构成的研究，总体

---

[1] 姜美玲. 教师实践性知识研究 [D]. 上海：华东师范大学，2006.
[2] 张立新. 教师实践性知识形成机制研究——基于教师生活的视角 [D]. 上海：上海师范大学，2008.
[3] 陈静静. 教师实践性知识及其生成机制研究——中日比较的视角 [D]. 上海：华东师范大学，2009.

上来说同样经历了一个由简单到复杂、由静态向动态发展的过程。

教师实践性知识研究的第一人艾尔贝兹将教师实践性知识划分为关于自我的知识、关于环境的知识、学科内容知识、课程知识及教学知识 5 类，并且认为这五类知识中的任何一类从表面上看都属于静态知识，但是将所有知识与实践关联起来并运用到实践中后，就形成了一个动态的知识体系，所以这五类知识之间具有整体性、不可分割性。此外，为了更加精确形象地描述并理解教师实践性知识，他又将教师实践性知识从抽象到具体依次划分为实践规则（rules of practice）、实践原理（practical principle）和意象（image）3 个层级。克兰迪宁继承了艾尔贝兹的研究，在对教师的个人背景知识、教师特征知识及所处的具体情境知识做出综合分析后，指出用意象来表达个人的实践性知识。达菲与艾肯黑德（Duffee & Aikenhead）指出教师实践性知识应该包含过去的经验、当前的教学情境及"教学情境该是什么"的愿景。贝加德和威鲁普从知识、技能、情感的角度对教师实践性知识进行划分，认为教师实践性知识包括事实或陈述性知识、策略或程序性知识、信念及行为准则和价值观 3 个部分。

国内大多数学者的研究沿用的是艾尔贝兹对实践性知识的分类，如姜美玲、吴泠、余闻婧、陈静静等，但也有学者对其进行了深入化的研究，如陈向明教授在其前期研究阶段同样将其简单地划分为六大类知识，包括教育信念、自我知识、人际知识、情境知识、策略性知识及批判反思知识[1]，但是随着研究的深入，她认为不应该将其简单地割裂为几类孤立的知识，实践性知识应该是一个整体，故应对其做一个整体性的分析，因此她将其分为教师主体、问题情境、行动中反思、信念 4 个要素，并且提出这四个要素不能分离，必须以"打包"的形式呈现。[2] 后来，郭炯也得出了类似的结论，并且认为这些知识不能脱离情境而像理论知识那样以纯命题的形式出现，因为正如布迪厄所言，实践有实践的逻辑，是一种"自在逻辑"。[3]

[1] 陈向明. 实践性知识：教师专业发展的知识基础 [J]. 北京大学教育评论, 2003 (1)：104-112.
[2] 陈向明. 对教师实践性知识构成要素的探讨 [J]. 教育研究, 2009(10)：66-73.
[3] 郭炯. 教师实践性知识的组织结构及生成途径研究 [J]. 中国电化教育, 2012 (11)：71-75.

此后，学者们从不同角度对其结构不断进行研究，取得了丰硕的成果。赵彦俊（2009）从知识层级的角度将教师实践性知识由低到高划分为理论型、技能型、智慧型实践性知识，并把最高级别的实践性知识称为实践智慧。张立忠从教师课堂教学实践出发，并结合舍恩的行动理论，将教师实践性知识划分为信奉的实践性知识和使用的实践性知识，并运用专家型教师、有经验的教师和新手教师相比较的方式阐述了两者之间的关系。[1]赵翠玲以地理教师为例，将教师实践性知识分为德育、教学、科研3类实践性知识。[2]

对于教师实践性知识构成，从以上分类中可以得出如下3点结论：（1）其经历了一个由简单到复杂、由静态到动态、由孤立到整体的研究；（2）涵盖了教师的信念、情感、知识、技能等方方面面；（3）研究逐步深入到了教师的课堂教学和学科教学中。因此，教师实践性知识的诸多构成成分之间并不是简单平面的，而是一种复杂的构成关系，我们不能只观察其表面现象，而应透过现象看本质，才能更加深刻地理解教师实践性知识，从而更好地利用相关理论来解决教育实践中的问题。

4. 教师实践性知识的生成机制

关于教师实践性知识生成机制的研究，学者们分别从个人生活史的角度、教师教学工作的角度、课堂教学角度进行了阐述，简单梳理如下。

张立新（2008）认为教师实践性知识主要来自于教师的生活史及教师对于自我的认识，因此，他从构建教师生活史、教师自我和教师实践性知识三者之间的关系来探讨教师实践性知识的形成机制。他认为这三者之间的关系是一种螺旋式循环的过程。具体表现为：一方面，教师的家庭生活、受教经历、工作经历及教师赖以生存的社会文化环境等方面影响着教师对于自我的认识和建构，而教师的自我认识和建构又进一步影响教师发展和运用自身实践性知识的能力；另一方面，随着教师实践性知识在具体教育实践场景中的运用，教师生活史的内涵得到了丰富和拓展，自我认识和建构能力也得到了

[1] 张立忠，熊梅. 论教师实践性知识的内涵与结构 [J]. 课程·教材·教法，2010（4）：89-95.
[2] 赵翠玲. 地理教师实践性知识发展研究——上海市第二期地理名师培养基地个案透视 [D]. 上海：华东师范大学，2012.

提升，进而走向了教师的自我超越；教师的自我认识与再建构继续促进教师实践性知识的完善和发展，如此循环，不断向前发展。

陈向明（2009）将实践性知识的形成过程概括为行动前、行动中和行动后 3 个阶段。在行动开始之前，教师在以往经验的基础上形成了某种实践性知识，并且会通过教师的教育实践行动表现出来；当遇到新的问题情境且无法用原有实践性知识解决时，意识上的困惑和价值观上的冲突便由此产生了，这时，教师就会意识到，原有的实践性知识已不再适用于当前的问题情境，需要立即做出调整和改进，对此，他会激活原有的实践性知识，将原有的实践性知识变成显性知识；接着，教师会将转变而来的显性知识与当下情境相结合，进而采取一定的行动，并通过在行动中反思，对问题情境进行重构，形成新的实践性知识；之后在遇到类似的问题情境时，因为采用新的实践性知识取得了较好的教学效果，新的实践性知识就被确认为"真"的信念，因此会被纳入自己的知识体系中，在今后的教育教学中，实践性知识还会随着情境的变化而不断发展变化。

张立忠（2011）采用新手教师、熟手教师和专家型教师相比较的形式，通过阐述不同形态知识之间的关系来分析教师实践性知识生成机制。他将教师在课堂教学中所使用的知识进行了具体详细的划分，分别为公共理论知识、信奉的实践性知识和使用的实践性知识，而使用的实践性知识又具体包括大脑中的实践性知识和实践中的实践性知识两类。在此基础上，他首先指出了熟手教师和新手教师在使用实践性知识时的区别，教师在进行具体的教学实践时，会从大脑中调用自己所信奉的实践性知识并将其转变为实践中实际使用的实践性知识，在这种情况下，熟手教师大脑中的实践性知识是以模块化的方式储存在长时记忆中的，并且可以根据实践情境随时被调用到短时记忆中，所以在处理教学问题时，熟手教师会将已经模块化的大脑中的实践性知识迅速调用到实践中转变为实践中的实践性知识，占用的短时记忆空间极少，从而可以把剩余的空间用于处理课堂中的各种突发事件。而新手教师大脑中存储的实践性知识是零散的，未将大脑中的实践性知识模块化，所以在调用大脑中的实践性知识时是有意识的，所调入实践中的知识也是固定和刻板的，因此熟手教师在处理教学问题时比较迅速及时，而新手教师处理教学问题时比较缓慢。此外，张立忠还指出了熟手教师和专家型教师在遇到突发问题时反思的区别，在发现实践中的实践性知识不能适应当下的教学情境时，熟手教师会放弃当前正在使用的实践性知识，去调用另外的大脑中的实践性知识，即仅对大脑中的实践性知识进行浅层反思，而专家型教师会进行由实践中的实践性知识到大脑中的实践性知识，再到信奉的实践性知识，甚至对原有的公共理论知识进行反思，是一种深层次的双路径反思。

杨彦军（2013）在张立忠研究的基础上提出了信息化的教师实践性知识的形成过程，进一步深化了张立忠的理论。他认为实践性知识具有个人依附性，经过进一步总结，有可能发展成为较系统的个人实践理论而被其他教师所共享，所以把知识进一步细分为公共知识、信奉的理论、成熟概念、实践性知识和个人理论。它运用"维果斯基学习圈"把教师实践性知识的形成过程分为4个步骤：首先是显性知识的共享，教师在跟他人的交流过程中，会结合自身原有的经验去理解公共知识并选择性地接纳他人的建议，转变为自己"信奉的理论"；其次是新知识的情境化和成熟概念的形成，这一阶段是对所从事的教学活动产生个性化理解的阶段，即把交流过程中所获得的知识与当前面对的教学情境相联系，形成富有个体认知特征和凝结集体智慧的个性化的知识，也称为"成熟概念"；再次，教师在应对当前教育事件的过程中会不断积累经验，形成实践智慧，并在此基础上逐步完善原有的"成熟概念"，让其转变为"个人理论"；最后，教师的个人理论通过叙事、反思、集体修改等方式获得进一步完善后，变成教师群体学习的行为规范或实践范式，最终实现知识的"社会化"或"习俗化"，完成个体知识向公共知识的转变。

通过以上研究看出，以往的研究主要从教师个体的角度来考察实践性知识的形成，而教师是一个群体，教师这个群体又生活在社会这个大的环境中，不可避免地受到各种因素的影响，所以教师实践性知识的形成与发展不是一个简单的过程，不能单纯地从知识形成的本源上来研究，而应该放到社会这个复杂的大环境中来研究它的动态发展过程。

二、教师实践性知识发展的研究

纵观教师实践性知识的研究，关于实践性知识的含义、特征、构成、生成机制等学理性问题的探讨已日趋成熟与稳定，学者们逐步把关注的焦点集中到了教师实践性知识的发展上。教师实践性知识的发展，是对"教师实践性知识如何"的问题的回答，包括如何产生、如何发展，以及哪些因素影响其发展等，涉及教师工作和生活的过去、现在和未来，正如同康纳利和克兰迪宁所言：教师实践性知识贯穿于教师实践的整个过程。本节试图对相关研究进行较为全面的梳理，进而更深刻地把握教师实践性知识发展的内涵，为教师专业发展的研究提供一个新的认识基点。

（一）教师实践性知识发展内涵的揭示
1. 教师实践性知识的发展基于个人经验积累及其反思

由国内外的相关研究可知，学者们普遍认为教师实践性知识来自于教师个人的教育教学实践经验。教育是培养人的活动，培养人是教师的本职工作，在工作过程中会积累大量的教育实践经验，在面对实际工作场景时，教师会调用已经积累的教育实践经验来解决问题，从而发展自身的实践性知识。对此，国外相关研究，如布特（Butt）和贝默德（Baymond）认为教师所具有的知识受其所承担的角色（孩子、父母、教师、同伴）和文化背景、专业经验的影响，教师在承担不同的角色时会积累各种不同的经验，从而产生不同的知识。[1] 梶田正巳（Kajita Masami）认为可以从教师的教学体验产生出教学的实践性知识，唯有通过教师在教学实践中解决所探究的问题的体验，才

---

[1] 潘丽芳. 教师实践性知识研究——以 S 市小学为例 [D]. 上海: 华东师范大学, 2013.

有可能。[1]国内学者钟启泉在《为了"实践性知识"的创造》一文中认为教师在教学实践中可以获得三种信息：改进教学实践的信息、教学实施中决定下一步策略的信息，以及展开下一节教学的信息。[2]可见在教学实践中进行信息的收集和处理可提升教师的实践性知识。

　　教师的教学经验固然重要，然而，没有反思的经验，只能是简单零散的经验，所形成的知识也是肤浅的知识。波斯纳（G. J.Posner）曾提出过一个教师成长的简要公式：经验 + 反思 = 成长，并指出没有反思的经验是狭隘的经验，至多只能形成肤浅的知识，如果教师仅仅满足于获得经验而不对经验进行深入的思考，那么它的发展将大受限制。因此，教师的成长不仅需要经验，更需要对经验的积极反思。从舍恩提出"反思性实践者"这一专有名词之后，国内外教师教育研究者都非常重视教师教学经验的反思。马克斯·范梅南认为："当我们对自身的经历做反思的时候，我们有了认识这些经历的意义的机会。"他又分析了反思与行动的关系，把反思分为 3 种具体的方式：一是行动前的反思，对问题的初步预估，引导我们进行决策。二是行动中的反思，主动的交互性的反思，它能够使我们与立刻要面对的情境或问题相协调，让我们当机立断即刻决策。三是追溯型的反思，有助于理解过去的经历。[3]1994 年，约翰斯通的一项跟踪调查研究显示，教师的教学实践和教学信念会受到其反思能力的影响，但是经过进一步的研究发现，反思能力不是稳定不变的，是可以通过专业的支持和短期培训而得到提升的。[4]国内学者陈向明教授认为教师个人的积极反思加上与外部环境的积极互动可以推动教师知识的发展，她在研究实践性知识构成要素的基础上，参照哈贝马斯对 3 种人类认知兴趣的区分提出了 3 种反思方式：技术性反思、实践性反思和解放性反思。[5]

2. 教师实践性知识的发展是本人主动建构的结果

　　教育实践是一种复杂的、不确定的、特殊的工作场景，教师要高效地完成教育实践任务，不是靠单纯的接受外来知识、执行外部命令就可以完成工

[1] 钟启泉.为了"实践性知识"的创造——日本梶田正已教授访谈 [J].全球教育展望，2005（9）：3-4.
[2] 钟启泉.为了"实践性知识"的创造——日本梶田正已教授访谈 [J].全球教育展望，2005（9）：14.
[3] 马克斯·范梅南.教学机智 [M].李树英，译.北京：教育科学出版社，2001：131-164.
[4] M. Johnstone.Contrasts and Similarities in Case Studies of Teacher Reflection and Change[J]. Curriculum Inquiry, 1994(1)：9-26.
[5] 陈向明，等.搭建实践与理论之桥——教师实践性知识研究 [M].北京：教育科学出版社，2011：155-173.

作任务，正如康纳利和克兰迪宁认为的那样，教师实践性知识不是外在于教师或者独立于教师的某种客观存在的知识，而是依附于教师本人的，所以教师实践性知识不应该是外界强加到教师身上或教师被动接受就可以获得的，只有通过教师本人积极主动的建构才可以得以发展。邓友超提出教师实践性知识的发展是教师对知识的"外化—组合—内化"的过程。[1]张立新认为教师"自我"的建构是教师实践性知识发展的关键环节。[2]吴冷认为教师实践性知识是在内隐学习和外显学习的共同作用下，通过个体对知识的不断建构而习得的。[3]

3. 教师实践性知识的发展需要与他人进行交往

除了教师本人的主动建构，教师还可以在与他人的交往中，从他人身上获得实践性知识，包括获得同伴的指导、进行案例研究及使用、与他人合作学习等，有学者称之为"关键他人"。这个"他人"包括同事、学生、领导等，既包括直接接触的"他人"，也包括间接接触的"他人"，如通过采用观看优秀教学录像的方式或参阅优秀教学案例的方式也可以发展教师的实践性知识。吉艾尔等人认为采用网络学习、同伴指导与合作、使用教学案例等方式都可以促进教师实践性知识的发展。[4]钟启泉从评价的角度来阐述教师实践性知识的发展：教师直接让他人观摩自己的教学实践而做出的"评价"；他人通过听取体验者（儿童）的陈述而做出的"评价"；教师与儿童同学习、同生活的过程中接受的"评价"。[5]王会亭从知识管理的视角对其发展进行了探讨，提出了采用认知学徒制的学习方式、进行案例研究和加强教学实践反思等。[6]

4. 教师实践性知识的发展具有时间上的连续性和空间上的广延性

教师实践性知识的发展贯穿于教师教育教学实践的全过程和教师生命

[1] 邓友超. 教师实践智慧及其养成 [M]. 北京: 教育科学出版社, 2007: 125.
[2] 张立新. 教师实践性知识形成机制研究——基于教师生活史的视角 [D]. 上海: 上海师范大学, 2008.
[3] 吴冷. 教师实践性知识形成机制浅论 [J]. 教育探索, 2008 (9): 99-100.
[4] J. Driel, D. Beijaard, N. Verloop.Professional Development and Reform in Science Education: The Role of Teachers' Practical Knowledge[J]. Journal of Research in Science Teaching, 2001 (2): 137-158.
[5] 钟启泉. "实践性知识"问答录 [J]. 全球教育展望, 2004 (4): 3-6.
[6] 王会亭. 教师实践性知识管理论析 [J]. 当代教育科学, 2011 (23): 43-44.

的始终，何时何地有教师的教育实践，何时何地就存在教师实践性知识的发展，正如加拿大学者康纳利和克兰迪宁所言：那种知识（教师实践性知识）不是某种客观的和独立于教师之外而被习得或传递的东西，而是教师经验的全部……它存在于教师以往的经验中，存在于教师现时的身心中，存在于未来的计划和行动中，贯穿于教师实践过程。[1]这就要求我们在研究教师实践性知识的发展时，不仅要研究教师的职前教育，还要研究教师的职后培训；不仅要关注教师的课堂教学实践，还要关注课堂之外的教学实践；不仅要探讨教师的校内生活，还需探讨教师的校外生活。金忠明、李慧洁将教师进行了职前、职后的划分，认为职前教师发展实践性知识的方式有体验观察生活、参与实习实践及整合各类资源；在职教师发展实践性知识的方式有扎根日常实践、组织教学观摩、反思个人生活、参与教育考察和强化合作互动。[2]崔学荣以音乐教师为例，指出职前教师可以通过音乐教育实践活动、教育教学实习活动，以及在校课程的学习实践中习得实践性知识；在职教师可通过自我促进、合作共建、参与学习实践共同体的方式习得实践性知识；此外，职前和在职教师还可以通过双方合作共享的方式习得实践性知识。[3]

5. 教师实践性知识的发展具有阶段性

教师实践性知识是建筑于理论之上并应用于实践的知识，教育实践活动是教师实践性知识的起点也是其终点，即源于教育实践且运用于教育实践。众所周知，教师的发展具有阶段性，即教师通过教育实践活动，获得实践性知识，可以从新手教师发展为熟手教师，以至于成长为一名专家型教师，因此教师实践性知识的发展也必然具有阶段性。赵彦俊从知识层级的角度提出教师实践性知识由低到高依次经历了理论型实践性知识（初级）、技能型实践性知识（中级）、智慧型实践性知识（高级）3个发展阶段。这三种形态的实践性知识构成了实践性知识的整体，且每一种高级的实践性知识都以低

---

[1] F. 麦克尔·康内利，D. 琼·柯兰迪宁，何敏芳，王建军. 专业知识场景中的教师个人实践知识 [J]. 华东师范大学学报（教育科学版），1996（2）：5-16.
[2] 金忠明，李慧洁. 论教师实践性知识及其来源 [J]. 全球教育展望，2009（2）：67-69.
[3] 崔学荣. 音乐教师实践性知识的习得途径 [J]. 课程·教材·教法，2009（2）：64-68.

一级的实践性知识为基础。[1]吴刚平从知识与行动关系的视角，指出教师在教育教学活动中所形成的实践性知识具有结果性、适当性和体验性三种递进趋势的行动逻辑，并且指出从结果性逻辑到适当性逻辑再到体验性逻辑是个递进发展的过程，从对教师教育实践的外部理解转向了内部理解。[2]

6. 教师实践性知识的发展依赖于学科教学实践

教师实践性知识与理论知识最大的区别在于其实践性，即教师实践性知识的产生与发展离不开教学实践，教学实践是其产生的主要土壤。因此，教师实践性知识的发展应以具体学科教学实践为依托，在具体的学科教学中获得发展。以往关于教师实践性知识发展的研究更多的是从一般意义上进行探讨，近几年来，随着研究的逐渐深入及对教师教学实践的关注，研究逐渐聚焦于具体学科，探讨在具体的学科教学中发展教师的实践性知识。安纳顿（Sibel Ariogul）对三位英语（非母语）教师的实践性知识进行了研究，发现教师知识的发展部分源于他们先前的语言学习知识。[3]张延宜以英语教师的专业发展为切入点，提出了通过体验课堂教学、专项知识训练、行为观察学习、分类整合各类知识等方面来促进英语教师实践性知识的建构和整合。[4]2011年刘旭东教授曾在题为《我国教师实践性知识研究十年：回顾与反思》中提出应加强本土化研究、理论研究旨趣指向实践、结合具体学科进行整合研究，[5]建议从理论层面和实践层面对具体学科教师实践性知识的生成与发展机制做系统深入的梳理、探讨和实证研究。

7. 教师实践性知识的发展受益于信息化环境

专家引领是年轻教师提升自己的一条有效途径，然而，全国范围内，对某一门学科有精深造诣的专家毕竟很少，况且我国是一个人口大国，教师基数大，所以依靠专家的亲临面授，与专家面对面交流来获得专业发展，对一

[1] 赵彦俊. "实习支教生"实践性知识生成研究 [D]. 重庆: 西南大学, 2009.
[2] 吴刚平. 教师实践性知识的行动逻辑与理解转向 [J]. 全球教育展望, 2017 (7)：76-87.
[3] Sibel Ariogul. Understanding Foreign Language Teachers' Practical Knowledge: What's the Role of Prior Language Learning Experience? [J].Journal of Language and Linguistic Studies, 2007（1）.
[4] 张延宜. 对英语教师实践性知识内化的思考 [J]. 教育与职业, 2011 (35)：76-77
[5] 刘旭东, 吴银银. 我国教师实践性知识研究十年: 回顾与反思 [J], 教师教育研究, 2011 (3)：17-24.

些中小城市的教师来说机会很少。而通过录音录像的学习形式，也会受到人数的限制，所以在技术不发达的时代，专家引领就变为了空谈。而信息技术的发展，特别是网络在教育中的应用，使这种可能性变为了现实性，教师的学习不再受时空所限，优秀教师的课堂教学经验及校外优秀成果等都可以实现网络共享，并且人们还可以运用虚拟现实技术创建虚拟社区来促进教师实践性知识的学习。荷兰学者吉艾尔等人就把网络学习作为教师获取实践性知识的途径之一。[1]邓国民等人提出要依托信息技术，借助博客、播客、BBS、论坛等社会性网络软件来构建虚拟教研社区，让教师在虚拟教研社区中实现实践性知识的建构。[2]

综上所述，教师实践性知识是教师本人在对其教育教学经验不断反思的基础上产生的，然后通过个人的主动建构和与他人的社会交往获得发展，发展过程不仅具有时间上的连续性和空间上的广延性，而且呈现阶段性的特点，需要以具体的学科为依托，随着信息技术在教育中的应用，借助多媒体、网络工具能够促进教师实践性知识的发展。

（二）教师实践性知识发展研究的反思

关于教师实践性知识发展的研究已经取得了丰富的成果。随着对教师教育研究的关注及高素质教师的需求，教师实践性知识发展的研究还将继续下去。笔者认为，对于教师实践性知识发展的研究可以在研究方式和研究内容上进一步深入和完善。

首先，研究方式上应加强综合性的思维方式及手段。如前所述，以往研究多采用分析性思维和分解式手段关注教师实践性知识的发展。然而，教师实践性知识的发展是一个复杂且漫长的过程，受教师个人经历、反思能力、周围社区环境、工作环境、任教学科等多种因素的影响。因此，研究需要采用一种综合性的动态思维方式，将教师实践性知识的已有研究理论与教师所

[1] J. Driel，D. Beijaard，N. Verloop. Professional Development and Reform in Science Education: The Role of Teachers' Practical Knowledge[J]. Journal of Research in Science Teaching，2001(2)：137-158.
[2] 邓国民，阳红. 虚拟教研社区与职前教师实践性知识的建构 [J]. 中国远程教育，2011（11）：67-73.

处的社群环境及教师的专业实践有机结合起来，构建一种完整、系统的发展模式及改善机制。

其次，研究内容上应重视结合跨学科教学实践的研究。由上可知，当前关于教师实践性知识的发展虽已结合学科教学展开研究，但仍以结合单学科教学的研究为主，而对跨学科整合教学的趋势注意不够。早在 2001 年，《基础教育课程改革纲要》就提出："设置综合课程，以适应不同地区和学生发展的需求，体现课程结构的均衡性、综合性和选择性。"随着 STEAM 教育在全球的兴起，对学校教育特别是基础教育产生的重要影响，迫切要求以跨学科整合的方式培养学生的创新思维及创新能力，帮助学生更好地认识和改造世界。2014 年 8 月，教育部印发了《教育部关于实施卓越教师培养计划的意见》，指出我国未来小学教师教育发展的新方向应"重点探索小学全科教师培养模式"。对此，在教师实践性知识发展的研究内容上，应以承担多学科和跨学科教学任务的教师发展为主要研究对象，积极探索多学科和跨学科教师实践性知识发展的规律和途径。

因此，在教师教育研究中，一方面要从提高教师反思能力、建立教师合作学习共同体、为教师创建更加优质的学习与教学环境入手，来综合性地探索教师实践性知识发展的模式；另一方面，以跨学科教育的倡导为契机，以培养能够胜任多学科、跨学科教学的教师为目标，改善教师实践性知识，提升教师综合能力与素质。

三、科学教师发展的研究

我国相继出台《新时代基础教育强师计划》《关于加强小学科学教师培养的通知》等文件，强调要建设高素质专业化创新型科学教师队伍。科学教师的专业发展关系到科学教育的质量，进而关系到未来科技人才的培养。对于科学教师发展的研究，其研究主要集中在科学教师的知识结构、科学教师素养的构成、科学教师专业实践中存在的问题及对策 3 个方面。具体分述如下。

（一）科学教师知识结构

为了更清晰地分析并阐明科学教师的实践性知识，有必要对其知识结构做一梳理。因为到目前为止，教师知识的研究还主要集中在理论层面及教师普遍性层面，对其进行学科方面深入探讨的研究并不多，因此关于科学教师的知识结构，研究成果较少，已有研究主要集中在科学教师学科教学知识结构的探讨上，主要观点如下：

在 20 世纪 80 年代，舒尔曼（Shulman）通过研究有经验的化学教师的教学实践，对教师的知识结构做了详细的分析，并提出了学科教学知识这一概念，他指出理解学生的知识及教学策略和教学表征知识是学科教学知识的两大核心要素。舒尔曼认为要将教师自身的学科知识转换为可教的知识，需要经历 6 个环节：理解、转化、教学、评价、反思、新理解。其中转化又包括准备、表征、选择、调整 4 个阶段。继舒尔曼的研究之后，学者们陆续开展了对理科教师的知识结构的研究。其中，关于理科教师知识的研究中，研究最热门的当属学科教学知识（PCK）结构的研究，国内外学者普遍将其划分为科学教学信念、科学课程知识、科学学习者知识、科学教学策略知识、科学评价知识等方面。国内代表性的研究有邹逸（2013）的《科学科教师PCK 回视及启示》，在总结国内外关于 PCK 研究成果的基础上提出了 PCK 结构的分类及国外研究对我国科学教师专业发展的启示。[1]蔡铁权、陈丽华（2010）的《科学教师学科教学知识的结构》提出了 PCK 的结构并指出要通过新老教师之间组建学习共同体的方式来促进科学教师 PCK 的形成。[2]梁永平（2012）的《论化学教师的 PCK 结构及其建构》，从化学教师的角度对PCK 的结构进行了探讨。[3]冯爽（2013）的《中学物理教师 PCK 结构的构

[1] 邹逸. 科学科教师PCK：回视及启示 [J]. 教育导刊, 2013 (9)：61-64.
[2] 蔡铁权, 陈丽华. 科学教师学科教学知识的结构 [J]. 全球教育展望, 2010 (10)：91-96.
[3] 梁永平. 论化学教师的 PCK 结构及其建构 [J]. 课程·教材·教法, 2012 (6)：113-119.

建及主题案例分析》从中学物理教师的角度来分析科学教师 PCK 的结构。[1]

以上观点，虽然主要研究科学教师的学科教学知识结构，但是根据舒尔曼的知识结构理论，学科教学知识是教师知识结构的主要构成部分之一，因此，以上几种知识类型也是科学教师知识结构的重要组成部分。这对于本书探讨科学教师实践性知识的构成要素具有一定的参考价值。

（二）科学教师素养

从关于科学教师素养的研究来看，学术界较为关注的主要分为两个方面：科学教师的科学素养和科学教师的专业素养，具体梳理如下。

关于科学教师科学素养的研究，有学者从公众科学素养以及美国《面向全体美国人的科学》和美国《国家科学教育标准》等文献推演出科学教师的科学素养。比较有代表性的为张红霞、郁波关于小学科学教师科学素养的调查，该研究小组依据美国《面向全体美国人的科学》和美国《国家科学教育标准》等重要文献关于科学素养的定义，将小学科学教师的科学素养划分为科学知识、科学方法、对科学性质的认识、在教学中的科学态度 4 个方面。[2]张平柯结合科学素养的起源、概念及国外学者对科学素养的界定，提出了小学科学教师的科学素养包括情感、态度、价值观、科学方法、科学精神、科学知识、科学探究能力 7 个方面。[3]徐红认为科学教师的科学素养包括科学观、科学知能和科学教学行为，其中科学观主要包括教师的科学态度、情感与价值观，科学知能包括教师的科学知识与技能和科学方法与能力，科学教学行为包括对学生科学探究活动的关注以及具体科学方法与规则的使用。[4]蔡志凌从一般公众的科学素养出发对中学物理教师的科学素养进行了界定，他认为主要包括物理知识结构（包括物理专业知识、相关学科知识、物理学前沿知识及现代科学技术、物理学史内容及其教育功能），教师的能力（包

[1] 冯爽. 中学物理教师 PCK 结构的构建及主题案例分析 [J]. 中学物理教学参考, 2013(7)：34-37.
[2] 张红霞, 郁波. 小学科学教师科学素养调查研究 [J]. 教育研究, 2004(11)：68-73.
[3] 张平柯. 小学科学教师的科学素养结构要素及其具体要求 [J]. 湖南师范大学教育科学学报, 2006 (4)：110-114.
[4] 徐红. 科学教师科学素养的现状与提升对策 [J]. 教学与管理, 2012 (3)：77-79.

括运用现代教学手段辅助教学的能力，动手实践能力、教科研能力），科学方法、科学精神和科学态度，对现代教育理论的掌握和学生身心发展规律的认识，教育理念的应用，对科学、技术、社会三者关系的认识，以及对 STS 知识的掌握。[1]

在科学教师的专业素养研究方面，蒋永贵等以扎根理论为方法论指导，通过采用访谈法建构了初中综合科学教师的专业素养模型，该模型包括情意、知识、能力、观念 4 个核心要素以及 14 个子要素，表现出初中综合科学教师专业发展的内在性、整合性、探究性、实践性和全面性。[2]浙江省初中科学教研员王耀村通过对 15 位资深教师的深度访谈，以专业信念、专业知识、专业能力 3 个维度来建构科学教师的专业素养结构模型：科学教师的专业信念包括科学观、自然观、科学态度、科学精神、教育观、教学观、学生观等；科学教师的专业知识包括现代教育教学知识、科学知识、科学学科教学知识、科学史哲知识等；科学教师的专业能力包括科学实验能力、科学探究能力、教学设计能力、教学实施能力、教学评价能力、教学研究能力等。[3]张宪冰认为"科学课程"教师应树立建构主义科学观，形成整合的科学教育知识，提高动态设计科学课程的能力与科学探究能力，丰富反思性的科学教育经验，以全面提高科学教师的专业素养。[4]黄晓等人以首届全国科学教育专业师范生教学技能创新大赛中的即席讲演、模拟上课与教学设计文本为案例，从科学课程的教学理论、教学实践、教学设计能力、专业知识的准确性、课堂上对学生认知特点的理解、教学语言的精确性、提问的指向性，以及对科学探究的理解等方面阐述职前科学教师专业素养现状。[5]

由上所述，科学教师的科学素养主要包括科学知识、科学方法、科学性

[1] 蔡志凌. 中学物理教师科学素养的调查与分析 [J]. 课程·教材·教法, 2004 (6)：81-85.
[2] 蒋永贵, 郭颖旦, 赵博, 等. 初中综合科学教师专业素养模型的构建研究——基于对 15 位资深教师的深度访谈 [J]. 教师教育研究, 2022 (2)：69-74.
[3] 王耀村. 初中科学课程实施论（下册）[M]. 杭州：浙江教育出版社, 2017：154.
[4] 张宪冰. 论"科学课程"教师的专业素养 [J]. 当代教育科学, 2010 (24)：8-10.
[5] 黄晓, 孙丽伟, 吴术强. 职前科学教育教师专业素养亟待提升——基于首届全国科学教育专业师范生教学技能大赛 [J]. 教师教育研究, 2013 (5)：56-61.

质、科学情感态度价值观等方面；科学教师的专业素养主要包括科学教育理念和课程观念、融合的科学知识结构、科学教学实践、科学教学设计能力及科学探究能力。关于科学教师科学素养及专业素养的研究对本文探讨科学教师实践性知识的构成具有一定的借鉴意义。

（三）科学教师专业实践中的问题与对策

随着对科学教学和教师发展研究的深入，学者们逐渐开始关注科学教师专业教学实践中存在的问题及对策。具体归纳如下。

1. 科学教师专业实践中的问题

仲小敏认为科学课程教师专业素养方面存在的主要问题有：科学观和科学课程观认识上的偏颇，知识面狭窄、缺乏整合的科学专业知识，缺乏科学课程论知识，教学技能和能力不足，教育研究意识和能力有待提高。[1]蔡铁权等人通过对浙江省小学科学教师的科学观点、科学术语、科学方法、科学知识、对科学技术与社会关系的看法、科学本质观等方面的调查，发现小学科学教师科学素养普遍较低；小学科学教师的教学本质观比较落后；小学科学教师的专业发展亟待重视。[2]戚小丹等通过调查得出小学科学教师所具有的科学知识比较陈旧，所掌握的科学方法比较欠缺；对"对待科学、技术和社会的关系"的认识明显不足。[3]高潇怡通过调查小学科学教师对科学本质的理解发现，小学科学教师的科学本质观具有一定的滞后性、浅层次性及不稳定性。[4]林静根据现象描述分析学理论，以"学生应该在科学课堂上学到什么"为核心问题，通过问卷调查与课堂观察，发现北京某区全体小学科学教师对科学素养培养目标的理解是表层且不清晰的，在实践中致力于科学知识的教学，科学探究、科学情感等目标被游离。[5]吴麟等人通过调查浙江省初中科学教师的教学现状，

[1] 钟启泉. "实践性知识"问答录[J]. 全球教育展望，2004（4）：3-6.

[2] 蔡铁权，姜旭英，赵青文，等. 浙江省小学科学教师科学素养与科学本质观现状调查及认识[J]. 全球教育展望，2007（8）：55-58.

[3] 戚小丹，谢广田，杨琴芳. 杭州市小学科学教师的现状调查与研究[J]. 教师教育研究，2008（2）：54-58.

[4] 高潇怡，胡巧. 小学科学教师科学本质观的现状调查与思考[J]. 教师教育研究，2012（4）：78-84.

[5] 林静. 小学科学教师知识观的调查与分析[J]. 课程·教材·教法，2013（8）：95-100.

发现：教师缺乏自我发展和终身学习的意识；教师的特殊教学技能仍需加强，如对知识的综合运用、实施或设计科学探究的能力等。[1]

综上所述可以得出，科学教师专业发展中存在的问题主要包括以下几个方面：科学本质观落后，科学专业知识有待整合和提高，科学方法滞后，科学教学技能和能力有待加强，自我发展意识、终身学习意识及教育研究意识缺乏。

2.科学教师专业发展问题的解决对策

针对科学教师在专业实践中存在的问题，蔡铁权等人提出要加强小学科学教师的科学史和科学哲学的教育，加强 STS 教育和对当前国际科学教育研究热点的关注。[2]戚小丹等建议在职培训要特别关注隐性的程序性知识的培训，要加强对科学教师科学方法的指导。[3]林静借鉴"运用—学习—反思"的干预模式，采用"运用—反思—学习"3 个环节的实验方案对农村小学科学教师教学观念进行干预来研究教师教学观念的转化，提出了教师教学观念转化的 3 条途径及 4 个转化策略。其中 3 条途径分别是学校课堂、学生发展和反思性实践；4 个转化策略是指情境化的需求激发、有主题的任务驱动、有结构的同伴互助、浸入式的专业引领及实战性的评价指导，[4]并且提出了要重视和关心小学科学师资队伍的专职化、专业化问题，加强在职教师的专业培训，以免贻误小学生的科学素养发展。[5]

综上所述可以看出，对于科学教师教学实践中存在的问题，学者们提出不仅要加强知识上的培训，还要加强方法上的指导和观念上的引导；不仅要重视职后教师的培训，还应该重视职前教师的培养；要在培训内容和培养机制上有所改革；国家有关部门要积极调动高等师范院校、教研机构、各级教

[1] 吴麟，王利民，张建珍.初中科学课程教师专业素养问题及职后教育建议——以浙江省为例 [J].教育参考，2015（4）：62-67.

[2] 蔡铁权，姜旭英，赵青文，等.浙江省小学科学教师科学素养与科学本质观现状调查及认识 [J].全球教育展望，2007（8）：55-58.

[3] 戚小丹，谢广田，杨琴芳.杭州市小学科学教师的现状调查与研究 [J].教师教育研究，2008（2）：54-58.

[4] 林静.教师教学观念的干预与转化——以农村小学科学教师为例 [J].教育科学，2013（2）：44-50.

[5] 林静.小学科学教师知识观的调查与分析 [J].课程·教材·教法，2013（8）：95-100.

育行政部门积极参与到科学课程教师的培养中。

由上可以看出，目前对于科学教师发展的认识主要从教师"应该知道什么"的角度出发，再归纳和演绎出"如何做"，其思维方式是单线式的，而没有考察教师"实际拥有了哪些知识"，即缺乏对科学教师实践性知识的考量，这是长期以来难以从根本上改善科学教师素养的一个重要原因。

总之，从已有文献来看，首先，以上关于教师实践性知识的研究主要集中于理论层面，对学科教育教师实践性知识特性的相关研究比较缺乏；其次，对于实践性知识的形成与发展，学者们主要集中于教师实践性知识的形成机制，偏于实践性知识本源的研究，缺乏对实践性知识发展机制的系统、整体的研究。本研究以小学科学教师的发展为基点，吸收国内外已有的研究成果，全面深入地探寻科学教师实践性知识的发展规律和机制，为促进科学教师发展和科学教师教育改革提供理论依据，并以此作为教师教育研究者亟待完成的指向实践的一项基本任务。

第三节　理论基础

一、社会实践理论

　　科学教师的教育实践是科学教师实践性知识生成的土壤，但教育实践究竟怎样支持科学教师的发展并最终形成相应的实践性知识呢？要回答这个问题，首先就要搞清楚实践是如何发生的，具有什么特点，即对"实践逻辑"的探讨。法国著名的社会学家布迪厄（Pierre Bourdieu）是这一理论研究的集大成者，他提出了著名的社会实践理论。该理论超越了传统的主客二元对立模式，主要针对常人（如卡比尔人）的活动进行研究，运用场域（field）和惯习（habitus）这两个概念来解释人类社会生活实践。主要观点如下。

（一）从关系主义视角运用"场域"和"惯习"两个概念来解读实践

　　运用关系论的思维方式来解读实践是布迪厄实践理论的主要特征，他通过阐述"场域"与"惯习"的辩证关系来全面解读实践。

　　场域和惯习都是一系列关系而非实体。"场域"特指一系列历史关系所构成的网络，而且这些历史关系均附带有一定的权利或资本。"惯习"是一系列历史关系在个人身体内的体现，主要表现为思维和行为图式。[1]实践的

---

[1] 杨善华. 当代西方社会学理论 [M].. 北京：北京大学出版社，1999：279.

运作是通过行动者的"外在性的内在化"和"内在性的外在化"的过程来产生作用的。惯习是历史的产物，是被场域所决定的，是人们后天获得的生成性图式系统在个体身上的体现，即布迪厄理论中所讲的"外在性的内在化"过程。此外，在一个场域中，个体的"惯习"在实践活动中发挥作用或产生一定的效果后又会反过来影响外在环境，进而影响原有的"惯习"，即"内在性的外在化"过程。布迪厄指出，场域、惯习及行动者本身都是不断变化着的，行动者和惯习总是以特定的场域为背景的，而场域又是因行动者本身的"惯习"而努力形成或改变的空间。因此，场域和惯习之间是相互影响、相互制约的，在"场域"中产生了某种"惯习"，"惯习"又促进了"场域"的形成和改变。

（二）通过反思来践行实践

布迪厄在对原有实践理论反思的基础上提出了自己的实践理论。从其理论来源来看，这是在反对各种二元论观点的基础上提出来的。从其主要内容来看，他的理论是在对实际经验的研究及争论中构建起来的。布迪厄认为各种二元论的根源在于认为所有相关的学术实践理论都是纯粹理论理性的产物，他将这些理论称为"唯智主义"。布迪厄指出"唯智主义"之所以在学术界一直经久不衰，原因在于它所表达的实践逻辑恰好和部分实践的真正逻辑相符合，并且相应的逻辑原则可以转换为一种易于掌握的表象供行动者使用。[1] 但"唯智主义"的逻辑毕竟不是真正的实践逻辑，因为实践活动本身具有模糊性和不确定性，所以"唯智主义"阐明的实践逻辑并不能取代真正的实践逻辑。布迪厄将这种学术实践操作中存在的错误称为"学术无意识"，即"用逻辑的事物代替了事物的逻辑"。此外，同这种"学术无意识"并存的还有"权利无意识"。"权利无意识"是指学术研究者对学术自身权利本质的无意识状态，具体来说就是很多学术研究者认为自己在研究过程中是不受特定场域影响的，是超越各种场域的存在与权利无涉的。布迪厄提出要想摆

---

[1] 解玉喜. 布迪厄的实践理论及其对社会学研究的启示 [J]. 山东大学学报（哲学社会科学版），2007（1）：105-111.

脱对"实践"的旧有认识并建立新的认识，必须深刻反思社会科学研究中存在的"学术无意识"和"权利无意识"，一方面，要将社会科学构建研究对象的过程本身作为对象来研究。[1]另一方面应将自己置于特定场域之中，结合自身所处的场域来理解知识的生产。

（三）实践的特征

布迪厄在《实践感》中将"实践的特征"称为"实践逻辑"，他认为实践逻辑与理论逻辑不同，是"自在逻辑"，不受实践逻辑所支配。它的逻辑性介于严密与不严密之间。布迪厄指出，模糊性、条件制约性、时间紧迫性、历史性和生成性、总体性构成了实践自身特有的逻辑。

1.模糊性

不确定性和模糊性是实践的首要特征。布迪厄指出实践活动的原则具有不确定性，很难被意识到，它主要以实践图式的方式表现出来，而且这些图式本身也是模糊不确定的，并常因情境的变化而变化。[2]实践的原则虽不具有明显的意图，但也存在某种规律性，是一种对周围事物下意识的直觉把握能力。实践的逻辑是先于认知的，在非设定性的层面上运作，具有不可言说性和多变性，是不合逻辑的逻辑。他认为"实践逻辑的逻辑性只有在一定程度下才具有实践意义，在研究实践的逻辑性时不能超出这种程度"，因此这种逻辑的概念最好是弹性的，随时可以做出调整的。杜威也指出："不确定性是实践活动的显著特征。"实践活动所涉及的情境均具有独特性和个别性，这些独特而又个别的情境无法确定将来是否会重复。[3]布迪厄就是想通过捕捉那些没有意图的意向性和行动者对周围事物的下意识的直觉把握能力来阐释行动者的实践活动，进而关注行动者的实践过程。

2.条件制约性

布迪厄认为，人在具体的实践活动中，不可避免地会受到社会条件和行

[1] 谢立中. 西方社会学名著提要 [M]. 南昌：江西人民出版社，2003：610.
[2] 皮埃尔·布迪厄. 实践感 [M]. 蒋梓骅，译. 南京：译林出版社，2009：17，79-80.
[3] 约翰·杜威. 确定性的寻求 [M]. 傅统先，译. 上海：上海人民出版社，2004：3-4.

动环境的制约，具有一定的社会性和情境性。在他看来，人类"惯习"的形成同客观条件的长期浸润密不可分，"惯习"是"条件制约与特定的一类生存条件相结合"的产物。虽然惯习具有无穷的生成能力，能完全自由地产生各种所谓"合理的""符合常识"的思想和行为，但这些思想和行为只有在一定的条件下才是有效的，受制于所处的社会条件和行动情境。

3. 历史性和生成性

如前所述，"惯习"是历史的产物，是行动者过去所经历的一系列历史关系在行动者身上的体现，它将以往的经验以感知、思维、行为图式等方式存储于行动者的头脑中，在具体的实践活动中，再将其从头脑中调用出来，从而保证了实践活动的一致性和历时不变性。此外，"惯习"又具有生成性，是当前客观条件与情境在行动者身上的体现，它通过行动者与周围的环境相互作用而形成新的结构，进而生产着历史。由此可见，实践既不能脱离已有的知识和经验，也不能离开当下具体的实践，是过去和现在相结合的产物，具有历史性和生成性。

4. 时间紧迫性

实践和时间是密不可分的，这是实践逻辑和理论逻辑的重要区别。布迪厄认为实践是与时间联系在一起的，它不仅要在时间中展开，而且必须在短时间内作出实践决策，不允许人们反复思考实践的意义和价值，因此，具有一定的紧迫性。以往研究的主要缺陷就在于忽略了实践的时间紧迫性，把实践非时间化。在实践活动中，行动者不可能像科学家那样闲暇和超然，实践必须在时间中展开，并且由于时间的易逝性和不可逆性，行动者必须在短时间内即刻作出决定并采取行动，所以紧迫性是实践的一种基本属性。

5. 总体性

布迪厄认为社会实践是一个具有统一性的社会事实，具有总体性，我们在对其进行研究时应该采用理论性探索和经验性研究相结合的跨学科的研究方法。实践是一项复杂的活动，在实践活动中，面对不同的问题，行动者需要综合调动多种因素，包括一切感情的、理智的乃至想象的力量来应对，从而采取更有效的行动来处理所遇到的问题。

可以看出，布迪厄的实践理论与其他现象学、社会学的研究角度不同，现象学和社会学从一般规范性角度来研究实践，是对实践活动应然状态的一种研究，即研究实践活动"应该怎样"，而布迪厄则从认识论和方法论的层面来研究社会实践活动，是对实践活动实然状态的探讨，即研究实践活动"何以如此"，是一种解释性理论。

在小学科学教师的教育实践中，科学教师往往要面对意想不到的突发情况，没有时间也不可能预先制订出相应的解决方案，只能根据一些模糊的实践图式运用自己所具有的实践性知识即时予以解决，并且在解决过程中，要结合当前情况综合运用先前学过的各种知识，还要考虑多种因素，以使不良影响降到最低，这些都需要考虑到布迪厄所提出的实践逻辑。所以，要切实提高科学教师的实践性知识水平，不仅仅是一句口号，需要考察作为"教育实践者"的教师是如何在特定"场域"下形成当前的"惯习"的，他们为什么会这样做而不那样做，这些"惯习"和"场域"处在什么样的社会环境下，如何通过改变社会环境来形成教师良好的"惯习"，等等。因此，布迪厄的"社会实践理论"为我们理解和探讨科学教师实践性知识的形成与发展过程提供了理论依据。

二、建构主义理论

建构主义的思想渊源可以追溯到 18 世纪文艺复兴时期意大利哲学家詹巴蒂斯塔·维柯（Giambattista Vico），他从哲学传统出发，认为文化使人类完全不同于其他动物，并且人类能够清晰地理解他们自己建构的一切。此后，以皮亚杰和维果斯基为代表的一批学者开始了这一项研究，主要观点如下。

（一）倡导学习者对自己知识的主动建构

建构主义者认为，教师不能只是给学习者以知识，而应引导学习者用自己的头脑来主动建构知识。皮亚杰提出，所有儿童都具有与周围环境相互作用并理解周围环境的本能倾向。认知结构和图式是皮亚杰理论的重要概念，这两个概念都用来表征人类头脑中所具有的知识情况，认知结构和图式都是人类头脑中已有知识的结构，认知结构主要用于表征成人对信息进行组织和加工的方式，而图式主要用来表征年幼儿童的行为或思维模式。然而，实践证明，图式概念也同样适用于解释年长儿童和成人对周围世界的探索与互动。[1]皮亚杰认为学习者通过亲身经验来主动建构对周围事物的理解，以此来适应周围新的环境。而适应就是个体通过同化和顺应来调整图式的过程。同化是当学习者遇到新的刺激时会根据已有图式来理解新事物或事件的过程，换句话说就是试图用已有的图式来了解这些未知的东西，是认知结构数量的扩充，即图式扩充。顺应是当旧的方式在探究世界的过程中不能奏效时，就产生了一种不平衡状态，学习者会根据新信息或新经验来修改已有图式，重新使自己回到平衡状态，从而使自己的知识系统进入结构重组的过程，是认知结构性质的改变，即图式改变。学习者的认知结构就是通过同化和顺应之间的平衡过程逐步建构起来的。

此外，建构主义认为学习者要想获得成功，必须自己去发现和转变复杂的信息，并且持续地用新信息去检验已有经验和更新经验。因此，学习者的学习不能被简单地认为只是为了获取经验而学，重要的是要建立联系，建立起过去、现在、未来的联系，即原有经验、心理结构和个人信念之间的联系。这种联系包括对原有经验的反思、新旧经验之间的对比，以及对新经验的接纳和旧经验的改组。没有这种"联系"，也无法将学习的结果运用到未来的学习活动中去。学习是一种带有反思性色彩的智慧活动，是一个复杂的过程，我们要用开放的态度去不断探究学习的本质。

---

[1] 罗伯特·斯莱文. 教育心理学: 理论与实践 [M]. 姚梅林，陈勇杰，译. 北京: 人民邮电出版社，2004: 25.

（二）提倡学习的社会性：学习离不开与周围社会文化历史背景的交互

以维果斯基为代表的建构主义者认为学习是一种"社会建构"，重视学习者在高级心理机能发展中的活动和社会交往，以及社会文化背景的影响。他认为学习者不仅可以通过自己建立新旧经验之间的联系来主动建构知识，还可以在日常生活中通过游戏、劳动等方式来实现，通过求助于他人或其他信息源来达到建构知识的目的。人们对事物不存在唯一正确的理解，所能理解的是其不同方面，这是由于个体都基于自己的经验来建构对事物的理解。教学要引导学生从不同的侧面认识事物，积极鼓励学生与不同的人群交往，包括父母、同伴、教师，从不同的人群中吸纳与自己不同的理解，来达到建构自己知识的目的。维果斯基特别强调学习的社会性，重视合作学习、交互式教学在学习中的作用。学习者通过在小组合作学习中互相交流和讨论问题，增加彼此的了解，从而丰富自己的知识，促进学习的广泛迁移。

（三）强调学习的情境性：关注结构不良领域的学习

在我们生活中会遇到多种问题，把这些问题按照问题解决的复杂程度和答案的稳定性可以分为两类：一类是结构良好领域的问题，它们有确定的问题解决过程和答案，这些问题的解决方式可以通过大量的练习和反馈来熟练掌握；另一类是结构不良领域的问题，通常没有规则和稳定的解决方式，需要基于原有经验通过重新分析来解决新问题。结构不良领域的知识主要有两大特点：概念的复杂性和实例间的差异性。现实生活中普遍存在的往往是结构不良领域的问题，对此类问题不能简单利用已有知识来解决，而需要运用更加复杂的方法。

依据斯皮罗（R.J.Spiro）等人的观点，以达到的深度差异可以把学习分为两种：一种是初级学习，涉及的主要是结构良好领域的问题，偏重事实概念的学习，后期主要以学习者能否将所学按原样再现为评价标准；另一种是高级学习，涉及结构不良领域的问题，要求学习者把握概念间的复杂联系，后期主要以学习者是否能将所学广泛而灵活地运用到具体领域的情境中为主要评价标准。[1]乔纳森（David H. Jonassen）等在斯皮罗等人研究的基础上增加了学习的第三个阶段，即专门知识学习阶段。这个阶段所涉及的问题则更加复杂和丰富，学习者已形成了大量的有丰富联系的图式化的模式，对问题可以灵活地进行表征。[2]对于结构不良领域的问题，仅运用初级学习方式是不行的，必须应用高级阶段以至于专门知识学习阶段的学习方式，而高级阶段以及专门知识学习阶段的学习所对应的就是建构主义的教学方法。建构主义针对结构不良领域问题所具有的复杂性的特点，要求在原有知识的基础上，针对具体的情境，把多个概念原理以及大量的经验背景结合起来，建构指导问题解决的图式。

科学教师实践性知识的形成和变化也是一个不断建构的过程。依据建构主义学习理论，科学教师实践性知识的学习过程不仅需要从科学教师先前的经验入手，让科学教师自己主动建立新旧经验之间的联系来建构自己的实践性知识，还需要科学教师与环境的相互作用，通过与同伴间的互助合作来丰富自己的实践性知识。此外，随着教师职业的专业化，对科学教师的实践性知识提出了更高的要求。基于教育的复杂性，教育中的问题属于结构不良领域的问题，因此，科学教师必须应用高级阶段以及专门知识学习阶段的学习方式，采用建构主义教学的方法才能更有效地提高其实践性知识的水平。

三、生态学理论

"生态"是由生物及其周围所赖以生存的非生物构成的生存空间和状态。在一定的时间和空间范围内，生物与生物之间、生物与非生物之间通过不断的物质循环和能量流动而相互作用、相互依存，形成了生态系统，它是自然界最重要的功能单位。[3]所以，生态系统中生物和它周围的环境构成了一个

---

[1] 张建伟，陈琦. 从认知主义到建构主义 [J]. 北京师范大学学报（社会科学版），1996（4）：75-82.
[2] 温彭年，贾国英. 建构主义理论与教学改革——建构主义学习理论综述 [J]. 教育理论与实践，2002（5）：17-22.
[3] 李振基，陈小麟，郑海雷. 生态学 [M]. 北京：科学出版社，2000：28.

统一的整体，通过和周围环境相互联系、相互依存，在一定时期达到相对稳定的动态平衡。因此，从生态学的观点来看，每个生物体都具有一定的整体关联性和动态平衡性。此外，生态系统包含多个层次，每个层次中又有丰富的变化，体现了生态系统的复杂多样性。生物界的生产者、消费者、分解者之间互相提供养料，相互影响、彼此依存，形成了一个可再生产、自我循环的系统，最终实现生态系统的可持续发展，具体阐述如下。

（一）整体关联性

自然界中的各种生物在一定的时空下会形成各种生物集合体，它们在一起生活，彼此之间相互依存、相互影响，从而获得整体生存与发展，生物学界称之为种群，是生物进化的基本单位。任何生物体都处在一定的环境中并且与该环境下的其他生物或非生物通过能量交换的形式相互依存，任何生物体都不可能脱离周围的环境而独自存在。在生态系统中，各生物体不是以相互孤立而是以相互联系、与系统整体的关系的角度来界定。同样，在人类社会中，与生物界"种群"对应的概念是"群体"，"群体"是相对于"个体"而言的，是指两个或两个以上的个体为了达到共同的目标所形成的相互依存、相互作用的有机组合体。群体有着共同的价值观念和行为规范，并且通过一定的群体活动表现出来。人们为了生存和发展就需要同他人结成事业上和生活上的伙伴关系，于是就出现了各种各样的大大小小的群体。[1] 美国社会心理学家库尔特·勒温（Kurt Lewin）提出了群体动力理论，该理论认为，在一个群体中，每个成员都需要一种群体归属感，因此不论其熟悉与否，他们之间都会进行相互沟通与交流，从而产生一种相互促进的动力，推进群体活动进程，进而促进个体发展。[2] 也就是说，群体成员之间是相互依存的，通过彼此之间相互影响会产生一种共同发展的动力，进而推动群体成员的成长。

[1] 陈孝彬，高洪源. 教育管理学 [M]. 北京：北京师范大学出版社，2008：52.
[2] 殷世东. 生态取向教师专业发展的阻隔与运作 [J]. 教师教育研究，2014（5）：36-41.

（二）动态平衡性

美国学者麦茜特（Carolyn Merchant）认为，自然界中的生物和生物之间，以及生物和周围环境之间是相互作用、相互影响的，从而构成了生态系统，在这个系统中，它们之间通过物质、能量、信息的交流，形成了各种紧密的联系，从而使整个生态系统处于动态发展之中。[1]也就是说，任何一个生态系统都是一个开放的系统，为了维持自我组织的动态平衡，适应不断变化着的环境，生态系统中各生态因子之间需要不断地进行物质、能量、信息的交换，否则就有崩溃的危险。另一方面，生态系统中存在着一条很重要的自然法则——"物竞天择，适者生存"，在自然界中，存在着成千上万种物种，但经过漫长的岁月，有些物种已经消失，只有那些适应自然者，才会被选择存留下来，通过这种自然选择，来维护生态的平衡。因此，生态系统中的各生态因子之间必须通过合作与竞争两种方式进行自我调节，从而达到动态性的平衡。在人类"群体"中，也存在合作与竞争两种交流方式。群体成员为了能够适应不断变化的环境，使自己符合群体的要求，不被群体所厌弃，就会利用各种方式提升自我，其中既包括和其他群体成员之间资源的共享和信息的交流，也包括为了争夺某种稀缺资源，和其他群体成员的竞争，在合作与竞争中，找寻到适合自己的"生态位"，从而维持自我和组织的生态平衡。

（三）复杂多样性

生态系统是由多个生物群落构成的，生物群落的生境、结构具有复杂多样性，首先表现在生物群落生境的复杂多样性上。生境指生物群落所生存的环境，每个生物体为了维持生存，必须依赖一定的物理环境，具体包括气候、土壤、地貌和水文等。不同的生物群落所需要的生境不同，即使是同一种生物群落，在不同的时间段，也需要不同的生境，比如燕子会根据季节的变换来选择生存的环境。其次，生物群落的结构具有复杂多样性。在生态系统中，可以将生物分为动物、植物、真菌、原生生物、原核生物五大类，这五类生

[1] 靳玉乐，殷世东. 生态取向教师专业发展的理念与策略[J]. 教师教育学报，2014（1）：23-30.

物之间又有各种不同的关系，如根据不同的营养特点，生物又分成了消费者、生产者和分解者，从而构成了复杂的食物网，通过食物网，彼此之间相互影响、相互制约。在人类"群体"中，也存在同样的道理，人类生存的环境也具有复杂性，人的生存依赖于环境，但在一定情况下又可以根据自己的需要改造环境；此外，人类社会存在多个"群体"，包括"正式群体"和"非正式群体"，"假设群体"和"真实群体"，"健康群体"和"不健康群体"，每个"个体"也可以同时归属为不同的群体，群体和群体之间还可以发生各种各样的联系，通过彼此之间相互影响、相互制约，促进个体及群体的发展。

　　科学教师不是"单子式"的存在，而是"群体性"的共生，他的工作与生活无时无刻不与周围的环境建立联系，因此，科学教师个体与其他教师及周围环境形成了一个教师专业发展的生态系统。在这个系统中，首先，科学教师一方面要利用所在群体的共同努力，通过集体的发展来实现个人的发展。另一方面，要把自己的知识、技能贡献出来与群体成员分享，在分享的过程中，自己先进的教育理念和优秀的教学经验会对其他成员具有积极的影响和作用，在影响科学教师个体发展的同时，促进教师整体的共生，体现了教师专业发展的整体关联性。其次，科学教师在发展过程中，要与其所在的社群成员之间进行资源共享、信息传递和技能交流，取人之长，补己之短，来增长自己的知识、提高自身的教学技能，增强自我发展的意识，维持自我生态平衡，这体现了教师专业发展的动态平衡性。再次，科学教师的发展具有复杂多样性，主要体现在科学教师所生存的环境方面，包括教师个体生态环境、教师和学生组成的课堂生态环境、教师与本校各学科教师之间组成的群体生态环境、教师与校外其他教师之间组成的校外生态环境等，这些环境并不是孤立存在的，而是相互影响、彼此交叉的，在科学教师的发展过程中共同作用于教师，体现了科学教师专业发展生态系统的复杂多样性。因此，研究科学教师实践性知识的发展必须将教师置于科学教师发展的生态系统中来探讨。

四、教师专业发展理论

教师实践性知识的形成过程是教师专业发展的过程，学术界认为教师专业发展主要具有以下几个规律：首先，教师的专业发展不是一蹴而就的，而是分层次、分阶段进行的；其次，教师的专业发展也不是任意而为的，而是受一定价值观所支配的；此外，教师的专业发展受一定因素的制约。由此构成了教师专业发展三方面的研究，分别是教师专业发展阶段、教师专业发展的理论取向及教师专业发展影响因素。

（一）教师专业发展阶段论

20 世纪 60 年代，美国学者费朗斯·富勒（Fuller）认为教师的发展是分阶段进行的，从而开启了学术界对于教师专业发展阶段理论的研究，代表性观点主要有："关注"阶段论、"职业生命周期"阶段论、"心理发展"阶段论、"教师社会化发展"阶段论、"综合"阶段论等。富勒通过广泛严密的访问晤谈和大量周详的文献整理，编制了著名的《教师关注问卷》(*Teacher Concerns Questionnaires*)。通过这项研究，富勒认为教师专业发展的过程是一个由内而外、逐渐递进的过程，它依次经历了关注自身、关注教学任务、关注学生的学习、关注自身对学生的影响 4 个阶段。后来又经修改，富勒提出了著名的四阶段模式：教学前关注阶段、早期求生存关注阶段、关注教学情境阶段和关注学生阶段。[1] 在此研究成果的基础上，富勒指出，教师的发展水平是有一定的顺序性的，即按照由低到高的顺序逐步发展，在教师关注自我阶段，发展水平较低，而到了后期关注学生的阶段，则表明教师已经发展到了较高的水平，但一般教师很难达到这个水平，所以许多教师一生都没有进入到关注学生的阶段。他进一步指出，这四个阶段之间是逐步递进、层层深入的关系，如果教师早期的关注问题没有解决，下一个阶段的关注问题就会受到影响，从而阻碍教师的发展。富勒所提出的这套教师关注阶段论，为后期教师

---

[1] 柳海民. 现代教育原理 [M]. 北京：人民教育出版社，2006：228-229.

发展理论的研究开辟了先河。

20 世纪 70 年代，美国学者卡茨（L. Katz）采用访谈和问卷的方法研究教师的培训和发展，提出了"教师发展时期论"，将教师的发展分为 4 个阶段：求生存时期（survival）、巩固时期（consolidation）、更新时期（renewal）、成熟时期（maturity）。该理论对于洞察教师发展的不同阶段具有重要的理论价值。[1] 但是，他只对教师专业成长的某一时段作了描述，对教师发展到成熟期之后没有进行更进一步的探讨。

1984 年，美国约翰·霍普金斯大学的费斯勒（R. Fessler）通过观察、访谈、调查，以及对人类生命发展阶段的文献进行梳理，从教师职业生命周期的角度对教师的专业发展进行了阶段划分，提出了"教师生涯循环论"。他将教师职业周期分为职前教育阶段、入职阶段、能力形成阶段、热心成长阶段、职业受挫阶段、稳定和停滞阶段、职业低落阶段，以及职业退出阶段 8 个阶段。费斯勒的"教师生涯循环论"把教师的发展放置在了影响其发展的个人环境和组织环境之中来考察，为人们研究教师职业生涯的发展提供了一个较为完整的理论框架。

利思伍德（K.A.Leithwood）从心理学的角度对教师的专业发展进行了阶段划分，他把教师的自我发展、道德发展和概念发展方面的阶段论加以总结，将教师的发展分为顺从权威阶段、墨守成规阶段、凭良心尽责阶段、有主见阶段 4 个阶段。这种理论突破了教师专业发展水平与教师生理年龄之间的对应关系，开始研究心理发展阶段或水平与教师专业发展之间的关系，较好地解释了教师专业发展中的实际情况，对教师的学习有很大的促进作用。

后来，一些学者从教师作为社会人的角度对教师专业发展的阶段进行了划分，代表人物有莱西、王秋绒、吴康宁、叶澜等，划分的方式也多种多样，但大部分学者比较赞同把教师的专业发展划分为 4 个阶段：准备阶段、新手（初步）发展阶段、成熟阶段、专家（创新）阶段。该理论反映了教师从新手教师向专家型教师的转化过程。

---

[1] J.D.Raths, L.G. Katz.Advances in Teacher Education[M].Norwood NJ:ABLEX Publishing,1986：192.

随着对教师专业发展的进一步研究，一些专家学者认为，教师本身是一个完整的整体，具有一定的综合性和复杂性，以上几种理论，都只是从不同侧面展示了教师专业发展的过程，并不能让教师和研究人员彻底清楚地了解教师的发展轮廓。对此，利思伍德等人在归纳和分析已有阶段理论的基础上提出了教师专业发展应该从 3 个维度进行研究：强调教师专业发展的职业周期、心理发展与专业智能发展之间的相互依赖性。[1]贝尔和格里布特认为传统的阶段理论的划分过于刻板，不具有灵活性，提出了应该模糊这种清晰的阶段界限，按照教师专业发展的情境对其进行划分，主要分为确认与渴望变革、重新建构、获得能力 3 个阶段，并提出了教师专业发展的演进模式。[2]

由此可以看出，关于教师专业发展阶段的研究会越来越深入、越来越全面，为我们研究教师实践性知识的发展过程提供了一定的理论基础。

（二）教师专业发展的理论取向

自 20 世纪 80 年代以来，作为从事教育教学工作的专业人员——教师，在教育事业中的地位和作用越来越受到各界人士的广泛关注，教师的成长与发展已成为当代教育改革研究的主流课题。对教师专业发展的关注引发出对教师专业发展价值取向的研究。到目前为止，学术界主要形成了三种价值取向，即从关注教师"个体学习"的理智取向转向了关注教师"自我理解"的实践—反思取向，再转向关注教师群体"共生环境"的生态取向，体现了对教师专业发展的认识由不成熟逐渐走向成熟的过程。

"理智取向"的教师专业发展观认为，作为一名教师，必须以丰富的知识作为教师专业实践工作的保障，强调教师个体知识和技能的获得。因此，主张用知识灌输的方式来促进教师个体行为的变化以及教育教学专业技能的形成。该观点把知识静态化，从教学理念上把教师当作"会育人"的工

[1] Fullan,M,A.Hargreaves.Teacher Development and Educational Change[M].London:Falmer Press,1992：86-103.
[2] 吴金辉. 教师专业发展的理论与实践 [M]. 北京：中国传媒大学出版社，2006：30.

具来看待，体现了一种工具理性、技术理性的价值观，追求教师为社会服务的功能，而忽视了教师作为人的主体性，消解了教师的主体意识，遮蔽了教师的个性，造成教师的异化与物化。教学内容上，该观点只注重教师知识、技能的培养和培训，忽略了教师的思想、情感、价值观在教育中的作用，忽视了教师的生命价值和意义，会导致教师对自身专业发展的漠然置之，对工作变得懈怠，或对学校的发展漠不关心，使教师的发展走向片面畸形化。

"实践反思取向"的教师专业发展观是在对"理智取向"的教师专业发展观批判反思的基础上发展起来的，持这种发展观的学者们认为教师在教学中所用到的知识不仅是所表现出来的显性知识，同时还有无法言明的内隐性知识，因此强调在教师培养过程中应注重教师内隐性知识的获得，主要表现为教师的实践性知识。他们认为教师的实践性知识与学科专业知识和教育学科知识不同，具有一定的复杂性、情境性，一方面教师所具有的知识与自身的情感、态度、价值观及经验有关，另一方面与所处的教学情境也密切相关。因此，内隐性知识仅通过简单的培养、培训很难获得，必须借助于个人的实践与反思来获得，通过调动教师自我反思的主动性，对自己及自己的教育实践活动进行积极的反思，进而促进教师个体发展。"实践反思取向"的教师专业发展观虽关注教师的主体性，关注教师的实践和反思，注重教师隐性知识的习得，然而它把教师放置在一个孤立与封闭的环境中，把教师作为一个"单位人"来看待，让教师通过单打独斗的方式来完成蜕变，忽略了教师所赖以生存的环境，教师个体的力量是有限的，有限的力量无法实现教师全面长远的发展。

"生态取向"的教师专业发展观从一种宏观的角度来探讨教师的专业发展，该观点针对理智取向的"知识静态化"和实践反思取向的"环境封闭性"的弊端，提出了教师专业发展仅靠教师个人是难以独立完成的，教师专业发展是一项群体性的活动，需要为教师创建一种群体合作的文化氛围，形成教师专业学习共同体，鼓励教师积极参与，并对自身的教学实践主动地进行反思。该观点注重教师在发展过程中所处的环境，把教师作为一个"社会人"和教育的"系统人"来看待，认为教师的专业发展是个体和环境互动的结果。一方面，它强调教师通过个体学习，掌握知识和技能，通过实践和反思实现教师主体意识和生命自主意识的提升，从而形成良好的教师个体专业发展生态；另一方面，它将教师置于一种良性互动和合作的环境中，鼓励教师彼此之间进行资源共享、信息交流、技能承接，在这种环境氛围和文化气质潜移默化的熏陶下，促进教师个体及群体的共进。

如前所述，科学教师的实践性知识不仅包括静态的知识，还包括动态的知识，不仅应关注"预设"的知识，更应该关注课堂上"生成"的知识，这种"生成"不仅与个人有关，更与环境有关，了解教师专业发展的理论取向能够更好地帮助我们理解科学教师实践性知识的发展过程。

（三）教师专业发展的影响因素

教师在其专业发展过程中，不可避免地受到多种因素的制约，学者们主要从环境维度和发展阶段的维度对其进行了研究。

从环境维度来讲，主要包括内部环境和外部环境，内部环境主要指教师的个人环境，外部环境包括社会环境、学校环境及文化环境等。如费斯勒在考察教师职业发展的过程中指出，教师发展主要受教师个人因素和职业背景因素的影响。在此，教师个人因素主要包括个人环境和家庭环境两个方面，如个人脾气与爱好、家庭生活中发生的危机事件和积极的关键事件等；职业背景因素主要指学校环境和社会环境两个方面，如学校规则、学校管理、社会期望、群体信任、社团组织等。张诚、蒲大勇也从内外环境的角度提出影响教师发展的因素，其中，内部环境因素为教师的个人特质，外部环境因素为教师专业生活和旨在促成教师专业发展的针对措施。[1] 章亚骏把影响教师专业发展的因素归纳为终身培训、学者意识、内生需求和外部环境 4 个部分，并且指出这四种因素之间不是彼此孤立的，而是相互

---

[1] 张诚，蒲大勇. 校本教研模式与教师专业发展 [M]. 成都：四川科学技术出版社，2008：57-58.

依存、相互影响的[1]。

吴金辉分阶段对教师发展的影响因素进行了阐述，他提出教师在进入师范教育前，对其职业选择产生重要影响的因素为幼年时期与学生时代所接触的重要他人；在师范教育阶段，教师主要受到学校环境、所接触的群体及所学知识的影响，包括教学环境、班级气氛、社团生活、教师、同学、同辈团体及专业知识等；职后主要受到工作和生活环境、教师的社会地位、学生及所处社会群体的影响。[2]

此外，有学者从环境的单一维度对教师专业发展的影响因素进行了研究。王宪平、唐玉光从促进教师交流学习的角度提出时间和空间是影响教师之间、师生之间的交流与互动，以及教师个人教学反思的重大结构性因素，因此提出应该重组学校时空结构，进而促进教师专业发展。[3]

教师实践性知识的发展作为教师专业发展的核心部分，同样受多种因素的制约，因此，教师专业发展的影响因素的研究成果对于探讨小学科学教师实践性知识的发展具有一定的借鉴意义。

[1] 章亚骏. 教师专业发展的影响因素研究 [J]. 教育探索，2016（1）：27-30.
[2] 吴金辉. 教师专业发展的理论与实践 [M]. 北京：中国传媒大学出版社，2006：31-32.
[3] 王宪平，唐玉光. 时空因素对教师专业发展的影响 [J]. 教师教育研究，2006（5）：21-25.

第二章　小学科学教师实践性知识

第一节　小学科学教师的专业实践

小学科学教师专业实践的任务即从事小学科学教育，而小学科学教育需以小学科学课程的教学及学生的科学探究学习为媒介。科学教师专业实践状况的优劣还取决于科学教师自身的专业素养及外在的环境条件。对此，本节将立足于小学科学教师的专业实践，探讨成长为一名优秀的小学科学教师所应具备的条件。

一、小学科学教育的演变

我国小学科学教育的改革是以原有"自然"课为基础的，是在国际小学科学教育发展的大背景下展开的，因而在改革的过程中，不可避免地受到国际教育改革大环境的影响。

（一）国外小学科学教育的发展

从国际范围看，基础科学教育的改革主要以美国为代表，开始于 20 世纪 50 年代末。从对科学教学的理解来看，在 20 世纪前后，主要经历了学科学、做科学、理解科学 3 个阶段。

1. 学科学（20世纪以前）

在世界现代教育史上，长期以来，古典教育在学校教育中一直占据着统治地位，第一位论述科学教育的当属英国哲学家和社会学家斯宾塞，他深刻批判了英国传统古典教育，大胆论述了科学知识的价值及其在学校教育中的重要性。在他1859年发表的《什么知识最有价值》（于1861年被收录到《教育论》中）一文中，论述了近代科学对于社会进步和个人生活的价值和意义。在该文中，斯宾塞系统地阐述了其科学教育思想，为科学课程的应有地位奠定了理论基础。在工业和科技发展的推动下，19世纪后半期，科学教育开始被纳入西方政府的义务教育体系中，科学课程成为初等教育体系中最年轻的一门课程，在中小学课程中的地位逐渐得到巩固并占据主要位置，科学教育从教育的边缘走向教育的中心。这个时期的科学教育主要涉及数学、物理、化学、生物学等学科。可以说，这个时期科学教育的特点是：各中小学以传授科学知识为主要目的，且科学知识是直接来自研究积累的、没有经过系统加工的基本事实，以及经概括和简化的基本原理，这些材料缺乏内部关联。科学课程开设形式是将科学知识穿插在其他课程中，或者一学期上几节与科学知识有关的课；教学方式主要采用教师诵读教材，学生听教材的方式，对于一些动植物、矿物知识，有时会采用实物教学的方式来让学生观察和学习自然现象，但多为对实物的机械描述和记忆；科学教学所用的教材大多是描述性的，由从事研究的科学家来撰写。由此可见，这个阶段科学课的教育目标主要是对自然科学知识的掌握，所以这个阶段也称为"学科学"的阶段。

2. 做科学（20世纪初—20世纪80年代）

随着实证主义认识论的兴起以及对学习者学习过程的进一步研究，对科学教育的认识发生了转变，认为不能将科学教育的内容看成是外在于学习者经验之外的知识，以科学事实和理论体系为基础的科学教育与学习者的实际生活经验是脱节的，科学教育应当与学习者个人经验相联系，传统的以传递科学知识为主的科学教育受到了各领域专家学者的批判。

进入20世纪，科学课程已不存在为自己争取地位的问题，取而代之的是如何使科学教育更加有效、更为科学化，科学教育的主旨何在等问题。在科学教育最初进入小学课程的 19 世纪末，初等学校中最为流行的科目为"自然研究"，强调通过第一手的观察而不是书本来研究与儿童日常生活发生直接关系的自然事物，以形成儿童对于自然界事物的广博知识和兴趣，并进行简单的科学方法的训练，养成儿童良好的观察与思考习惯。[1] 它强调观察和亲近自然，对于启发孩子们的想象力，对事实的领悟和表述能力，特别是对自然的敬畏等，有着积极的意义。

20 世纪 20 年代以后，"自然研究"运动走向衰落，进步主义开始占据教育舞台。杜威可谓是现代教育理论的集大成者，他认为科学教学过于强调知识的累积，却欠缺对科学作为思考途径及心智态度等方面的教育。[2] 对此，他提出在学校科学教育中采用探究的方法，并且应该以培养学生的科学探究过程和方法为主，而不是科学知识的获得，也就是"做中学"。他推崇近代科学的方法，将怀疑和假设作为科学方法的核心，主张用科学研究的方法、态度和思维方式，设计问题情境，激发学生参与科学学习和问题解决的过程。[3] 进步主义的教育理想在 21 世纪的今天具有一定的现实意义，它改变了以往在教室里"口耳相传"的传统科学教育教学方式，改用让学生通过观察、实验的方式来进行科学学习，强调科学实践，而不是单纯地学习科学知识、科学理论，认为获得科学知识只是科学学习的工具，而非目的。但是其"儿童中心论"的立场以及注重生活教育反对教材的极端化的观点，招致了很多批评，以至于逐渐走向衰落，在实践中并没有取得预期的成功。

20 世纪 50 年代末，基于政治因素及经济因素，以美国为代表的西方国家，对基础科学教育发起了旨在提高教育质量的改革，主要特征为科学课程现代化，即将 20 世纪上半叶以后的科学技术成果加入中小学科学教学中，在科学课程的设计、开发和实施方面，体现了 1960 年代的所谓"新科学"的教育理念，即"发现—行动"（discovery-action）的学习途径。这个时期的理

[1] 张红霞. 小学科学课程与教学 [M]. 北京: 高等教育出版社, 2004: 35.
[2] 袁维新. 科学教学通论 [M]. 北京: 人民出版社, 2013: 176.
[3] 崔鸿, 张海珠. 新理念科学教学论 [M]. 北京: 北京大学出版社: 5.

论主要以布鲁纳提出的学科结构课程理论为指导，强调使学生在学到知识的同时，学会探究新知识的方法，重视对学科基本结构的掌握，主张采用发现教学法进行教学，学生通过科学发现活动了解科学家的工作，探究式教学初露端倪，美国学者视这个时期的科学教育改革为一场革命，它摒弃了那种古典主义教育的、死背事实性知识的、讲述型的"教师和事实取向"（teacher-and-fact approach）教学，而代之以"探究取向"（inquiry approach）的教学，这种转变可以用表 2-1 表示。但这个阶段的"探究式"教学片面强调儿童动手"做科学"的观点，期望学生应像科学家一样去探索知识，把学生比作科学家，实质上所反映的是归纳主义或逻辑实证主义的传统科学认识论观点。从教学目标来看，这次美国科学教育的改革起因于战后科技的发展及对科学技术专家的大量需求，所以这次教育改革是一种"精英教育"式改革，主要是以培养科技人才为主，并没有达到普及科学教育的目标。这个阶段虽然提出了探究式教学，但强调的是科学方法的学习，以让学生通过观察、分类、测量等方式进行科学学习，所以这个阶段又称为"做科学"的阶段。

表 2-1　从 1957 年到 1978 年间的科学教育改革

1957 年前	1957—1978 年
1. 资讯的权威来源是教科书	1. 实验室的资料是知识的主要来源
2. 通俗科技就是科学	2. 强调"纯科学"
3. 许多科学主题被简略地读过	3. 少数主题，深入探讨
4. 实验室的活动是用来证实教科书的概念	4. 实验室的活动是将收集到的资料发展出概念
5. 强调演绎思考，以获得正确的答案为止	5. 强调归纳思考，以达到合理的、暂时性的答案
6. 记忆和接受型的学习	6. 发现和探究学习

资料来源：National Science Teachers Association. 1988 Handbook.

3. 理解科学（20 世纪 80 年代以后）

20 世纪 50 年代末的改革，虽然在课程内容的现代化方面，实现了科学课程理念的转变，但它无限扩大了布鲁纳的学科结构理论的适用范围直至所有年龄阶段、所有能力层次的学生，未能将科学"探究"和"过程"与特定年龄和能力的儿童相联系。基于这种观念的科学教育只是从注重传授科学知识转化为强调传授学科结构，教学内容难度大，理论性强，导致教师难教，学生难学，使大部分学生失去了学习科学的兴趣。虽然在科技人才培养的数量方面取得了成效，提高了美国科学技术水平，但也新增了大批功能性文盲或科盲。对此，科学教育改革经过短暂的沉寂之后，又重新登上历史舞台。1985年，美国启动"2061计划"，并于1989年发布《面向全体美国人的科学》的科学教育改革报告，启动了第二次课程改革，目标在于提高全民的科学素养。这次改革与以往改革不同，这次改革更具综合性和前瞻性的特点，强调认识科学本质和理解科学探究知识对学生学习的重要意义，将科学素养的培养作为中小学科学教育的总目标，重视学生科学世界观和价值观的培养，科学教育也由"精英教育"迈向了"大众教育"。在教学实践中，基于科学家的发现过程的科学探究转变为教学情境下的探究式教学，特别是随着建构主义思想在科学教育领域的运用，"探究式教学"成为科学课程的主要教学方式。人们普遍认为，建构主义代表了当代科学教育的"范式转变"。在建构主义者看来，学生不是知识的接受者，而是知识的自主建构者，学生不是一个科学家，而只是一个"新手研究者"。他们反对将学生作为自主研究者的观点或实践科学家的隐喻，建议采用"新手研究者"的隐喻，他们认为学生的学习不仅限于自己"动手做"的探究活动或实验，而是一个有引导的探究，在知名"研究指导者"（老师）的指导下，学生就会对自己头脑中原有的"潜概念""错念"或"认知图式"产生怀疑，从而形成新的概念。美国中小学科学课程改革的一个重要转变是从关注科学活动或科学知识结构的教学，转而关注"儿童自己的科学"。德里弗（Driver）认为"做科学"的过程，虽然对训练学生的科学过程技能有积极意义，但不一定有助于学生理解科学的本质，因而主张重新审视探究式的科学教学，让学生在操作这些过程技能的同时，理解这些过程技能的本质。莱德曼（Lederman）进一步指出简单的、目标含糊的"做科学"体验无助于学生学习科学本质。此外，在这一时期，STS教育开始出现在科学教育的改革论题中，体现了当代科学、技术与社会更紧密联系的时代特征，科学、技术、社会教育（science-technology-society education）与科学素养教育并列成为美国第二次科学教育改革的新主题。STS 教育是新时期下科学教育的一种新理念，强调通过对科学—技术—社会相互作用问题的探究，培养关注社会问题的科技人才和关心科技事务的社会公民。[1]STS 课程和传统的科学课程有诸多不同，如表 2-2 所示。这个阶段中的"科学探究"，从教学过程来说，是学生的学习方式和教师的教学方式；从教学目的来说，"科学探究"本身就是学生必须学习的内容。基于这个阶段强调理解科学知识和科学方法本质的特点，我们将这个阶段称为"理解科学"的阶段。

表 2-2　STS 课程与传统课程的比较

传统课程	STS 课程
1. 教科书中的主要概念	1. 区域性的、有趣的、冲击性的问题
2. 以教科书及实验手册为活动依据	2. 利用当地资源（包括人物）解决问题
3. 学生被动地同化教师或教科书提供的信息	3. 学生主动寻求资源利用
4. 学生学习的重点放在老师所提到的重要概念上	4. 学生学习的重点放在个人和环境冲突、好奇及关怀上
5. 科学为教科书上的知识和老师授课的内容	5. 科学不仅是印出来供背诵的材料
6. 学生熟练科学方法的目的是评价	6. 不特别强调学习科学家所具备的科学方法
7. 并不会特别注意生涯规划，也不会注意当代科学家的发现	7. 强调生涯规划，特别注意在科技方面学生可以从事的职业，如医学、机械等
8. 科学局限于学校及科学课程	8. 学生从机构及社区中去学习科学所扮演的角色
9. 科学是一种必须去获得的信息整体	9. 科学是一种鼓励学生去享受的经验
10. 科学课程强调已发生的部分	10. 科学课程着重探讨未来
11. 学生视科学过程为一抽象、伟大而不可即的技巧	11. 学生视科学过程为科学课程及生活操作的重要部分
12. 科学知识用于日常生活者极少	12. 科学知识用于日常生活者较多
13. 学生不认为所学的科学对于解决当前社会问题有帮助	13. 学生相当关注社会问题，他们视科学为履行公民职责的方法
14. 学生背诵科学知识	14. 学生"寻求"科学知识
15. 学生所读的不能与当代科技联结	15. 学生注意当代科技发展，并从中了解和所学知识的相关性
16. 学生很少问及能够引起思考的问题	16. 学生会问他们真正感兴趣而独特的问题
17. 学生的原创性有限	17. 学生富有创造力
18. 各年级学生对科学的兴趣均不高	18. 学生对科学的兴趣随年级的上升而增加
19. 对科学的好奇心逐渐减少	19. 对物理世界越来越好奇
20. 学生视老师为知识的供应者	20. 学生视老师为协助者、指导者
21. 学生视科学为必须去学的知识	21. 学生视科学为解决问题的方法

综上所述，科学教育经历了学科学、做科学、理解科学 3 个阶段，这三

---

[1] 刘恩山 . 中学生物学教学论 [M]. 北京: 高等教育出版社，2003：102-103.

个阶段的关系如图 2-1 所示。"学科学"的阶段是基于科学知识的教学，注重知识传递，缺乏系统化知识体系，缺乏对学生思想的影响；"做科学"的阶段是基于科学技能和方法的教学，这是一种将科学知识技能化、实操化的教学，注重教学过程，忽略科学精神的培育；而"理解科学"阶段的教学是一种蕴含了科学教育精神的教学，这种教学强调理解科学的本质，培养科学思维能力，能够运用科学知识及其思维方法处理个人和社会问题。科学教育教学重心的转变必然要求科学教师有较高的科学素质。

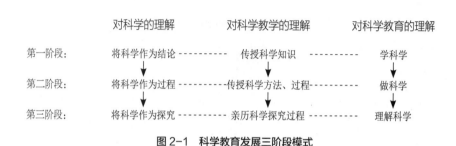

图 2-1　科学教育发展三阶段模式

（二）国内小学科学教育的发展

我国的科学教育，可以说是中华传统文化观念和近代西方科学思想相碰撞的结果。而我国小学科学教育的发展，经历了国际科学教育思想与国情结合的过程。纵观我国小学科学教育的发展历程，从培养目标上来看，经历了科学知识的获得、科学能力的培养及科学素养的提高 3 个阶段。

1. 科学知识的获得

古代中国在世界科学技术发展史上曾经写下光辉的一页，但是受中国传统文化重人伦轻自然、重道轻器、重德轻艺的影响，造成了国人对科学的一种误解，认为科学就是知识，科学教育就是传授科学知识，这种误解一直持续到今天。和西方大体相近，我国古代的学校并没有科学课程，儿童科学教育内容表现为认识自然物和自然现象，大都以名物知识的形式存在于知识课本中，并没有多少关于科学世界的观察与探究，如著名的蒙学读本"三百千千"（指《三字经》《百家姓》《千字文》《千家诗》）。此时的自然教材多是与语文（特别是识字）结合的，许多还与社会常识结合，是高度综合化的教材，教学主要靠教师讲、学生听的形式，学生以识字、读书、背书为主。

中国正式设立小学科学课程的时间比较晚，是在19世纪末晚清政府的统治行将结束之时，在"废科举，兴学校"运动的影响下，掀起了"废读经，学《格致》"之风，小学就开设了科学启蒙教育课程，课程名称历经多次改变，最终以"自然"的名称一直沿用至20世纪90年代。从19世纪末至20世纪80年代，小学自然课程经历了多次改革，但指导思想主要以传授现成书本上的科学知识为主，导致儿童死记硬背书本上的概念和规律。如1977年颁布的小学自然教学大纲明确规定："小学自然常识教学的目的是教给学生一些浅近的自然科学知识，指导学生初步认识自然界和人对自然界的利用改造。"[1]

2. 科学能力的培养

20世纪80年代，中国打开了改革开放之窗，在国外科学教育改革及现代教育理论的影响下，我国小学科学教育突破了长期以来的"自然"知识传授教学理念，建立起面向启蒙教育的"科学"课程。以刘默耕先生为代表的一批科学教育工作者借鉴国外先进的科学教育理论和改革实践，对我国传统自然教学进行反思与批判，从科学启蒙教育的高度认为自然课应该具有"教育性"，而不应是"知识性"的学科，从而走出了长期以来统治自然课的"知识主导"的樊篱。刘默耕先生主持修订的教学大纲，明确了自然课的性质为"对儿童进行科学启蒙教育的一门基础性学科"。[2]他认为"科学"在于"探索大自然的秘密"，"科学教育"不止于"传授知识"，还承担培养儿童的科学精神、科学素质、求实精神、实践能力，发展良好个性心理品质等广泛任务。这些观点为探寻小学科学教育的定位指出了明确的方向，小学科学教育

---

[1] 张红霞. 小学科学课程与教学 [M]. 北京：高等教育出版社，2004：46.
[2] 刘默耕. 小学自然课改革探索 [M]. 武汉：湖北教育出版社，1998：170.

是全面发展教育的组成部分，科学教育旨在引导儿童探索自然奥秘，在探索过程中学生不仅获得知识，同时其科学精神和科学能力得到培育和发展，进而有益于全面发展。

3.科学素养的提高

我国从世纪之交开始持续至今的基础教育课程改革，推动着小学科学教育的突破性变革。新课程改革首次在课程体系中设立小学"科学"课程并制定了相应的课程标准，明确其课程性质为"以培养科学素养为宗旨的科学启蒙课程"，提出"科学学习要以探究为核心"，要求"科学课程应向学生提供充分的科学探究机会"，将小学科学教育的重点指向了对学生"科学素养"的培养，明确指出要采用"探究"式的学习方式。

由国内外小学科学教育的演变过程可以看出，小学科学教育的培养目标经历了由获取科学知识到熟练掌握科学实践操作技能，再到理解科学教育内涵的演变，由对学生的外塑逐渐转向了内化，这种教育目标的转向势必对小学科学教师的专业实践提出了越来越高的要求，不仅要求教师具有丰富的科学专业知识，还需要具有熟练的实践操作技能和对科学专业信念的深刻理解。

二、小学科学教师专业实践的特征

（一）小学科学课程的特点

1.基础性

我国小学科学课程是具有启蒙特点的基础性课程。刘默耕先生曾经用"行虽微而旨趣远，出虽浅而寓意深"这句话来概括小学阶段科学教学的启蒙性与基础性作用。启蒙首先是就学生的年龄阶段而言的，小学科学课程的培养目标、教学内容、教学方法和过程等，都应适合儿童的年龄阶段特点，尤其是保护儿童的好奇心，培养他们对科学的兴趣和求知欲是极为重要的。其次是就科学素养培养的经历时间而言的，个体的科学素养需要经过长时间的培养和教育才能够形成，小学阶段的科学教育有导向作用，对个体科学素养的发展有长远和根本性的影响。再次是就科学教育的长期性而言的，课程标准规定了小学科学课程是一门基础性课程，小学阶段的科学教育是入门性的，对个体科学素养的形成有奠基的作用，为接受进一步的科学教育和为其他学科的学习奠定了初始能力条件。最后，从各级教育在教育体系中承担的任务来说，小学教育的任务是性格养成和文化入门，中学教育的任务是学科入门，大学教育的任务是专业入门。因此小学科学教育的任务是培养学生科学认真的态度、精神，以及初步了解基本的科学知识、科学方法、科学技能，以便他们能正确地认识周围的世界，更好地适应学习和生活。

因此，我国小学科学课的教学内容紧贴小学生熟悉的生活和经验，来自他们的周围世界，看似浅显易懂，好像只是做游戏，但实际上却是在给儿童们创造发展的环境。让他们通过动眼、动手、动脑来学到相应的知识并培养他们探究科学的兴趣，学习探究科学的方法。一方面，这让学生在有限的教学时间内，经历人类科学发展史上的几十年、几百年，掌握浅显的科学知识和科学方法；另一方面，可以让学生初步形成实事求是的科学态度及关注社会与合作的意识。

2. 综合性

小学科学课程的内容体系从小学生周围的自然现象出发，源自生命科学、物质科学、地球与空间科学、技术与工程等多个自然科学和技术领域，根据课程目标和学生特点，从中选取与小学生生活密切相关的、最基础的知识和技能，经过统筹设计和整体规划而成。这样的综合内容体系，尽量避免了因学科领域界限而妨碍学生认识完整自然世界的弊端，也有助于学生从思维方式、研究方法等方面发现各科学领域的共同性，使各个学科发挥其整体的教育功能。

由于小学科学课程的综合性特点，其教学实践强调知识学习与实际操作结合，既要动手，又要动脑；也注重知识学习与实际应用结合，引导学生把科学学习、科学兴趣和学习所得与自然现象、生活问题和社会实际融合为一体。

3. 实践性

小学科学课程标准指出"义务教育科学课程是一门体现科学本质的综合性基础课程，具有实践性"。小学科学课程是一门实践性较强的课程，儿童认知发展的阶段性特点及科学课程内容的特点，要求小学科学课程的学习必须在活动与实践中进行。首先，开展探究活动是小学科学课程学习的重要方式，这种学习方式强调从儿童的认知特点和生活经验出发，为儿童创造良好的学习科学的条件和环境，让他们在熟悉的生活情景中通过亲身经历动手动脑活动感受科学的重要性，在探究过程中理解科学概念，掌握科学方法，培养科学态度。其次，由于课程内容源自学生周围的世界和日常的生活，教学应回归于实际，从学生身边环境出发来发现科学现象、分析科学问题，使学生学会用科学知识和技能解决简单的实际问题。这样把科学知识学习和科学探究与实际生活结合起来，有助于提高科学能力，促进科学态度的发展。小学科学课程还包括设计与技术的内容，让学生尝试运用所掌握的科学知识和技能，通过完成项目或作品来解决实际问题。这类教学内容适应了学生乐于动手的特点，能激发学生的创造性，表现他们的实际操作能力。

4. 联系性

小学科学课程标准要求"关注知识间的内在关联……加强知识学习与现实生活、社会实践之间的联系，实现学生对核心概念的深度理解、有效建构和灵活应用"。随着知识经济时代的到来和科学技术的迅猛发展，人们的社会生活渗透着科技因素，人类文化融合了科技的贡献。小学科学课程是以培养学生科学素养为宗旨的学科，而学校是教育文化产生的主阵地。所以，小学科学课程与学校其他课程必然具有各种各样的关系，与其他课程之间相互影响。科学课程与其他学科的内容是相互交叉和渗透的，科学学习的态度、方式和过程与其他学科学习可以互为促进和借鉴。此外，小学科学课程的学习也为学习初中物理、化学、生物、地理等课程创造了起始条件。

5. 开放性

小学科学课程标准还要求"利用学校、家庭、社区的各种资源，创设良好的学习情境"，由此可见，科学课程具有开放性。首先，其表现为教师在课程实施中有充分的自主性。教师可以根据所处的地区自然条件和教学环境，以及学生经验背景，自由选择适宜的学习内容、教学方式方法，以及学习评价方式等，以充分发挥教学的创造性。其次，其表现为充分发挥学生在学习中的主体性。教师鼓励学生主动参与教学活动，积极参加各种科技活动，充分利用自然环境学习科学，因地制宜开展科学探究活动。再次，其表现为科学课程资源及其利用的广泛性。由于科学现象的普遍性，以及现代科技和传媒的发达，科学课程资源广泛存在于学校内外的各种组织和机构、家庭、自然环境，以及网络空间中，教师和学生要善于发现，并有效利用各种资源，拓展学生的科学学习环境。

因此，基于以上小学科学课程的特点，对小学科学教师提出了较高的要求。首先，小学科学课程的基础性，要求教师应具备科学启蒙教育能力与运用多媒体进行科学教学实践的能力，通过课堂教学场所、第二课堂活动、言语引导等多种方法，采用文字、图片、动画、录像等多种媒体使学生热爱科学，开发学生的科学潜能。其次，小学科学课程的综合性和联系性，要求教师应具有广博的知识及不断自我学习的意识和能力。再次，小学科学课程的实践性要求教师还应具备一定的实验操作能力、制作简易实验设备的能力、设计实验课题或内容的能力，以及对实验结果进行客观分析的能力。最后，小学科学课程的开放性要求教师还需要具有较强的协作精神和组织协调能力，不仅包括与校内同行教师的合作，还包括与其他学科教师的合作和协商，充分利用校内外一切可以利用的科技资源来促进学生的发展。

（二）小学科学探究式学习

1.科学探究与探究式学习

科学课程标准将"科学探究"定义为"科学家们用以研究自然界并基于此种研究获得的证据提出种种解释的多种不同途径"。据此，科学探究是科学家运用科学的方法，通过探究的途径去发现并解释自然界中人们尚未认识的科学现象及其规律。在科学课程中，科学探究是指让学生去模拟科学家的工作，按照一定的科学思维程序去探究学习的过程，从中获取科学知识，领悟科学思想，学习科学方法，发展探究所需要的能力，增进对科学本质的理解，体验探究过程。

小学科学课程标准强调"小学科学课程的学习方式是多种多样的，探究式学习是学生学习科学的重要方式"。探究式学习是指在教师的组织和引导下，为学生提供一定的学习资源，让学生动手动脑，积极主动参与到发现问题、寻找答案的过程中，以培养学生解决问题能力的学习方式。在探究过程中，学生通过发现问题、形成假设、搜集整理和分析资料、解决问题来认识和理解科学的本质，并形成相应的情感、态度与价值观，进而适应现代社会，学会生活。

2. 信息技术环境下学生科学探究能力的培养

"科学学习要以探究为核心"已成为当前我国科学课程改革的核心目标之一，21世纪科学课程的教学目标正从仅针对概念的记忆与背诵积极转向对科学探究能力的培养与侧重。为了实现这个目标，小学科学特别将"科学探究能力"纳入课程标准，提出在"探究实践"中培养学生的"科学探究能力"，倡导以探究式学习为主的多样化学习方式，促进学生主动探究，旨在改变科学课程过分强调知识传承和积累的倾向，让学生经历科学探究过程，学习科学探究方法，培养学生的探究能力，从而提高学生的科学素养。具体体现在：理解科学探究的一般过程和方法；提出科学问题，并针对科学问题进行合理猜想与假设；制订计划并搜集证据，分析证据并得出结论；对结果进行解释与评估；准确表达观点，反思探究过程与结果。如今，科学探究能力已经成为中外科学课程学习的重点目标之一。

在科学课程教学中，"探究实践"主要以"实验"的方式表现出来，实验既是探究的方式，又是探究的过程。科学探究实验既可以培养学生的科学探究能力，又可以促进学生创造性思维的发展，小学科学课程标准对实验提出了具体的学习要求和达成标准。然而，由于实验室条件、实验本身的要求和教师教学指导能力等多方面的原因，仅依靠实验室教学很难提高学生的科学探究能力。对此，小学科学课程标准进一步明确提出要"充分运用现代教育技术"进行科学课程的学习。随着我国中小学信息技术条件的改善，模拟型课件以其生动形象、交互性强、不受时空限制及危险度低等优势，受到中小学科学教师和软件开发商的青睐。运用模拟型课件，设计科学、合理的虚拟实验能够创设良好的探究环境，帮助学生学习科学知识，体会科学探究过程，增强学习动机，以弥补真实条件的不足，开拓了科学探究的新途径。

3. 科学探究学习的虚拟实验的交互因素分析

在科学探究学习中，当学生以个体或小组的形式通过虚拟实验软件学习时，软件相当于教师作为指导者的角色。然而，目前一些市场化的虚拟实验软件在交互的设计方面存在缺陷，使虚拟实验不能充分发挥引导探究的作用。科学课程实验的探究学习既不是"尝试—错误"的探索，也不是完全遵循预设步骤的观察验证，而是"指导"的发现学习，虚拟实验中的交互设计关系着如何指导及指导的程度。交互的作用在于引导观察，启发思考，使学生理解实验原理，掌握相关的理论知识，以及学会科学方法。而这些是在真实实验中容易被掩盖或被学生忽略的，虚拟实验中有意义的交互能够引导学生注意这些方面。此外，充分的交互能够使学生注意到实验的细节和重点，保持学习的兴趣，促进记忆。

虚拟实验的交互由 3 个方面构成：学生操作行为、学习支持和系统的反馈。[1] 交互在学生操作的推动下发生和持续，学习支持和反馈引导学生正确观察和思考，学生操作行为与系统的反馈构成了探究式学习过程。下面依据课程标准的要求，结合系列虚拟实验实例，分析虚拟实验的交互因素，并提出设计的考虑。

（1）学生操作行为

在虚拟实验中学生操作行为是学习者控制的具体表现，包括选择、运行、反应、查看等。学生操作的对象、方式、时机和频度主要取决于教学目的。

---

[1] 张军征. 多媒体教学软件设计原理与方法 [M]. 北京：科学出版社，2007：166-180.

　　① 操作方式的真实度

　　学生能够使用基本仪器进行安全操作是科学课程的学习目标之一。然而，在虚拟实验中操作对象不限于仪器或材料的图像，并且操作行为通常是利用鼠标或键盘来实现的，例如选择图形或文本、拖放物体、拨动滑块、用键盘的方向键移动物体等。操作方式的真实度是指模拟中学生的操作方式与真实实验中的操作方式的相近程度，例如用鼠标点击开关来使灯泡发光很相似于真实行为，而用鼠标点击释放小球则与真实的操作很不相同。

　　教学模拟不是复制真实现象或活动，而是强化和简化，选择和突出与学习目标有关的方面，添加必要的控制因素，成为增强的可控的真实，因而真实度的高低是相对的要求。[1] 再者操作方式受到计算机输入方式的制约，在很多情况下难以与真实行为相似。由此可知，虚拟实验并不能训练学生的实验操作技能，而应侧重于使学生熟悉和领会实验操作步骤及其结果。

　　因此，设计虚拟实验的操作方式时不应盲目追求形似，而是侧重于功能和效果的真实，这需要考虑下面三点：第一，采用学生能够理解和接受的操作方式；第二，真实表现操作及其效果之间的关系；第三，有充分、准确的操作提示。

　　例如在测量固体密度的模拟中，提示学生用鼠标单击天平横梁的平衡螺母，则天平横梁转为平衡状态，而不是表现为拧螺母调节。类似的处理如用胶头滴管吸取和滴加液体的操作是用鼠标单击"吸取"和"点滴"两个文字选项来实现，也可以设计为单击一次为吸取，再单击一次为点滴。但是所操纵对象的表现，也即效果的呈现应尽可能真实，如滴管吸入和滴出液体应该有动态的变化。

　　② 操作行为与探究学习相关联

　　学生的操作要有助于学生理解实验对科学探究的作用，即依据一定的原理和方法获取数据及验证假设。虚拟实验中允许学生控制的机会多，意味着学生的操作动作频繁，而在真实实验中学生并不是频繁地操作。这种模拟与

[1] 张军征，樊文芳. 科学探究模拟软件的真实度分析 [J]. 电化教育研究，2011（3）：69-72.

真实的差别是由于模拟对时间的压缩造成的，虚拟实验需要在很短时间内完成真实实验中必要的操作，过于频繁的操作会影响学生对实验原理与方法的思考。而另一方面，控制的数量过少又使真实世界的探究活动在虚拟实验中变得过分简单。在设置学生的控制和选择时要仔细权衡这两个方面，特别要避免仅仅为了使学生有"更自由的选择"或"更自主的实验"而增添不必要的控制机会，例如允许学生在多个实验方案中选择、自由调节化学反应速度、罗列过多的可选器材和试剂等。"问题—猜想—验证—反思"是科学探究中学生科学思维运作的内在机制。[1]虚拟实验的操作设计要有助于学生进行有目的有计划的"问题—猜想—验证—反思"活动。

小学科学课程标准要求学生了解科学探究需要运用的科学原理、模型和理论，能把观测到的现象、数据与科学知识联系起来，体现在虚拟实验中，通过操作把形象、数值、图表等多种表征物联系起来，实现具体与抽象的结合。软件的设计要使学生的操作成为探究的必要步骤，尽可能使操作对象都成为学习的媒介。例如在凸透镜成像的虚拟实验中，使用单选按钮和复选框，让学生选择是否显示光线、焦点、光心等，学生点击控制面板上的选项，看到图像显示变化的同时，加深了对相关概念的认识。又如当学生选择显示小球的运动轨迹和位移时，能意识到所观察现象与物理规律之间的联系。类似的处理如选择显示声波的波形、磁感线、电流方向，在预设表格记录电压值、描述磁通量变化趋势和分子式等。

学生的操作要有助于学生认识实验步骤和过程，进而理解科学探究过程。实验现象及其操作发生的时间关系有线性的、周期的，或更复杂的过程，或有多种过程。在设计虚拟实验时，要对实际的顺序进行选择和简化，这种简化处理应能促进学习。一些虚拟实验软件忽略了这一点，用菜单给学生同时提供了许多选项，而菜单选择本身就意味着无序，这不利于学生掌握操作程序或实验过程。因此要避免同时提供许多操作选项，要依据实验进程，在

---

[1] 朱广艳. 有效利用信息技术培养学生科学探究能力的思考——源于数字探究实验室的案例分析 [J]. 电化教育研究, 2008 (4)：25-28.

特定时刻给学生提供可选的操作，同时使某些操作不可进行，或者随着步骤进行而提示可操作的步骤，这样就使操控顺序中隐含了实验顺序。

（2）学习支持

《义务教育科学课程标准》把"通过分析、比较、抽象、概括等方法，抓住简单事物的本质特征"列为学习目标，虚拟实验的学习支持要引导学生达到这样的目标。学习支持是虚拟实验中除了对象的活动和变化之外的重要组成部分，提供与实验活动相关的帮助，包括提示、建议、注释、强调等。学习支持相似于实验室中教师的现场指导，指导的程度和水平会影响学生学习的性质，从无指导的"尝试—错误"学习到适度指导的发现学习，或每一步骤都遵从教师示范的模仿学习。虚拟实验的学习支持能否起到引导探究的作用，与学习支持的类型、内容、呈现方式和时机有关。

"提示"既用于针对学生操作行为的可能疏忽和遗漏，也用于引导学生有选择地获取信息。提示的内容是关键知识点和操作要领。提示内容的表达要尽量采用示意形式，给学生留有观察和思考的余地。设置"建议"是为了促使学生深入思考或开阔思路，提高探究活动的目的性，使模拟操作成为有意义的活动。建议的内容与实验原理和方法相关，建议内容的表达要有启发性。"注释"给学生提供补充信息，涉及实验内容和操作指南。过多的注释会影响学生探究活动的连贯性，应该只提供必要信息。"强调"是用技术手段突出在真实实验中容易忽略或难于观察的现象，引导学生注意收集和处理模拟实验中的信息，发现数据之间的关系。强调是相对而言的，要用在关键和重要的内容上。

呈现提示和建议信息的常见做法是当虚拟实验进行到某一步时，自动弹出文本框或图形。例如在观测平抛运动规律的实验中，释放小球前检查滑槽末端是否水平是重要的步骤和容易忽略的细节，在模拟中用同时弹出闪烁图形和文本给予提示。又如在待测物体放入试管后，弹出眼睛和视线的图形，提示学生要水平观察液面。

提供注释和强调信息的普遍方法是使用翻转技术，当光标移上对象时显示出名称、目的、使用说明、操作要点、操作细节、局部放大图、醒目颜色等，例如用滑槽末端局部放大图来强调坐标原点的正确位置。

提供学习支持信息的时机与所起的支持作用有关，操作之前的信息往往只针对随后的操作本身，而某个操作之后的信息能使学生注意与后续活动有关的重要方面，如观察重点、实验原理等。例如在接入电流表后，建议学生思考相关的实验原理，如在改变磁极方向后，建议学生思考此后的电磁感应现象与新的磁极方向的关系。

（3）系统的反馈

新课程改革强调学生的自主探究，而这种探究活动不是没有任何约束和指导的探究，是在教师指导下的自主探究，并且教师的指导要适时、对症、讲究方法。[1]《义务教育科学课程标准》要求学生能发现实验过程和方法的问题，把观察和实验的结果与猜想和假设进行比较，能注意与预想结果不一致的现象，并作出简单的解释。以上两个方面必然要求在虚拟实验中关注系统对学生行为的反馈。虚拟实验应能以多种形式对学习者的一个行为做出反应，给予反馈信息，及时提示不当的操作，并证实操作的结果。反馈可以用文本、图像、声音等多种方式提供，例如当学生把电池两端用导线直接相连时，弹出文本框给予警示。当前虚拟实验存在的一个普遍问题是缺乏恰当的反馈。

学生操作行为一般可以分为4类：合适的、无关的、负面的、关键的，提供的反馈要适于学生行为和探究学习要求。当学生行为是合适的，指向正确的目标，反馈就不是必要的。如果学生行为对于达到目的无关或无效，例如连接串并联电路时修改一条连线的绕向，并不影响最终完成连接，反馈也不是必需的。学生的负面行为会偏离目的，或可能阻碍达到目的，例如将电流表端子连接反了，或是没有断开开关就更换电路中的元件，对于这些情况，即时反馈的纠正是必要的。关键的行为是使目的永远达不到的行为，或是会引起严重后果的行为，例如将电池两端短接，或是遗漏了一条连线。这种情

---

[1] 王慧君. 科学探究课的旨趣及对探究课中两个问题的思考 [J]. 课程·教材·教法, 2008（3）：66-69.

况下，提供即时反馈，提出避免不良后果的建议，有助于学生改善进一步的行为。对于负面的和关键的行为，也可以不给予即时反馈。例如任由学生完成电路连接，合上开关时呈现不良后果，这是延时的自然反馈，能给学生以深刻的印象，但是也可能引起学生的误解或混淆。例如学生可能会认为即使电流表端子接反，电路仍然是通的，而不会想到可能会损坏电流表。而对于电池短接或遗漏连线的情况，学生可能自己无法察觉。

　　总的来说，在科学课程中利用虚拟实验是促进科学探究活动普遍开展的一条可行的和有效的途径。但是作为科学教师，在选择和使用时要具备软件鉴别能力，充分考虑虚拟实验的交互因素，因为学生是在与模拟系统的信息交互中学习的。只有选择科学、合理的虚拟实验软件，才能充分发挥虚拟实验在学习中的引导作用、启发作用和动机作用，构成与实验室实验相互补偿的科学探究环境。

4. 模拟型课件支持小学科学探究学习的观察与分析

　　科学探究的环境包括自然情境、实验室和模拟情境。[1] 在自然情境和实验室中开展科学探究受校内外环境和设施条件限制，而模拟型课件创设的探究情境具有安全可控、易于观察、便于引入课堂等优点，适用于小学科学探究侧重定性观察和简单的量化验证的要求。更为重要的是模拟探究情境在内容组织、具体与抽象结合、观察和控制、活动引导等方面能够弥补教师指导的不足。本研究通过对学生独立使用模拟型课件进行科学探究学习的观察，探讨模拟型课件对科学探究学习过程的影响。

（1）课件应用的研究方案

① 观察和访谈对象

　　观察和访谈对象为某小学五年级和六年级学生。对于每个课件应用，从相应年级的一个班里随机选取 15 名学生，每 3 人为一个学习小组，先后参与学生有 6 个班，共 90 人。该小学是位于市区的一般学校，教学水平和学生的学习状况具有一定的代表性。

---

[1] 张军征，樊文芳. 模拟软件促进科学课程探究学习的作用分析 [J]. 现代教育技术，2012（4）：34-39.

② 模拟型课件的选择和使用

结合该校本学期科学课程的教学进度，从小学科学探究模拟课件系列中选择分别适于五年级和六年级学生的 6 个课件，包括能量转换、血液循环、种子萌发的条件、生物的遗传、凸透镜成像、影响植物生长的因素。在对课件进行选择时，主要考虑以下几个方面：第一，课件所涉及的知识点、实验原理、实验步骤、表现出的科学现象等符合课程标准；第二，课件体现以学生为主体的教学思想，蕴含科学探究过程和教学策略；第三，课件结构完整，包含导入情境、探究操作、检测练习、操作帮助、学习指导等模块。

随着五年级和六年级的教学进度，选取相应年级的学生运用课件进行学习，课件学习的时间先于班级授课时间。6 个课件分别由 6 个班的被试使用，以保证所有被试都是第一次接触和运用该系列课件，避免先前使用经验的干扰。

③ 研究方法

a. 结构观察法

观察地点在计算机教室，在统一的时间，让每个小组的学生运用一个模拟型课件，不进行任何教学指导。事先编制好观察记录表，采用直接观察法和摄像机记录的间接观察法结合的方式，以小组为单位观察学生使用模拟型课件中的语言行为和动作行为。

b. 访谈法

用访谈法作为观察法的补充。根据访谈提纲和观察的疑点，在学生操作完课件后，仍然以小组为单位询问他们的即时感受和思考过程，收集关于情感态度的信息。

c. 数据收集和处理方法

综合观察和访谈收集到信息，参考课程标准的科学探究学习目标，对每个课件应用的调查数据以小组为单位计算得分人数的百分比，计分等级为：A 完全符合、B 基本符合、C 不符合。最后得出 6 个课件的百分比平均值。

（2）观察和访谈结果

小学科学课程标准提出，科学探究包括提出问题、猜想与假设、制订计划、实验验证、搜集整理信息、思考与结论、表达交流等目标要素。结合模拟型课件的构成模块，参考这些要素，观察学生运用课件的行为，可以了解课件对学生，探究过程的影响。

① 导入情境

模拟型课件的导入对于创设探究情境有重要作用。不仅吸引学生的注意力，引发学生的探究欲望和学习兴趣，还要引导学生提出问题。导入情境的观察点为：学生专注于导入情境并提出探究问题。

调查结果为：学生在导入模块平均停留时间占课件学习时间的 10.7%。40.0% 的学生提出了探究问题，33.3% 的学生对导入感兴趣，提取出有用的信息，26.7% 的学生仅迅速浏览了导入部分。结果表明，课件的导入情境对引起探究学习兴趣和激发好奇心是有积极作用的，但是一部分学生只关注导入的有趣内容，而忽略了导入所提供的大量相关知识的信息，更不能联系导入情境提出自己感兴趣的探究问题。

② 探究操作

模拟型课件的探究操作是科学探究活动的核心部分，当学生操作课件时，要引导学生提出假设和计划、进行操作和观察、搜集信息、得出结论。探究操作活动的观察点和观察结果见表 2-3。

表 2-3　探究操作活动的观察结果

探究操作活动的观察点	A 完全符合	B 基本符合	C 不符合
凭借已有的知识经验对观察或实验结果提出猜想和假设	30.0%	36.7%	33.3%
按照课件的提示设想探究步骤	33.3%	36.7%	30.0%
有目的地记录观察到的现象或数据	40.0%	43.3%	16.7%
对观察到的现象或实验数据进行分析整理	43.3%	40.0%	16.7%
得出结论，验证假设	40.0%	36.7%	23.3%

调查结果为，学生在探究操作模块平均停留时间占课件学习时间的 61.8%，包括偶尔查看指导或帮助。从表 4-3 得知，30.0% 的学生能与以往

学习的知识联系作出合理的假设，36.7%的学生对探究结果作出一定的猜想，33.3%的学生没有提出假设。33.3%的学生按照提示设计了探究方案，36.7%的学生考虑到了探究步骤，30.0%的学生没有关注探究步骤，只是尝试着操作。以上两项观察点有超出30%的学生没有考虑假设或探究步骤，表明他们的探究过程存在着重要缺陷。

可以看出，关于记录数据、分析整理数据、得出结论和验证这三个观察点得分A和B的学生人数合计都超过70%，可以认为这些学生基本上是有目的地进行探究操作、收集和分析数据，进而得出结论，并验证假设的。记录数据、统计数据和验证假设的学生人数有一定的相关性，在观察中发现，那些具有认真记录数据、分类整理数据习惯的学生都能合理地统计数据，针对不同现象或统计结果得出相应的结论。

③检测练习

模拟型课件设置检测练习有两方面的目的，一是让学生检验自己得到的结论是否正确，二是检查学生是否按照课件引导进行操作，因而检测练习实际是给学生提供有指导的反复探究和验证的模块。学生如果答题错误，反馈信息提示重新进行探究操作，依据操作结果再次作出回答。如果回答正确，反馈信息则强化相应的知识点或者探究方法。检测练习的观察点为按照反馈信息逐项完成练习。

调查结果为：学生在检测练习模块平均停留时间占课件学习时间的27.5%，包括依据反馈提示重新探究和验证。36.7%的学生能依据反馈信息完成练习，43.3%的学生会关注反馈信息，20.0%的学生只是做题和核对答案，不重视反馈信息。

④表达与交流

科学探究学习目标对表达与交流的要求，是学生能基于所学的知识，采用口头的或文字的表述方式，正确讲述自己的探究过程与结论，能倾听别人的意见，并与之交流。表达与交流的观察点是在探究过程中主动表达意见和愿意听取同学的意见。

调查结果为：43.3% 的学生能够用自己擅长的方式表达意见并乐于听取意见，40.0% 的学生能够表达清楚自己的观点并听取同学意见，16.7% 的学生在探究过程没有表现出主动交流的意愿。

⑤ 探究学习态度

积极的探究学习态度表现为在探究活动中始终保持好奇心和主动性，能持续努力完成预定的探究任务。探究学习态度的观察点为对探究活动有持续的兴趣，主动参与小组活动，认真对待每个步骤的任务。

调查结果为：学生基本都对科学探究活动表现出兴趣，36.7% 的学生明显表现出活跃、积极和主动，36.7% 的学生对各个环节的活动都表现出参与的热情，26.7% 的学生参与活动的热情不够稳定，在小组中处于旁观的时间较多。

（3）模拟型课件对科学探究学习的影响

① 模拟型课件能够有效支持科学探究学习

综合以上 5 个方面的 9 个观察点的调查结果，可得出各等级百分比的平均值，在探究活动中学生行为表现达到等级 A 的占 38.1%，达到等级 B 的占 38.5%，达到等级 C 的占 23.4%。其中等级 A 和等级 B 的学生人数比例合计超过 70%。由此，总的来说，模拟型课件能够有效地支持科学探究学习。

首先，模拟型课件创设了既接近真实又重点突出，充满趣味性的探究情境，让学生充分投入探究活动中，增强了学生学习的主动性。其次，课件所蕴含的指导策略发挥了积极作用，引导学生按照合理的步骤经历科学探究的过程，减少了盲目尝试。课件的多分支结构允许学生根据自己的设想选择不同的探究路径。课件提供给学生可以设置的参数和多个可以操纵的变量，学生可以根据自己的设想有更多的选择，所达到的探究的程度也不一样。再次，课件适当提供反馈信息，让学生在探究过程中得到积极的评价和认可，同时还提示学生学会通过自我反思来修正探究过程偏差。

② 模拟型课件的应用要与教师的指导相结合

本次研究让学生完全独立运用课件学习。学生在探究活动中的行为表现为等级 C 的占 23.4%。同时，9 个观察点的等级 A 百分比的差异幅度为 30.0% ~ 43.3%，等级 B 的差异幅度为 33.3% ~ 43.3%，等级 C 的差异幅度为 16.7% ~ 33.3%。这些数据表明各个学习小组在探究活动中的行为表现是不够稳定的，主要有以下三方面的原因：其一是模拟型课件对部分探究环节指导不充分，对个别化学习的适应性不够；其二是学生的学习态度、学习风格等个体差异；其三是小组的人员构成、内部协调和活动开展的差异。

在学生应用模拟型课件进行科学探究学习的过程中，加强教师的指导，可以解决或减轻学生探究活动行为表现不稳定的问题，从而使学生做得更好。[1]课程标准指出，探究式学习是在教师的指导、组织和支持下，让学生主动参与、经历科学探究的过程，即做类似于科学家们在科学研究中所进行的那种真实的科学探究。[2]因此模拟型课件要融合于课堂情境，教师要充分利用课件在提供学习内容的同时引导探究过程的特点，把课件的科学探究引导与教师的组织和指导相结合，构建与模拟情境相容的教学方式。这样不仅能及时发现和解决学生在探究活动中的问题，使学生在探究过程中保持兴趣、愿意持续努力追寻结果，而且更有利于学生的学习方式转变和科学探究学习能力发展。

③ 提高模拟型课件的智能化水平

本研究所使用的模拟型课件虽然预设了多种学习途径和多样化的反馈与提示，但都是在程序与学生交互控制下实现的，而不是由系统通过智能化判断提供的，因而不能很好地适应学生的个体差异，这是导致学生在探究活动中的行为表现未能完全符合课程标准要求的一个重要原因。

模拟型课件的改进可以在两个层次上进行：一个层次是把智能代理融入到课件中，根据学生探究学习进程和操作的实际情况，给出人性化的提示信息；另一个层次是引入人工智能技术，由模拟教练对学生的探究学习路径、探究步骤及方法提供即时指导。

---

[1] 伍国华. 基于计算机模拟的科学发现学习实现模式——从单纯发现到指导发现 [J]. 电化教育研究，2010（8）：51-56.
[2] 丁邦平. 探究式科学教学：类型与特征 [J]. 教育研究，2010（10）：81-85.

三、小学科学教师专业实践素养的要求

　　教师是教育教学的直接参与者，教育质量的高低取决于教师的专业化水平。2018 年，中共中央、国务院《关于全面深化新时代教师队伍建设改革的意见》提出了"造就党和人民满意的高素质专业化创新型教师队伍，落实立德树人根本任务"，明确了培养专业化的有德性的教师是我国新时代教师队伍建设改革的主要目标。专业化教师的培养需要落实在专业性的实践中，小学科学教师的专业实践直接影响我国科学教育的质量，是创新后备人才培养与科技强国建设的最前端。因此，优质的科学教育需要优秀的科学教师，而科学教师质量的提高，又依赖于科学教师专业素养的提升。为了建设一支优质的科学教师队伍，世界各国纷纷制定"科学教育标准"和"科学教师专业资格标准"，对科学教师的专业实践提出了素养要求，主要情况介绍如下。

（一）国外对科学教师专业实践素养的要求
1.美国对科学教师专业实践素养的要求

　　美国于 1993 年发布《国家科学教育标准》，明确规定了科学教师所应具备的有关科学、学习和教学的理论知识、实践知识，指明了提升科学课程教师素养的培养思路与方向，该标准还对教师的科学观和科学本质的认识提出了具体要求，提出重视教学方式情境化和培养反思型教师。1998 年，《科学教师培养标准》出台[1]，《标准》共分为 10 个部分，包括内容、科学本质、探究、问题、一般教学技能、课程、社区科学、评价、安全与福利、专业成长。此外，由美国全国教学专业标准委员会提出的《优秀科学教师专业标准》，从 4 个"维度"规定了优秀科学教师的标准内容，这四个"维度"分别为知识维度、教学能力维度、科学素养维度及专业发展维度。2002 年，美国又颁布了一套成熟的《新任科学教师专业标准》[2]，该《标准》提出了 10 项要素，包括学科专业知识、学生的学习和发展、学生的差异性、教学方法多样化、学生学习环

[1] 何美.美国实施"优秀科学教师专业标准"经验述评[J].教育发展研究，2012（6）：67-71.
[2] 李宛蓉，王威.美国新任科学教师专业标准研究及启示[J].中小学教师培训，2015（3）：74-78.

境的营造、教学互动、课程的设置与规划、教学测评、反思性实践者、社区伙伴合作。2011 年,《优秀科学教师教学专业标准（第三版草案）》发布,何美在其博士论文中将该草案中提到的"优秀科学教师专业标准"的主要思想概括为:重视多样性与公平;强调教师对课程与教学的掌握;强调教师"反思"对教学和专业发展的作用;强调以促进学生学习为目的的"评价";优秀教师应当发挥领导作用;创设安全的、有吸引力的学习环境;让学生投入科学学习当中。[1] 通观上述各个《标准》文件的要求和规定,可以总结得出,美国以提升教师专业素养为目标,提出了作为一名合格的科学教师,首先必须具备丰富的知识,《标准》不仅对教师的科学专业知识、教与学的知识（关于了解学生、开展评价、营造学习环境的知识等）有明确的要求,还对教师的科学观和对科学本质的认识提出具体要求;其次,要具备熟练的实践技能,各《标准》除了规定应该具有的一般教学技能外,还特别要求应该具有科学探究的教学能力,可见,与其他学科教师相比,对科学教师的实践技能提出了较高的要求;最后,为了促进教师发展,对教师的专业品质提出了具体要求,要求教师不仅要做积极的反思者,在教学实践中,还应该具有与人合作的品质。

2. 澳大利亚对科学教师专业实践素养的要求

1999 年,澳大利亚维多利亚州制定了《科学教师专业标准》,该标准分为科学新手教师和科学经验教师两个层面,分别从专业责任、教与学的内容、教学实践、评价与报告学生的学习、与学校及校外社区的互动这五个方面提出了要求。2002 年,《全国优秀科学教师专业标准》出台,体现了对科学教师的素养要求。该《标准》将专业标准划分为 3 个维度:专业知识、专业实践及专业属性。在专业知识上,《标准》要求优秀科学教师要具有广泛的科学知识、深厚的科学教育理论知识;在专业实践上,强调高质量的组织管理教学和引导学生科学探究;在专业属性上,提出成为反思型教师和教师专业团体合作的要求。从澳大利亚的上述文件内容,可以看出澳大利亚对科学教师的专业实践提出了与美国相似的素养要求,分别从教师的知识、技能、专

[1] 何美. 美国优秀科学教师专业标准、评估及认证研究 [D]. 上海: 华东师范大学, 2012.

业品质方面做了规定，强调教师应具有广博的知识、熟练的实践技能和积极反思与合作的精神品质。

3. 菲律宾对科学教师专业实践素养的要求

菲律宾在 2006 年颁布的《全国能力本位的教师标准》的基础上，为了真正促进各科教师专业发展、提升教师专业素养，积极主张开发各门学科的教师专业标准。对此，菲律宾政府数学与科学教育研究所历时两年开发了《全国科学教师专业标准》。该《标准》对教师的专业知识要求涉及科学内容、科学课程和教学法；在专业实践方面明确了教师如何组织学生达到高质量的学习；在专业品质上，侧重教师的专业发展，要求教师具有反思性并参与专业共同体。由菲律宾的《标准》内容，可以看出菲律宾政府同样是从科学教师的知识、技能和品质三方面对科学教师的专业实践提出了具体的素养要求。

4. 英国对科学教师专业实践素养的要求

英国政府早在 1989 年就颁布了《国家科学教育课程标准》，对科学教学提出了基本要求。2002 年发布的《科学教师资格认证标准》规定了 3 方面的要求：科学教师的专业理念与实践、科学教师的知识和理解力、教师的教学技能或者胜任力。[1] 可见，在英国，教师除了应该具备其他各国所要求的广博的知识和熟练的技能外，还应该具备先进的科学教育理念。

综上所述，尽管以上各国的国情不同，但是在科学教师专业标准里体现了共同性，均以科学教师专业素养的养成为目的，以科学观内化为核心，培养教师科学的专业信念，注重科学教师专业知识的学习和专业实践技能的掌握，以及专业品质的培养，力求培养出适应国际需要、合格的科学教师。

（二）国内对科学教师专业实践素养的要求

我国目前还未颁布正式的"科学课程专业标准"，但是如前所述，为了适应国际形势，促进科学课程改革，提高全民科学素养和培养高科技人才，众多国内学者依据我国国情，对科学教师在从事专业教学实践的过程中所应

---

[1] 李中国. 英美两国科学教师教育重要举措及其借鉴 [J]. 继续教育研究，2011(3)：133-135.

具有的专业素养进行了研究，并在科学教育理念和课程观念、融合的科学知识结构、科学教学实践、科学教学设计能力及科学探究能力等方面达成了共识。由前所述学者们对教师实践性知识结构的分析可知，科学教学设计能力及科学探究能力可以归属于科学教师的学科教学知识，学科教学知识又从属于教师的科学知识结构，科学教育理念和科学课程观念可共同归属于教师的科学专业信念。

综合国内外对科学教师专业实践素养的要求，科学教师专业实践所需的素养应包括科学专业信念、科学专业知识、科学实践技能和科学专业品质4个方面。然而，笔者认为积极的自我反思和与人合作的品质是任何一名教师都必须具有的，不是科学教师所独有的专业品质。所以，从科学教育专业角度考虑，教师的科学专业知识、科学专业技能及科学专业信念构成了科学教师专业实践所应必备且独特的专业素养。

四、小学科学教师专业发展的环境

（一）生态取向下小学科学教师的专业发展

1. 生态取向下教师专业发展理念

教师专业发展研究的兴起，使得世界各国都非常重视教师专业发展理论的研究，如前所述，到目前为止，主要存在3种取向的研究，分别是"理智取向"的研究、"实践—反思取向"的研究及"生态取向"的研究。"理智取向"侧重于教师教育学科知识的获得及教学技能的掌握，多采用知识灌输的方式，忽视了教师主体性的发挥；"实践—反思取向"侧重于教师实践性知识的掌握，强调通过教师个人积极的实践与反思的方式来提取与应用教师在复杂的教育情境中所获得的隐性知识，虽关注了教师的主体性，但把教师作为了一个"单位人"来看待，忽视了教师发展所赖以生存的环境。"生态取向"注重教师与周围环境的互动，把教师当成一个"系统人""社会人"来看待。

从生态学观点来看，每一个生态系统都具有一定的整体关联性、复杂多样性和动态平衡性。美国学者麦茜特（Merchant）认为，生态系统中的每一个个体都与其他个体和周围的环境之间紧密相联，并且处于动态的联系之中。[1]教师作为教育生态系统中的一部分，其成长过程也遵循相应的规律并表现出整体关联性、复杂多样性和动态平衡性。教师总是生长在一定的环境中，在这个环境中，教师个体、群体及周围环境间相互依赖、相互影响，形成一个有机的与专业发展密切相关的生态系统。在这个系统中，教师个体与其他教师、与各种群体之间通过不断的信息交流与能量传递来促进教师自身及群体的整体成长；由于教师个体、各种群体和环境因素及它们之间关系的差异，使教师处于多重生态环境中，这些环境有各自不同的特点，导致了系统中每一位教师的观点、知识、情感、价值观的复杂多样；教师在发展过程中，既要与群体其他成员之间进行资源共享、信息传递和技能交流，还要与他人展开各种竞争，因而要不断增强自我发展的意识，主动维持自我生态平衡。

生态学中一个核心概念是生态位，美国生物学家奥德姆（E. P. Odum）把生态位定义为："一个生物在群落和生态系统中的位置和状况，而这种位置和状况则决定于该生物的形态适应、生理反应和特有的行为（包括本能行为和学习行为）。"[2]可以说，生态位的概念主要阐明了一个物种是如何在其所生存的生态环境之中孕育、成长与成熟起来的。教师作为生态系统中的一员，也有其自身的生态位，教师的发展不可避免地受到他所生存的环境——社群环境的影响和制约，通过在其生存的社群环境中进行信息传递、技能交流与思想碰撞，教师个体的认知观念、心智模式与教学技能得到了提升，教师之间形成了一种互助合作的文化氛围，教师专业群体也得到了和谐发展。

2. 小学科学教师专业发展的生态系统

根据以上生态学观点的阐释，我们可以得知每个生物单位在长期的生存竞争中都拥有一个最适合自己生存的独特时空位置，只有最能适应该生态环

[1] 靳玉乐, 殷世东. 生态取向教师专业发展的理念与策略 [J]. 教师教育学报, 2014 (1)：23-30.
[2] 林正范, 肖正德, 等. 教师学习新视野——生态取向的理论与实践 [M]. 北京：教育科学出版社, 2013：73.

境的物种才能在其中生存下来。小学科学教师作为大自然的物种之一，他的成长离不开周围的生态环境。所以，我们应更加关注小学科学教师发展过程中各教育主体要素之间的相互协调与合作，关注对其周围环境的构建与创设。

　　小学科学教师专业发展的生态系统是以小学科学教师为中心，对小学科学教师的专业发展起制约和调控作用的多元环境体系。根据教育的主体及对象，可将小学科学教师所处的生态环境分为 4 个层次：学校外部生态环境、校园内部生态环境、教师群体生态环境及课堂生态环境。学校外部生态环境将小学科学教师的发展与社会大的生态环境关联，探究小学科学教师的发展和社会生态环境系统间的相互关系及其机理，教育主体包括国家、媒体、社会组织、家长等；校园内部生态环境以学校为主阵地，涉及学校内部各个部门之间的相互关系，教育主体包括校长及校内各职能部门；教师群体生态环境涉及小学科学教师群体内部教师之间以及与其他学科教师之间的互助与合作，教育主体包括小学科学教师及其他学科教师；课堂生态环境指在科学课堂上科学教师及学生之间的互动及合作关系，教育主体包括科学教师及学生。

　　可以看出，小学科学教师专业发展的生态系统是一个多层次、复合的生态环境系统，要使小学科学教师获得健康有序的发展，必须为小学科学教师提供一个良好的生态环境，保障教师个体与生态系统中各因子进行有效的物质、能量和信息交换。

（二）构建小学科学教师专业发展的生态环境

1. 营造小学科学教师自主发展的学校外部生态环境

　　国家作为教育政策的制定者、教育改革的引领者，其价值观念的导向、政策的制定、文件的颁布等都决定了教育改革及教师发展的重心及方向。以国家为首的社会成员应努力为小学科学教师的专业发展营造良好的教学氛围。

　　第一，国家要为科学教师的发展提供政策性支持环境，通过立法，以文件、制度的形式保障科学课程的顺利开展。制定严格的小学科学教师聘任制度及资格审核制度，让真正有资格有能力的教师来承担科学课程的教学；针对小学科学教师制定专门的职称聘任及奖励制度，吸引优秀人才来担任科学教师；积极鼓励高校、各科技场所、工厂农场为小学科学教学及教师的学习提供相应的教学资源及学习资源，满足小学科学教师的需要。第二，借助媒体力量，为科学教师提供舆论支持环境。通过媒体大力宣传小学科学教育的重要性，使人们从观念上真正接受小学科学教育，重视小学科学课程的学习。第三，各组织单位、社会团体及家长也要在国家方针政策的指引下，积极参与小学科学教育工作，为科学教师的发展提供资源性支持环境。与此同时，要求小学科学教师积极与地方和区域内的社区相联系，在教学中利用社区资源，引导学生从事与科学相关的研究，在与外部环境交流与合作的过程中提高小学科学教学的质量并促进其自身的发展。

2. 打造积极向上的基于科学学习的"学习型"校园内部生态环境

在现代社会，组织团体中管理者先进的办学理念及完善的管理体制对于团体的发展及成员的成长起着关键性的作用。在我国，学校普遍实行校长负责制，校长是学校文化和氛围的主要创建者，他对科学课程的看法及态度直接决定了整个学校教职工对科学课程的观念。这就要求以校长为首的学校管理者应树立教师专业发展和学校发展一致的共同愿景，为科学教师努力打造一个积极向上的"学习型"校园内部生态环境。

第一，成立科学课程教学研究委员会并督促委员会认真履行自己的职责。委员会关于科学课程的职责包括：聘请校内外优秀科学教师为本校科学教师作专题报告和讲座并组织科学教师积极参与；为科学教师组织策划高质量、大规模的优秀科学课示范活动并引导科学教师进行积极的交流与探讨。第二，制订促进科学教师有效学习的"学习援助计划"，不仅要为科学教师提供优质的教学资源和学习资源，还要保证科学教师充足的学习时间，减少科学教师的工作量及不必要的会议和活动，实行科学教师专职教学。第三，让科学教师参与学校的决策和管理，营造一种平等的对话语境，包括科学课程改革方案的制定、学生学习考核方式的制定及科学教师评价和奖励制度的制定等，使科学教师体验合作与权利分享，从而进一步激发其专业成长的需要和自主发展的意识。科学教师只有充分意识到专业发展的重要意义以及自身在专业发展中的责任，才能不断提高自身的专业素质。

3. 构建互助合作的教师群体生态环境

教师合作是促进教师专业发展的重要途径，也是生态取向下教师专业发展的理论诉求。群体动力理论认为，生活在同一群体的成员之间，不论其相识与否，都会产生群体动力这种生态现象，并在群体动力下对双方产生影响。[1]小学科学课程兼具综合性和实践性的特点，需要科学教师既要有丰富的科学知识，又要有熟练的操作技能。科学课程的复杂性及对科学教师的高标准性，必然要求教师间通力合作、互帮互助。这种合作不仅包括本校科学教师间的合作，还包括与外校科学教师间以及本校其他学科教师的合作。

第一，小学科学教师自身应树立互动共生的理念，打破教师间的孤立状态，创造互助合作的文化氛围；第二，科学教研室内部及与其他学科教研室之间要定期开展教研活动，在活动中要进行头脑风暴，展开学术争鸣，通过思想碰撞来激发教师的集体智慧；第三，通过教师间合作建设资源库的方式把教师从繁重的建设资源库的劳动中解放出来，从而把精力用于自身的发展。此外，教师间还可以借助网络平台进行交流和资源共享，在网络中可以隐藏真实身份，较自由地表达自己的观点。通过教师间的互助合作，达到"整体功能大于部分功能之和"的效果，以及共同发展共同提高的目的。

4. 在课堂教学中创建师生互动的课堂生态环境

布朗芬布伦纳（Urie Bronfenbrenner）认为，人所生存的生态环境中的小系统是对人的发展影响最直接、最重要的生态系统。[2]在科学教师的发展过程中，对其影响最直接、最重要的系统是课堂生态系统，它由科学教师、学生、课堂教学环境3个因子构成。生态取向下的课堂教学要求打破传统的主客二元对立，强调师生之间通过对话式的意义沟通，达到相互理解。在这种视角下，教师的中心地位被消解，不再是课堂上的权威者、发号施令者，

---

[1] 刘万海，张维波. 论生态取向的教师间合作专业发展 [J]. 当代教育科学，2011（24）：10-12.
[2] 张琪. 试论生态学习观取向下的教师专业发展 [J]. 教学与管理，2011（6）：33-34.

而是学生学习的合作者与促进者，以及各种生态关系的协调者，师生之间是平等的，正如多尔所言："教师无疑是一个领导者，但仅仅是作为学习者团体的一个平等的成员，是'平等中的首席'。"此外，随着科技的进步，后喻文化时代的到来，青年一代逐渐成为文化的主流，科学教师只有以一种平等的身份与学生交流，真正把学生当作"对话"的伙伴，才能共同进步，共同提高。在这种动态调节作用下，教师和学生、学生和学生，以及师生和环境之间不断进行着物质、信息和情感的交流，逐步达到一种稳定有序的状态，促进课堂生态系统的自组织功能达到最优化组合，进而促进科学教师自身的不断发展。

总之，根据生态学的观点，社会、国家及学校要为科学教师的发展创造良好的生态环境。但是，外因只是事物变化发展的条件，内因才是事物变化发展的根据，科学教师自身还必须具有一定的反思能力，积极利用外部环境主动寻求自我发展，努力唤醒自己的自主发展意识，提高自己的自主发展能力，站在整体的角度来审视整个生态系统的发展，根据实际情况将过去、现在和未来的经验相联系，在处理教学过程中存在的问题时不断反思并完善自己的教育教学过程。

本节首先通过回顾国内外小学科学教育教学的历史演变来阐释小学科学教师的专业实践目标；其次，通过分析小学科学课程及学生科学探究学习的特点对小学科学教师提出了专业实践的要求；再次，通过了解世界各国对科学教师专业素养的要求提出了科学教师专业实践所应必备的专业素养；最后，探讨在科学教学实践中，科学教师发展所需要的成长环境。社会、国家及学校要为小学科学教师创造良好的生态环境，教师才能在自我发展意识的引导下，结合小学科学课程的特点及小学生身心发展特点，指导小学生开展探究式学习，使学生真正地理解科学的本质。与此同时，科学教师的科学专业知识、科学专业技能及科学专业信念也获得了长足的发展。

第二节　小学科学教师实践性知识的构成

一、科学专业信念

在这里"信念"是一个心理学概念，是指主体对于自然和社会的某种观点、思想和理论所持有的坚信无疑的看法。[1]它为人类从事各种社会实践活动提供了精神力量，激励着人们在从事实践活动的过程中自觉自愿地行动。信念表现为一种信仰、价值观，一旦确定，就会处于一种相对稳定的状态，主体的思想、观念、看问题的角度等都会受到其影响和支配，从而进一步影响一个人为人处世的行为。因此，信念可以用来指导知识的运用和行动的开展，也就是说，信念与知识和行动是密切联系的，在组织知识和确定行为中发挥着关键作用。知识是复杂的、多元化的，个人面对纷繁复杂的知识，会运用自己所坚信的信念进行过滤，然后以自己独特的方式将其与原有的知识结合起来生成自己新的知识体系，从而作用于自己的行为。

教育是一种系统的、有目的、有意义的实践活动，这就要求教育的实施者——教师对教育教学活动有自己的认识和理解，即教师的教育信念。教师的教育信念是教师在对自己教育教学实践活动认识的基础上而形成的教育

---

[1] 林传鼎，等. 心理学词典 [M]. 南昌：江西科学技术出版社，1986：307-308.

观念和教育理念，是教师教学理论或思想的体现。[1]由此可见，教师的教育信念主要包括教育观念和教育理念两个部分，前者是教师对自己所积累的教学实践经验和对他人的教育教学实践的认识和理解，后者是对前者的深入反思和理性提炼，在反思和提炼的基础上而形成富于理想色彩的教育理念。因此，教师的教育信念就是教师本人对于自身所从事的教育教学活动的某种观点、见解和看法，它指导着教师知识的运用，促进教师在教育教学过程中对自己的实践行为做出选择。

教师的教育信念是一个相对稳定的先验的价值体系，但并不是固定不变的，而是受教师生活和工作环境影响的，随着教师专业实践工作的展开而逐渐形成和改变，具有复杂性和内隐性，是教师专业素养的一个方面，在教师从事教学活动的过程中总是有意识或无意识地指导着教师的教学行为，进而影响自己实践性知识的形成。依据康纳利和克兰迪宁的观点，教师个人的价值观和信念是受个人经验所影响的，由自身经历所塑造，因此指出在理解教师的教育实践行为及其背后所使用的知识时，要重点考察教师所具有的教学观念和教育理念及影响这些观念和理念形成的因素。[2]可见，教师实践性知识的发展受制于教师的教育信念，教师的教育信念是教师实践性知识形成与发展的思想基础。

在此主要考察科学教师对科学教育教学活动、学生及教师自己的看法和见解，即对业、对生、对己的如下3个维度。

1. 对科学教育的信念。关于科学是什么、科学教育的目标是什么，以及如何达到这个目标的认识。

2. 对学生的信念。关于教师在科学教育中对于学生优劣好坏的认识。

3. 对自我和教师角色的信念。教师对于自己在科学教育中所扮演的角色的认识及由此反映出来的关于师生关系的理念。

---

[1] 李家黎，刘义兵. 教师信念的现实反思与建构发展 [J]. 中国教育学刊，2010（8）：60.
[2] Connelly, F.M., Clandinin, D. J. Telling Teaching Stories[J]. Teacher Education Quarterly, 1994, 21（1）：145-158.

二、科学专业知识

教师的专业知识是指教师在具体的教育教学实践活动中所具有的关于所教学科的知识总和，它是教学实践活动得以顺利展开的基础。教师的专业知识不是单一的，而是由多种相关知识所组成的，具有一定的结构性和综合性。教师所具有的专业知识结构状况关系着教育教学实践的质量和水平。教学过程的复杂性和多变性势必要求教师必须具备良好的专业知识结构，用以提高教学的效果和效率。由此，科学教师的科学专业知识，是指科学教师在从事科学这门课程的教学过程中，为了达到有效教学所运用到的一切知识的总和。教师是一个"双专业性"的职业，在教育过程中要用到各种各样的知识，既要"教书"，向学生传授一定的科学文化知识，又要"育人"，把学生培养成有自己思想和生命精神的鲜活的人。对此，在具体的教育实践活动中，教师不仅需要掌握自己所教学科的知识，又要会运用"教什么"的知识进行教学。前者主要指学科知识，后者主要指学科教学知识。比较英、美、澳 3 个国家国的《科学教师专业标准》也可以发现，在科学专业知识方面，3 个国家均包含了这两个方面的内容：一方面是生命科学、物质科学、地球与宇宙科学，以及技术与工程这四大学科领域的知识，即科学学科知识；另一方面是如何教这些科学学科知识的知识，即科学教学知识。

（一）科学学科知识

学科知识是一种基本的学科素养，是教师知识结构中最重要和最基础的部分，决定了课堂教学中学生学习活动的开展和学习方式的选择。教师首先应是一个学者，是所教学科的专家，作为一名合格的教师，首先要精通自己所教学科的知识，教师的专业学习也是从学习学科知识开始的，没有任何一个教师可以教自己不知道的知识，教学中的多种任务，比如教学材料的选择和运用、教学活动的组织、对教学材料的解释、课堂教学提问和解答，以及课后对学生学习的评价都依赖于教师所拥有的学科知识。此外，要创造一个师生交流思想的课堂环境，同样需要教师对所教学科知识有广泛而深入的了解。有研究表明，当教师缺乏对学科的理解时，教师就会控制课堂的话语，限制学生提问的机会，更不会引发、探索与运用学生的想法。[1] 在这种状况下，教师实践性知识的形成和发展将受到严重影响和制约。因此，具有扎实的学科知识是教师开展教学实践活动的前提，是取得良好教学效果的基本保证。可以说，教师对知识的运用是建立在对本学科知识的理解和掌握基础之上的，只有深刻理解学科知识，教师才能在教学中游刃有余，才能有更多的精力去关注学生、关注教学。

教师的实践性知识首先要以教师的学科知识为基础，符合这个学科情境的需要，脱离了学科知识的实践性知识就如同无本之木、无源之水。美国卡耐基教学促进基金会主席舒尔曼（Lee S. Shulman）也很重视对学科知识的研究，他把缺少对学科知识关注的教师知识的研究称为"范式缺失"。实践性知识的近期研究者梅耶、沃鲁普等人在研究实践性知识的特征时也提出教师的实践性知识是与学习内容紧密联系的。杜威曾经指出具备大量丰富的知识是对一名合格教师的基本要求。[2] 在杜威看来，课堂上学生的主要任务是学习教材、学习课堂内容，而教师的主要任务是针对学生学习教材的状况来理解学生的心理活动，了解学生的心智发展状况，并针对学生的心智发展状况做出必要的指导。所以，他提出教师所应具备的知识量必须比教科书上的原理和固定的教学计划要多，必须提前熟练掌握教材及其相关的内容，这样教师才能有时间和精力来观察学生的活动并理解学生的各种心智反应。

什么是学科知识？长期以来人们一直把学科知识等同于学科内容知识，把知识看作是静态的、确定的。而现代认识论认为，知识是复杂的、动态生成的，今天认为是正确的知识，明天有可能就会被推翻，所以学科知识在新的时代有了新的含义。施瓦布认为学科知识是关于一门学科领域内的概念、规则及它们之间的联系与组织方式，具体包括内容知识、实体性知识和句法

[1] Carlsen, W.S. Teacher Knowledge and Discourse Control：Quantitative Evidence from Novice Biology Teachers' Classroom[J]. Journal of Research of in Science Teaching, 1993（5）：471-481.
[2] 约翰·杜威. 我们怎样思维·经验与教育 [M]. 姜文闵，译. 北京：人民教育出版社，1991：228-229.

知识 3 个维度。内容知识是关于一门学科"是什么"的知识，属于一门学科的"材料"部分，包括这门学科的事实性知识、组织原则及中心概念；实体性知识是一门学科的"结构"部分，是这门学科的解释性框架或范式；句法知识是一门学科的"规则"部分，决定新知识是否应该纳入这门学科的方法、原则。[1] 由此可见，学科知识不仅包括学科的内容知识，还包括关于学科的知识。因为，对于任何一个教师来说，不仅应该掌握相关的内容知识，还应该了解知识背后的思想方法、本质含义，只有了解了内容知识背后的思想，才能在教学中引发认识冲突，引导学生联系已有的知识经验，在学生自主建构的同时，发展学生的思维。因此，教师不仅要"知其然"，还要"知其所以然"。

科学教师的学科知识也就是科学学科知识，是科学教师进行有效教学的必要条件。由以上阐述可知，科学教师不仅需要掌握基于科学概念、科学理论的科学内容知识，还要了解关于科学的知识，即科学的本质。科学是在一定文化背景下变化发展的，它不仅是一种知识，更是一种社会实践和生活方式。科学教育是以提高民众的科学素养为宗旨的教育，一个人科学素养的高低，不仅包括对于科学知识和科学研究过程、方法的了解，还包括对于科学技术对个人和社会所产生的影响的了解，即对于科学本质的理解。因此，科学教育活动是集文化传递、创新与融合于一体的活动。科学教师不仅是科学知识的传授者，更是学生创造性思维的激发者。科学教师只有自身理解了科学的本质，才能激发学生学习科学的兴趣，激发学生针对科学现象和科学问题展开有思想的争论；才能通过让学生学习科学知识，学会用科学的眼光和思维去观察和解释周围的事物和各种现象；才能在教学中向学生展示科学的全貌，使学生更深刻地了解科学的历史并理解科学的相对性和动态性，从而更全面地看待自然和社会，进而真正地让学生由"学科学"变为"做科学"，以至于达到"理解科学"的层次。没有对科学本质的理解就是"去科学化的科学教育"，是"伪科学教育"。

---

[1] 李琼. 教师专业发展的知识基础——教学专长研究 [M]. 北京: 北京师范大学出版社, 2009: 27.

　　科学课程是一门综合性的课程，目的在于通过科学知识的学习，让学生从整体上认识客观世界，并能灵活运用科学课堂上所学的知识和方法去解决现实中存在的问题。在当今社会中，科学知识主要包括生命科学、物质科学、地球和宇宙科学、技术与工程，它们之间是有内在关联的，共同构成了科学课程的学习内容。从前述各国《科学教师专业标准》可以看出，英、美、澳三国也纷纷将这些知识确定为科学教学和学习知识，也是科学教师所应具备的知识。我国《义务教育科学课程标准》将生命科学、物质科学、地球与宇宙科学、技术与工程作为小学科学课程需要学习的内容。可见，作为一名合格的科学教师，首先要精通与生命科学、物质科学、地球和宇宙科学、技术与工程四大学科领域相关的事实、概念及其理论，这是最基本的知识；其次，基于小学科学课程综合性的特点，教师应具有一个打破物理、化学、生物、地理学科界限的完整的科学知识结构体系，便于科学教学中科学知识的综合运用；再次，基于小学科学课程联系性的特点，要求教师要了解与科学相关的其他相近学科的知识并将其和科学学科知识融会贯通，形成一个广阔的知识网络，便于开阔学生的视野；然后，要了解科学发展的历史、发展趋势，以及科学家的先进事迹，丰富学生的科学知识，增强学生的精神力量和创造意识；最后，还应了解科学的本质，了解科学课程背后所蕴含的思想，尽可能地挖掘科学思想、科学价值，帮助学生理解科学。

（二）科学教学知识

　　我们经常碰到一些教师，他们知识很丰富，而且能流利地复述，但是让他们讲给学生时，却不知道如何将知识呈现给学生，让学生理解。这就涉及"如何教"的问题，也就是学科教学知识。

　　教学是一种复杂的社会活动，面对的教学对象是具有不同生活背景、不同发展水平和兴趣爱好的学生，这就要求教师不仅要熟练掌握并理解所教学科的知识，还要依据学生需要，结合各种教学手段，对学科知识进行重组，以适应学生需要的方式和顺序呈现给学生，达到对抽象概念的理解。在教学过程中，教师不再是传道授业者，而是知识和经验的联结者，教师的教学过程就是"打开知识"和"打开经验"的统一。所谓"打开知识"，是指把知识获得的原始过程和方式进行还原、重演，从而使学生了解知识的产生和发展过程。[1]而所谓的"打开经验"，指的是把个人的经验拿出来与别人一起共享、一起验证。教师要把前人积累的知识以及积累知识的过程、方法和学生已有的经验相联系，通过时空的对话，使学生获得知识的同时增长智慧。教师的工作就是要为学生搭建这样的平台，促进学生成长，这就需要教师具有良好的学科教学知识。学科教学知识是教师知识的主要成分，是制定教师教育标准的依据。

什么是学科教学知识？舒尔曼认为学科教学知识反映了教师对自己专业的特有的理解，是教师所具有的教学内容知识和教学法知识的混合体[2]，是"学科知识的一种特殊形式，它表现为对有关内容的教学能力[3]"。舒尔曼认为，学科教学知识是特别重要的，它最能显示出教师的专业性，是学科内容与教育教学理论相整合的结果。学科内容不同，所呈现出的学科教学知识也不相同，它也是教学不同于其他教育实践活动的主要标志之一。因此，学科教学知识是指在具体的学科教学情境中面对具体的学生，为了促进学生对于所要学习的学科知识的理解，教师所拥有的一种对所教学科的知识该如何组织和呈现的知识。在知识组织与呈现的过程中，教师可以采用举例、类比、图示、演示等多种教学表征方式以促进学生的理解。从学科教学知识的含义可以看出：第一，是以特定的学科知识为基础的，区别于一般教学法知识；第二，其是为了促进学生对学科知识的理解而采取的有助于学生学习的教学方式，因而也不同于学科知识；第三，学科教学知识是在具体的教学情境中面对具体的学生而生成的，体现在教师的课堂教学实践中，具有一定的过程性和情境性，是教师教学能力的重要体现。作为一名合格的教师，不仅要自

[1] 王策三. 认真对待"轻视知识"的教育思潮——再评由"应试教育"向素质教育转轨提法的讨论 [J]. 北京大学教育评论，2004（3）：20-23.

[2] L. S.Shulman. Knowledge and teaching：Foundations of the New Reform[J]. Harvard Educational Review，1987，57：1-22.

[3] L.S.Shulman. Those Who Understand: Knowledge Growth in Teaching[J]. Educational Researcher，1986（2）：9.

己掌握和理解所教的学科知识，还应该将自己所拥有的学科具体知识，如事实、概念、原理、规则等，以及知识背后所蕴含的思想、方法转化为外显的、学生易于理解的知识呈现给学生。教师如何依据学生的需要来组织和呈现知识，是教师教学专长的一个重要体现。

学科教学知识不是单一的一种类型知识，而是一种知识综合体，因为它要在具体的情境中面对具体的学生，目标是促进学生对学科内容的理解与掌握，所以它首先要包含学习者知识，包括学习者的兴趣爱好、对学习者前概念的了解、对学习者可能出现的误概念的了解等；其次要将学科知识以多种教学表征方式呈现给学生，这就涉及教学策略知识，按照教学过程的进行又可以具体地划分为教学材料的选择和处理、教学活动的组织、对教学材料的解释、课堂教学提问和理答，以及课后对学生学习的评价等。因此，学科教学知识主要包括两个方面：一是关于学习者的知识；二是针对具体的学科知识本身重点难点的理解所采取的教学策略知识。基于小学科学课程的学科特点，本研究主要关注教师基于教材处理的知识、基于材料的选择和使用的知识，以及基于课堂提问和理答的知识 3 个方面。

1. 基于教材处理的知识

当前各种版本的小学科学教材，主要是文字说明配以图片的形式，如何科学地利用教材，让学生读懂教材、理解教材，从而提高学生的科学学习能力，也是科学教师教学能力的体现之一。小学科学课程标准明确指出"要'用教材教'而不是'教教材'"，并且进一步指出"教教材"和"用教材教"具有根本的区别："教教材"的教学，潜意识中把教学目标定位为单纯的知识的获取，注重结果；而"用教材教"则要求在培养能力和态度的过程中获取知识，注重的是过程。标准还进一步指出，在科学教学中进行目标设计时，要具有"用教材教"的意识，只有具有了这种意识，才能把能力、态度的培养和学知识的目标结合起来。这一观点的提出，真正开启了"以人为本"的全新教材观。小学科学教材是小学科学教学中的主要参考材料，应该如何"用教材教"，成为了摆在科学教师面前的一个重要问题。对科学教师来说，是一种机遇，也是一种挑战。科学教材的选择和使用情况，将严重影响科学教学效果。

对教材的使用，主要包含 3 层含义。首先，要读懂教材。这是对科学教师最基本的要求，做一名合格的科学教师首先应了解教材的内容，熟悉教材的结构，把握教材的基本思想，体会教材中每一句话、每一幅图片、每一个问题、每一个活动所蕴含的特定意图，只有这样，才能在科学教学中做到有的放矢，充分发挥教材的作用。其次，要会用教材。教材是编写专家根据课程标准统一编写的供师生使用的教学文本，具有公共性，但是在实际教学过程中，每一个区域、每一所学校、每一个班级又会因为地理环境或学习者特点的不同而有差异，教学实施上会存在一定的困难，在这种情况下，教师就不能只是做教材文本的忠实执行者，要结合实际，贴近学生生活，对教材内容作一些必要的改动和删减，或调整单元顺序，或引入相似案例，变成学生易于理解的内容，做到让教材为教学服务。再次，要创造性地活用教材，甚至超越教材。小学科学教材是以图片和文字相结合的方式呈现给教师和学生的，虽具有一定的形象性，但毕竟只是平面展示，且受时间的限制，只能以静态形式呈现。而小学科学课程具有实践性，要求学生在科学课堂上能够运用相关材料进行科学探究，所以要求科学教师在原有教材的基础上，能够建构一个动态生成的科学课堂，便于学生进行自主探究。此外，在教学中，教师还要善于观察与捕捉发生在教学过程中的信息，根据教学的要求和学生的实际需要，拓宽课程的内涵和外延，大胆地自编教材，让学生不仅在课堂上活学，还能在生活中活用。总之，要创造性地活用科学教材，为学生的终身发展奠基。

2. 基于材料的选择和使用的知识

科学课程是一门操作性和实践性很强的学科，学生需要通过亲自动手操作才能深刻领会其中的道理，才能更好地发展探究能力，培养创新思维。正所谓："听，会忘记；看，能记住；做，才能理解。"真正的科学教学，应该是通过"做"来达到"理解"的教学。所以在科学教学中，实验材料的选择和使用就显得尤为重要。

在材料的选择上，要选择合适的有结构的材料。所谓"合适"的材料，一方面是指材料要和科学所要学习的概念有关，使用这些材料要能揭示出有关的现象；另一方面，这些材料应符合儿童的认知水平，能够激发学生们的兴趣，只有为学生提供熟悉的感兴趣的材料，学生才会乐意去摸它看它，进而去操作它。所谓"有结构"的材料，是指在科学教学活动中，为了实现课堂教学目标并促进学生科学探究活动的顺利进行，教师精心选取和设计的教学材料组合，这些材料之间或多或少会存在某种内在或外在的联系，学生通过操作这些材料能够解释自然现象间的某种关系。由此可见，"有结构"的材料，首先包括材料的种类。比如在"研究磁铁"一课中，教师可以给学生提供磁铁、镍块、铁块、铜块、铝块这些材料，学生在操作这些材料时会发现磁铁和铁块、镍块能发生相互作用，但是与铜块、铝块不会发生作用，从而了解磁铁的磁性。其次包括发放材料的顺序。在科学实验课的教学中，经常会看到这种情况，当教师分发完材料后，学生们将过多的注意力集中于材料之上，无心听教师的语言"指导"以至于课堂教学秩序混乱，教学目标无法按时完成，其根本原因在于教师没有掌握好发放材料的时机和顺序。美国著名的科学教育专家兰本达教授指出，在科学教学实践中，如果给学生们提供结构严密的材料让他们自由地去探究，并鼓励他们在探究的过程中积极地和他人交流，他们就能够发现事物之间的许多联系，进而寻找出相应的规律，并用自己的话把这些联系和规律讲清楚，从某种意义上来说，通过这种方式可以让他们重演科学的历史。他把这种方法称之为"探究 - 研讨"教学法[1]。

总之，材料是教学的媒介，是通往教学目标的桥梁。在科学课堂教学中，只有为学生提供合适的、有结构的教学材料，教师才能吸引学生的注意，从而有效地调控课堂，引导学生的思维向正确的方向发展；学生才有探究科学的自信，才能更加积极主动地投身到科学探究活动中去发现问题、解决问题，

---

[1] 兰本达,P.E. 布莱克伍德,P.F. 布兰德温. 小学科学教育的"探究—研讨"教学法 [M]. 陈德彰,张泰金,译. 北京: 人民教育出版社, 2008：37.

从而获取新知。合适的、有结构的材料不仅是科学教师有效实施教学的关键，更是学生开展探究式学习的基础和保证。

3. 基于课堂提问和理答的知识

教学是一门艺术，而课堂提问和理答是组织课堂教学活动的中心环节，课堂提问和理答水平的高低直接影响着教学的效果。

课堂提问是教师以提问为手段进行教书育人的实践活动。在小学科学课堂中，教师往往通过提问来唤起学生的注意，引发学生的思考，激发学生学习的主动性和积极性。小学科学课程标准倡导以探究和实践为主的多样化学习方式。这里的"探究"不仅仅是动手去操作，更重要的是"动脑"。如何使学生"动脑"去积极思考问题，取决于教师课堂上提问的水平，即教师提问的艺术。第一，提问要有目的性、针对性，要指向课程内容，避免盲目提问；第二，课堂提问要清晰，便于学生理解；第三，提问要能引发学生的思考；第四，提问要建立在学生已有知识经验的基础上；第五，课堂提问后，教师应该及时地给予学生鼓励性的评价。

理答就是教师对学生回答问题后的反应和处理。教师的理答反应直接关系到学生回答问题时的积极性，影响到课堂上学生的参与度。教师的理答一般不止于对学生的回答作出简单的判定，更重要是引导学生对于知识的理解、思维及言语的表达。学生可以从教师的理答中得到有关自己回答的反馈，从而对自己的学习情况有比较客观、准确的认识，思维得到启发与引导，表达能力得以增强。此外，在这个过程中，教师有时还会做出一定的修正性、发展性的引导，加深学生对教学内容的理解与掌握，甚至达到激发学生学习兴趣、强化学生的学习动机的效果，最终影响师生互动的质量以至于课堂教学质量。在教学中，首先，课堂教学理答要客观公正，面向全体学生，才能产生良好而积极的反应；其次，理答应该具体而有针对性，避免一味采用"对（错）""很好""真棒"等之类的比较模糊、空洞的回答，要让学生了解对错的原因；最后，理答应尊重并满足学生的情感需要，切忌粗暴地打断学生或者代替学生回答。

三、科学实践技能

在教师的教学中，需要运用各种技能来提高教师的教学效果，包括课堂导入技能、教学组织技能、教学提问技能、教学板书技能、教学课堂应变技能等，但基于本研究的学科性、专业性，这些都不在本研究范围之内。科学课程与其他课程相比，其突出特点就是强调亲身体验和"做中学"，是一门实践性很强的课程，尤其注重教师的动手操作能力。因此，科学教师的学科专业实践技能包括了教师在从事科学教学时，应掌握的与科学教学有关的一系列实际操作技能。

第一，教师应能根据教学的需要正确地选择和使用黑板画、挂图、模型、标本、器材等教学用具；第二，应能熟练操作教材中的所有演示实验并能根据教学的需要自己设计实验；第三，在科学实验操作中，常常会面临实验器材不足或没有教材上指定的实验材料的问题，所以科学教师还应具备一定的自制教学教具的能力；第四，基于小学科学课程具有综合性、联系性的特点，科学教师常常会遇到自己闻所未闻、见所未见的知识，因此科学教师还应具备查阅和整理资料的能力；第五，随着现代化教学手段在课堂教学中的广泛应用，科学教师还应该具有运用现代化教学手段辅助科学教学的技能；第六，基于小学科学课程开放性和联系性的特点，教师还需要具备争取校外科技资源以促进学生科学素养提升的能力。

科学教师的科学专业信念、科学专业知识及科学实践技能构成了科学教师实践性知识的基础，实践性知识不能脱离任何一种知识而存在。但是这些知识之间并不是相互独立、各自为政的，而是交叉重合和相互影响的，之所以分开阐述，完全是为了理论分析的需要。三者相互关系如图 2-2 所示。

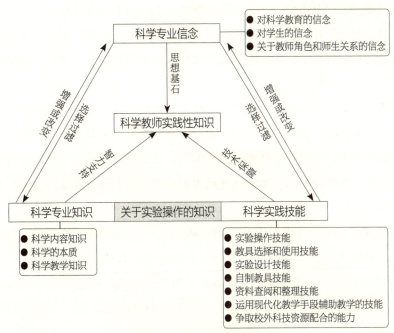

图 2-2　科学教师实践性知识的构成关系

　　首先，科学教师的专业信念为科学教师实践性知识的发展奠定了思想基石，提供了发展方向，教师在科学教学过程中所使用的实践性知识均是在教师专业信念的指导下而产生的，最终表现为教师的教学行为；科学教师的专业知识为教师实践性知识的发展提供了智力支持，如果教师科学学科知识掌握得不牢固或者欠缺教学所必需的科学教学知识，那么教师的实践性知识就会处于低水平发展甚至停滞不前；科学教师的实践操作技能为教师实践性知识的发展提供了技术保障，是教师实践性知识发展的催化剂，教师如果精通实验操作技能及查阅资料的方法，具有争取校外科技资源的能力，就能促进其实践性知识的快速发展。

　　其次，教师的科学专业信念对教师的科学专业知识和科学实践技能的获取具有选择和过滤的作用。随着知识经济时代的到来，由于知识创新增长的无限性和教师学习时间的有限性的矛盾，教师需要获取哪些知识和技能、获取量的多少，以及以何种方式展现给学生都会经过教师专业信念的过滤。也就是说，教师会在专业信念的指导下，将自己认为"有用"的知识和技能纳入自己的知识体系中，内化为自己的知识，而把自己认为"无用"的知识排除在外。

再次，科学专业知识和科学实践技能的数量和质量又会反过来影响科学教师的专业信念。在科学教学中，教师主要运用自身所具有的知识和实践技能来影响学生，学生在受到教师的影响后，在知识、行为和情感上会发生一定的变化，教师会根据学生的变化反思自身所具有的知识和实践技能，从而增强或改变自己原有的信念。

最后，教师实践性知识的三类基础知识不是互相独立的，而是有所交叉的，主要表现在教师的科学专业知识和科学实践技能上，如关于在实验操作中如何做的知识既属于专业知识又属于实践操作技能。比如用温度计测量一杯水的温度，具体的操作方法既属于科学专业知识，又属于科学实践操作技能。

此外，这些知识都不是可以直接从书本上获得的，需要经过教师大量的实践和反思，即通过"实践—反思—总结—再实践"一系列的教学活动而形成，将这些知识整合在科学教学中就构成了科学教师的实践性知识。这些知识也不是静态的，会随着教学情境的变化而变化，并且基于其相互影响的特征，一类知识变化会导致其他类知识的变化，从而形成一个变化多样的生态知识群，进而在动态平衡的发展变化中促进自身实践性知识的发展。

第三章　小学科学教师实践性知识发展现状

　　教师实践性知识是教师在对自己教育教学经验反思的基础上结合具体的教学实践场景和自身生活经历，逐渐积累而成的用于解决教育教学实际问题的知识。L 老师从一名普通师范生发展成为全国知名小学科学教师，最后成长为专家型教师，所具有的实践性知识及其形成过程有一定的代表性。为了能够更清晰地揭示小学科学教师实践性知识发展现状，探讨小学科学教师实践性知识发展中存在的问题，本章将依据小学科学教师实践性知识的构成成分，采用专家型教师（L 老师）和非专家型教师相比较的方式，对教师所拥有的实践性知识进行多方位的对比和分析。

第一节 两类科学教师实践性知识发展的差异

一、科学专业信念的差异

科学专业信念是指科学教师在科学教学实践中所持有的关于科学教育教学的教学观念和教育理念,是科学教师实践性知识形成与发展的思想基础,依据前文所述,以下主要考察小学科学教师对科学教育、对学生、对教师角色和师生关系,以及对自己是否能胜任科学教学的看法和见解。

(一)对科学教育的认识

对科学教育的信念,就是关于科学教育的目标是什么以及如何达到这个目标的认识。科学教育的目标是随着社会、文化和科学技术的发展而不断发展的,具有一定的时代性,在不同的历史条件下,不同的人对该问题有不同的理解,因此也就产生不同的教学方式、方法。

1. 专家型教师

从问题中来,到问题中去[1]

与过去的自然课不同,过去的自然课强调从观察入手来认识自

---

[1] 整理自由山西教育音像出版社出版的《实验教学》专题录像讲座之《从自然到科学》。

然，目的在于获得关于自然科学的信息，以更好地解释自然。因此过去的自然课从来没有摆脱学科知识体系这个范畴。而现在的科学课重心发生了转移，强调从问题入手，旨在通过解决问题来提高学生的能力。因此，科学重在提出问题并想办法去解决问题，教给孩子们一些死知识让他们背下来就可以，那绝不是科学教学。科学的本质是对一个新的问题或者是对一个老的问题要提出一种新的解释或新的见解，或者从一个新的角度去认识一个老的问题，这是科学所要体现的工作。科学教学要从问题入手，引导孩子们提出问题、发现问题，对孩子们来说感兴趣的问题，都可以作为科学课的重要教学内容。所以，科学课从某种意义上讲，是教一个人怎么样生存、怎么样立足于这个社会。你就是工作了，也会遇到各种各样的问题，我知道从哪儿入手去解决这个问题。科学课就是教你发现问题和解决问题的办法。这些东西是跟着你一辈子将来走到哪儿都要用到的东西。科学课上教科学知识当然有一些，但是更重要的是，要教会他一套科学的意识、科学的态度、科学的一种兴趣。有了这个他自己就会成长，就会长知识，绝对是一个将来有用的人才。离开了学校，离开老师，他也会解决他自己遇到的各种不同的问题。

动手之前先动脑

中学的理化生重在知识教学，一条一条的知识概念、原理、定义，那些都得会，必须让他们知道，而小学并不以这些知识为主。所以那个时候英国有一个叫柯林的先生，到中国来讲学，我也参加他的培训了。柯林先生是亚太地区的理科咨询员，英国人，到北京来讲学，我去参加了，他就说小学自然课主要不是教知识，是教孩子，让大伙儿体会什么叫作教孩子。当时我就觉得心里一震,这个提法太好了，教孩子怎么样用他的眼睛来观察周围的世界，留心他周围生活的环境，自然变化，也就是眼睛中的变化，小草啊，蚂蚁啊，什么大虫啊，留心关注他生存的环境，教他观察，教他怎么样去思维，会提出问题，这怎么会这样，也就是动手之前先动脑。过去自然课上也强调让学生动手进行实验操作能力的训练，但仅仅是操作的训练还不够，因为我们的智力活动主要还是在头脑中进行的，你手的操作也要在你的思维的指导之下，特别是让孩子动手操作之前还有一番工作，因为学会思考比动手操作更重要，任何动手操作都必须是在一定思维的指导之下进行的，所以课堂上不要满足于"我有观察实验了，就一定是好课"，那不见得，你一定要在学生操作之前让他做大量动脑的工作。比如在做"摆"的实验之前，要让学生动脑考虑如何控制变量，和学生一起讨论操作时要注意些什么，怎么计时，怎么做记录，怎么分工，这些都要考虑好，都安排好了再动手做。假如前期工作没有想好，孩子们头脑中乱哄哄的，他不知道就去做实验，这个实验做不成，孩子们也学不好。所以小学科学的目标不是以讲知识、学科学概念为主。当然科学概念有，知识有，但是不以这个为主，要发展他的认识能力，发展他的动手能力，发展他的思维能力。

过程比结果更重要[1]

重过程还是重结果的问题，我认为过程比结果更重要，你重视了过程，结果是必然的，你有了好的过程，必然会有一个好的结果，是不言而喻的。比如"煮鸡蛋"的实验，让学生测一下几分钟可以煮熟一个鸡蛋，当然天天煮鸡蛋，吃了一辈子鸡蛋，凭经验我也知道大概是几分钟。但是现在是要把它作为一个科学的问题提出来研究，到底需要几分钟，答案不一，有的说7分钟、8分钟，有的说10分钟以内大概就熟了，但是确切的时间能不能准确找出来呢？今天就来研究，用不着从开始研究，1分钟肯定煮不熟，从第5分钟开始吧，五六七八九十，6个鸡蛋就够了，我用一个小铝盆，能放开

---

[1] 整理自由山西教育音像出版社出版的《实验教学》专题录像讲座之《从自然到科学》。

6个鸡蛋就可以了，这样还可以问学生：煮鸡蛋的时间还跟什么因素有关系呢？学生马上会想到，与水的多少有关系，满满一盆水和半盆水，它烧开的时间就不一样，那就需要确定一下，用多少水合适呢？学生说只要和鸡蛋平了就可以了，约定用多少水，控制变量，还跟什么有关系呢？跟火有关系呀，很小的1根火苗和很大的1个火炉子，那煮的时间肯定不一样，那就要把火控制起来，我给大家做了一个小酒精炉，就是用露露的那个小铁瓶，都剪成4cm高的小铁盒，都剪成一样大小，里面松散地放了一些卫生纸的纸卷，50ml的酒精倒进去，每个组都是一样大小的炉子，火的大小控制住，还跟什么有关系？风！所以电扇不要开，靠近窗户的小组要把窗户关上，你们不要呼吸，火苗不要乱动，否则就煮不开呀，所以风还要控制住，把变量控制住。还要预备好一个小漏勺，注意安全问题，防止下手，把鸡蛋捞出来，鸡蛋捞出来以后是热的，烫手呀，不能动呀，怎么办，还要准备1个小水杯，放在凉水里，然后教给孩子们怎么样把鸡蛋纵向切开摆在盘子里，看看5分钟的时候，蛋黄和蛋清是不是全都凝固了，全凝固了才叫真正的熟，5分钟捞1个，6分钟捞1个，7分钟捞1个，每隔1分钟后捞1个，然后都摆在那儿看到底是在第几分钟真正地熟了，这都是在动手之前动脑的过程，还要防止被开水烫，要预备好烫伤药，你把这些都想到了，过程性的东西都弄好了，剩下的他们自己做，煮鸡蛋，1分钟捞1个，这很好操作的，没有问题，最后的结果得出来，有的是7分钟熟了，有的是8分钟熟了，怎么来表达我们的结果呢，大致在七八分钟就熟了，可是这个结论有什么重要意义？不知道也无所谓，但是整个的探究过程非常有意义，非常有价值。过程可以训练学生科学地认识事物的过程和方法，以后遇到类似的事情，可以用类似的方法思维去做。教给他的是解决问题的方法，而不是鸡蛋熟了需要多长时间这个结论，这个结论无关紧要，很多知识结论，这几年你学了，很多年之后，那都是落后的，谁知道 10 年以后现在的这些知识将来有什么变化呢？所以我认为过程是教给孩子们点石成金的方法，更重要。

从收集到的材料来看，"从问题中来，到问题中去""动手之前先动脑""过程比结果更重要"是 L 老师科学教育思想的集中体现。在 L 老师看来，科学课的教学主要不是以教知识为主，应该"从问题入手"，教给学生"发现和解决问题的方法"，他认为"这些东西是跟着你一辈子将来走到哪儿都要用到的东西"。具体到小学阶段的科学教育，他用"教孩子"来概括，他所谓的"教孩子"就是要教他们用自己的眼睛来观察周围的世界，教他们"去思维""会提出问题"，也就是"动手之前先动脑"，从而培养学生的一种"科学意识""科学态度"，发展他们的"认识能力、动手能力和思维能力"。对于实验过程和实验结果的关系，L 老师认为"过程重于结果"，他通过举例的方式说明了做实验的目的不是为了结论，而是为了通过实验过程让学生掌握科学认识事物的方法，知识结论多年后可能会变，但方法不会变，科学思维不会变。从中可以看出，L 老师主张让学生"按照孩子们的思维"通过"亲历探究过程"来学习科学，秉持的是一种"理解科学"的教育信念，所谓的"教知识、动手"的目的是教学生"动脑"，形成一定的"科学思维"，培养"科学素养"。

2. 非专家型教师
（1）对小学科学课程的认识

A 老师：科学课主要要求的是动手能力，就是仿照科学家做科学实验，通过想象，把身边的事情联系起来。有的学生观察能力特别强，把身边观察到的、看到的事情能做出来，仿照科学家做一些实验，提出问题，科学课主要是让学生能提出问题，具有解决问题的能力，只要能提出问题来，让学生用这个方法那个方法，让学生在做实验前都总结出来。光有理论知识不行，得有实践。为啥要让学生动手做实验呢？你学得再好，没见过这个东西不行。为啥要让学生动手操作呢？不能纸上谈兵，还得进行实际操作，为啥现在进了好多仪器呢？就是为了让动一动，动一动你才能大概知道。还有就是要孩子们通过动手操作，充分发挥自己的想象力，就是思维宽广一些。

F老师：我觉得小学科学课，无论讲得成功与否，你接受了多少内容，目前首先应该让孩子们动手摸一摸它，看一看它，不管他会不会调平，只要见过砝码，他知道这是个砝码，他知道砝码长啥样，能搞清楚砝码和钩码有啥区别。即使我这儿讲得天花乱坠，讲得有多么好，孩子们没见过，没用。所以我觉得就该多让他们动手，尤其是三四年级的孩子，我觉得，学知识不是特别重要的，得培养他们的能力。

M老师：我觉得科学课程的目标就是要提高每个学生的科学素养。对于科学素养，我的理解是具备一定的科学态度、科学技能、科学常识，还有一些科学操作过程、操作方法，具体我也不是很清楚。

由访谈材料可知，A老师认为科学教育的主要目标就是"让学生能提出问题"，进而"有解决问题的能力"，"发挥想象力，开阔思维"，至于如何达到这个目标，A老师提出要"仿照科学家做一些实验"，"让学生动手操作，不能纸上谈兵"；F老师认为小学科学教育关键在于让学生"动手摸一摸"，而不在于学生"接受了多少内容"；M老师认为科学教育就是要"提高每个学生的科学素养"。由此推断，老师们认为科学教学的重点在于"做实验"而非"掌握知识"，信奉的是一种"做科学"的观点。

（2）"好课"的标准

A老师：你对课本的内容很清楚，学生能接受了能知道，不是说非达到掌握或理解了，我觉得只要能接受了就达到目的了，你讲完课后让他干啥呢，学生都知道，这就是好课……对于理解、掌握和接受的区别，我也说不太清楚。

F 老师：我觉得只要老师把这节课的重难点突破了，教学任务完成了，目标明确了，孩子们也理解了，掌握了，就行了。

M 老师：每节课有一个教学目标，里面会讲到在这节课我们要传授哪些知识点，但在实验过程中，可能存在实验做了，但知识点没弄明白，或者知识目标完全传授下去了，可实验过程就特别短，就是知识目标和学生实验不能很好地结合起来。如果学生在一节课里既能够知道知识要点，明白了很多通过实验获取的结论，这是最好的效果。就是说学生操作过程是符合要求规范的，然后操作过程、操作步骤、操作得出的结论，是否按照自己预想的情况，并且得出的结论也一样。

由访谈材料得出，对于"好课"的标准，A 老师认为是"对课本内容能接受"，但问到"理解、掌握和接受的区别"，A 老师坦言"我也说不太清楚"；F 老师认为"好课"的标准是"重难点突破、教学任务完成、目标明确"；M 老师认为"好课"的标准是学生不仅"知道知识要点"，而且学生的"操作过程、操作步骤、操作得出的结论"能够"按照自己预想的情况"。由此可见，对于科学教学的认识，老师们还留有"讲科学""学科学"的痕迹，也就是科学教学的目标在于了解甚至掌握科学内容。

综上所述，在非专家型教师看来，科学教学应该是以操作为主，锻炼学生的操作能力，开阔学生的思维，表面上信奉的是一种"做科学"的观点，但就实际情况而言，他们又会回到"讲科学""学科学"的老路上去，认为课堂实际教学应该与"预想"一致，应该让学生掌握书本上要求的"知识"，可见，非专家型教师的观念介于"学科学"和"做科学"之间。

3. 小结

对于小学科学教育的理解，专家型教师和非专家型教师都主张从问题入手，培养学生发现和解决问题的能力，强调学生的动手操作。不同的是，从学生学的角度，专家型教师强调动手之前动脑的过程，通过动脑来理解科学的本质；从教师教的角度，强调"教孩子"，教孩子们用自己的眼睛来观察周围的世界，注重学生科学思维的培养和科学素养的提高。而对于非专家型教师，从学生学的角度，更强调动手之后的结果，认为动手是为了更好地掌握知识，注重知识的掌握；从教师教的角度，主张"仿照科学家做科学实验"。因此，专家型教师对科学教育的信念处于"理解科学"的层次，而非专家型教师对科学教育的信念处在"学科学"和"做科学"之间。

（二）对学生的认识

小学科学课程不同于发展学生语言交际能力的语文、英语等的课程，也不同于培养学生的抽象思维和推理能力的数学课程，是一门通过实践来培养学生能力进而提升学生科学素养的课程，具有很强的实践性，所以科学课程的"差生"与其他课程是不同的。"差生"又叫"学困生"，是指智力正常，但由于生理、心理、行为、环境和教育等原因，在常态学习过程中，难以或无法完成学业任务要求的学生[1]。在科学教学中，精准定位"差生"并抓好"差生"的转化工作，是提升教学质量的关键。对"差生"的理解不同，教学方式也会有所不同。

1. 专家型教师

L老师：语文数学不好好念的孩子，往往是我课上的积极分子，特别喜欢上我的课，我让他们当我的课代表，帮我拿东西，有时候做实验了，让他们做一些东西，有时候放学了，甚至语文数学老师把他赶出来了，上半节课给轰出来了，上我那儿去给我刷瓶子呀，给我弄这个弄那个，跟我是好朋友。特别的个别的那种反而成为我课上的积极分子，所以他到我的课上不捣乱，因为他爱玩，在我的课上会玩得很高兴。

在L老师看来，科学课上的"差生"和其他语文、数学课上的差生不

---

[1] 曾凡碧. 高中英语学困生问题分析与转化思考 [J]. 中国教育学刊, 2019（S2）：18-19.

一样，别的课程上的"不好好念书的孩子"反而会成为科学课上的"积极分子"，因为科学课以实践为主，学生"爱玩"，而且"玩得很高兴"，所以"往往是我的课上的积极分子，特别喜欢上我的课"。

2.非专家型教师

G老师:我觉得拿我的课来说，我不会问你在班里排名是第几名，分数考得有多高，我觉得跟着我走的比较积极活跃的，就是好学生。比如我提出一个问题，你能跟着走，能把你的观点阐述出来的，我就认为他是好的;不好的学生就是他不动，不跟着你走，即使你在那儿说闲话，他也不动，话也不说，手也不动，脑也不动，就好像木头桩子，在那儿杵着。甚至有的学生会起哄，根本不配合你。我觉得当老师也是一项研究性的工作，必须得研究，孩子们需要多关注他。

M老师:科学课上的后进生就是实验材料准备不是特别积极，上课的时候总是丢三落四的，材料带不齐或带不了，其他学生做实验时，他在那儿是观望的一种态度。科学课以实验操作为主，很多实验需要学生自己动手操作，他如果没有带材料或者材料准备不足的话，说明学习态度上就有问题。如果材料准备得特别充分，说明他学习态度就端正，如果能在教师指导下按照实验要求把这个实验操作完整地进行下去，他这个学习效果再坏也要坏个样子。

S老师:现在这个知识搞不懂，我觉得是其次，我觉得差学生就是动手能力差的学生。

C老师:我觉得在科学教学中就没有差生，反正孩子们都能跟上，但是在写的时候，有些学生就不会写，比如在考试的时候，食物链的"链"字,就不会写,语言表述不完整。别的科目差,考试也就会差。有时候让学生叙述过程要完整，但有的学生就叙述不清楚，自己知道这回事，但写不上来，可是他上课能听懂，比如班里坐在最后的学生，他也经常举手，也能听懂，不像别的科目，他们有时候听不懂，写也写不上来。

从访谈中可以看出，对于"差生"的认识，G 老师认为是"课堂上不配合"的学生，M 老师认为是"实验材料准备不充分"的学生，S 老师认为是"动手能力差"的学生，C 老师认为"科学课没有差生，之所以科学考试成绩差，是因为别的学科差而影响了科学考试成绩"。由此可见，科学教师们大多数认为科学教学中的差生不能与其他学科等同，科学教学中的差生并不是知识掌握得少，分数考得低的学生，而是"不积极"的学生，这里的"不积极"主要包括两个方面：行动不积极和思想不积极，既不动手也不动脑的学生，包括"话也不说，手也不动，脑也不动""上课不配合、老起哄""实验材料准备不积极，总是丢三落四""动手能力差"。由此可见，科学教师们对于学生优劣的认识，不再局限于成绩的好坏，而主要依据学生在学习中的参与度来判断，涉及认知参与、行为参与及情感参与等方面，认同学生参与度的高低影响了学生的学习效果。

3. 小结

对于小学科学课程上"差生"的理解，专家型教师和非专家型教师的看法是相同的，都认为科学课上的"差生"与其他课程的"差生"不同，都认为科学课上不动手、不动脑，课堂参与度低的学生是"差生"，认同引导学生"动脑思考，动手操作"是提升学生科学学习效果的关键。

（三）对教师角色和师生关系的认识

教育是培养人的活动，教师作为执教者，在教学中承担什么样的角色？长期以来，学术界对于教师角色的认识主要分为两种：教师"知识本体"的角色定位和教师"知识媒体"的角色定位。在"知识本体"的角色定位下，知识与教师相捆绑，教师就是知识的来源，主要任务就是传授学科内容，课堂教学实践演变成了专门化的机械操作，采用的往往是单向的、自上而下的、一对多的"填鸭式""满堂灌"的教学方式，师生关系往往是"支配—从属"

的关系，教师处于支配地位，学生则处于从属地位，科学教学采用的是"讲科学"或"做科学"的教学模式；在"知识媒体"的角色定位下，知识与教师相分离，教师不再是知识的来源、知识的权威，而是借助用来传递与获取知识的工具、手段或载体[1]，教师的职责是在学生与知识之间建立一座有利于学生发展的桥梁，包括为学生提供学习资源、技术和策略支持等，课堂教学实践变成了师生交流、对话的活动，采用的是师生合作、共同讨论、共同参与的教学方式，师生关系是一种"和谐—共生"的关系，这种方式下的教学模式是"理解科学"的教学模式。由此可见，对师生关系和教师角色的理解，影响着教师与学生的交往方式以及课堂教学方式，进而影响教师实践性知识的生成。

1. 专家型教师

L老师：一个是启示学生学习的引领者，引导他领着他学，过去老师是知识的传授者，传道授业解惑。现在是引领者，我引着你走，我领着你走，我告诉你朝这方向走，路是你走，我不能替你走，当然也传授知识、传授方法，这些都是次要的，主要的是引领孩子们去研究科学，把他引到科学的殿堂上来，我们把他叫作学生学习的引领者。就相当于小孩子学走路，他刚开始还不会走的时候，你就要领着他走，抱着他走，扶着他走，逐渐地撒手，一步一步地撒开手……必须让孩子们自己亲自操作，让他学他才能学会，不是你教会，是他自己学会的。你要给他提供好的条件，给他提供空间和时间，让他自己去学，引领孩子去学，但最后知识是他自己获得的。

同时你又是他的科学启蒙者，小学是一个启蒙阶段，特别是我们科学，更是启蒙阶段。什么叫启蒙？启蒙就是由不知道到知道，由不会到会的起始阶段，他一点也不知道你教给他，该教的教，该让他会的他得会。与中学生不同，中学生已经具备了一定的接受知

---

[1] 王伟敏. 新媒体环境下图书馆服务拓展与深化研究 [J]. 图书馆学研究，2013（17）：87-90.

识的能力，你只要把这些知识内容逻辑性讲清楚就可以了，学生都能理解。而小学阶段是起始阶段，是经验不断积累的一个过程。所以有人把小学阶段的科学课比喻成"土壤"培养阶段，"土壤"越丰厚，越厚越肥沃，将来到了中学，物理、化学、生物那些苗子才能长得更好，小学这些基础是培养"土壤"的过程，而不是从小学起就给他一条一条的知识。所以小学知识你看就是星星点点的，今天讲一点儿磁铁，明天又讲一点儿电，后天又讲一点儿什么种豆子发芽，似乎相互之间没有任何联系，目的是要到大自然里边摘取一些典型的案例展现给孩子们，这是他对大自然世界的一个初步的尝试，一个领会的过程，让他去尝一尝的过程，尝尝磁铁是怎么回事，完了磁铁系列没有了，再又讲风雨雷电了，接着又讲植物发芽了，小学的课就这样。就是把大自然这么纷繁复杂的知识截取一点一点几个典型点让他们尝试一下，经历一下，让他们发现原来自然界是那么有意思，那么好玩。

老师同时又是学生学习的伙伴。你是他亲密的朋友，你是他的大朋友，比如，学生问你这是什么花，哎，这我也不会。研究完我也会了，共同学习。老师和学生互教互学，你不知道的他知道，可以教你，他不知道你可以教他，就这么个关系，是个大朋友，是个共同搞科学研究的关系。

L 老师认为，在小学科学教学中，教师主要扮演着 3 种角色：首先是学生科学学习的引领者，"引领孩子们去研究科学，把他引到科学的殿堂上来"；其次是科学启蒙者，通过引导学生掌握基本的科学知识和科学技能进而培养学生对科学的兴趣，他把这个阶段比作"土壤培养"阶段，只有在这个阶段把"土壤"培养得丰厚、肥沃了，"将来物理、化学、生物那些苗子才能长得更好"；最后，老师又是学生学习的伙伴，教师和学生可以"互教互学""共同搞科学研究"，即教学相长。可见，在 L 老师看来，教师承担着"知识媒体"的角色，教师为学生提供学习资源、技术和策略支持等，学生在教师引导下，产生科学学习的兴趣，与教师展开交流、对话、协商，最后实现共同成长，师生之间是一种"和谐—共生"的关系。

2.非专家型教师

　　A老师：引领者，把学生引领进去。科学教师就是要引领学生，把学生观察到的看到的平常不注意的问题让学生能看到能想到，然后再做个实验得出结论。比如说学生看到了影子，在平常学生看完以后就没事了，咱们可以在上课的时候把影子的问题引入课堂，问学生在路灯下走的时候，你的影子是长还是短，为什么离得远的时候就长了，影子的长短和啥有关系等问题，学生就琢磨了。那么咱们做个实验吧，就带着学生做实验了。我觉得科学就是这样。

　　F老师：引导者、朋友。你有时候做实验吧，孩子们特别天真，他不把你当老师看，然后有啥就过来问你，你跟他们一起做实验，就把自己当个小孩，你就能进入到他的世界中去，他哪儿不会，哪儿需要问，你跟着他一起做，你也能从中体验出乐趣，但是一味说你就必须听我的，这个就得这么做，我觉得这个有点太死板。所以我们现在做实验，先把孩子引入到这个当中去，然后跟着他们一起做，就能发现问题。可能我这个人心理年龄不是很成熟，我愿意和孩子们打成一片，所以孩子们有一些话不跟父母说，会跟我说，你要是融入他那个生活当中去，孩子们好像就不把你当老师看了，但同样也有弊端，你没有威慑力，他上你的课就特别随意，反正是有利也有弊。

　　S老师：参与者，肯定是最重要的，跟学生一样，真正去做去。现在对我来说，就是跟着学生，人家学生学啥，我就跟着学啥。组织者也有。

　　由以上访谈材料可知，对于教师角色的认识，主要存在3种类型——引领者、朋友、参与者，如A老师认为"科学教师就是要引领学生，把学生观察到的看到的平常不注意的问题让学生能看到能想到，然后再做个实验得出结论"，F老师谈到"你跟着他一起做，你也能从中体验出乐趣"，S老师认为科学教学中，作为教师，要"跟学生一样，真正去做去"。由此可见，传统的教师是知识的"传道授业解惑者"的观念已被大部分教师所摒弃，教师们普遍认同教师"知识媒体"的角色，认为教师在科学教学中的主要作用不是传授知识，而是帮助学生以及和学生一起学习，共同探索科学世界的奥秘。这与专家型教师的看法是一致的。

3. 小结

对于教师角色及师生关系的认识，专家型教师和非专家型教师的观点是一致的，都认同教师"知识媒体"的角色定位。在现代知识观的影响下，教师不再是知识的拥有者，不再是对学生进行发号施令的权威领导者，而是引导者、参与者，师生之间是朋友，是合作者，传统的"填鸭式"的教学模式已经被教师们所摒弃，换之而来的是协作协商式的教学模式，通过这种方式的学习，师生获得共同成长与进步。

二、科学专业知识的差异

科学专业知识是科学教师在从事科学这门课程的教学过程中，为了达到有效教学所运用到的一切知识的总和，为科学教师实践性知识的形成提供了智力支持。如前所述，科学教师的科学专业知识主要分为科学学科知识和科学教学知识两类。科学学科知识主要包括基于科学概念、科学理论的科学内容知识和关于科学的知识，即教师的科学本质观；科学教学知识是在科学教学中"如何教"的知识，如科学教学材料的选择、科学课本的使用、课堂提问与理答技术等。

（一）科学学科知识
1.专家型教师
（1）关于科学内容知识

　　L老师：我平时会看好多书，备课的时候要参考好多工具书，需要查一些资料。上课，你首先得把知识搞对，讲正确了，知识讲错了就不行，所以，你看着小学这些知识不多，很简单，你的知识储备要有。我在当教师期间，不仅能应对自己所教的自然课程，还会给其他科目的老师答疑。有时候他们那些语文、数学老师，遇到一些不明白的问题，都会问我，比如问我吃青菜主要吃的是什么，我会告诉他们蔬菜的种类以及主要的营养分布在哪个部分，他们都不懂，他们都来问我。我从上小学起就看各种书籍和科学杂志，一开始看童话故事和科幻故事，如《安徒生童话》《伊索寓言》《一千零一夜》《海底两万里》等；后来，因为喜欢科技，就转向了科技方面的书，如《无线电》《十万个为什么》等科普读物，还有上海出的《科学画报》，我当时就是"小科技迷"，这些都为我后来从事自然教学工作奠定了坚实的知识基础。

　　2001年开始，我参加了新一轮的课改课标编写工作，成了教育部课标编写组的核心成员，一共8个人，郝金华是组长，我们组成了编写委员会，先编课标，再编教材。接着一直是教育部的教学教材审查委员，经常到教育部去审查各地编写的科学教材，我们组成一个审查委员会，各地编的教材送到我们这儿，我们来审查，如果课本有错，插图错了或者课文错了，我们会给他们指出来，让他们去修改，不合格，不通过，直到修改合格了，我们批准了，给写一个结论，才能够发行。

　　由访谈材料可知，L老师"从上小学起就看各种书籍和科学杂志"，"为我后来从事自然教学工作奠定了坚实的知识基础"，他拥有丰富的科学内容知识，承担过多项与科学教育相关的工作，例如组织科学教师师资培训，担任全国中小学教材审定委员会审查委员、教育部课程标准研制组核心成员、苏教版小学《科学》教材主编等，这些均得益于30多年科学教学工作经验的积累与反思。只有具有丰富的科学内容知识，他才有能力"给其他科目的老师答疑"，"审查"各种版本的科学教材。

（2）关于科学本质观

　　L老师：一方面，要重视数据资料的收集整理。我们过去的自然课中定量实验不多，现在科学课强调尽量定量地观察，说话要重证据，思考要有依据，要用实验数据、实验结果来反映出你的结论，要重视数据的分析与整理。科学课强调定量的观察、定量的实验，定量的观察和分析可以使我们更精确地描述一个事物，使我们的思维科学化、精确化，能用一定的数据来描述事物才算达到真正的了解。比如说今天天气很冷，已经达到零下十摄氏度了，零下十摄氏度就是描述冷到什么程度，今天真冷，零摄氏度左右，这两个描述就不一样了，加入数值就更精确化了，所以我们就要训练孩子们从小用数据来形容事物。再比如有一个单元是《养蚕》，养蚕的变化，从开始，蚕出壳，到吐丝作茧，再变成蛾子，整个一个周期让孩子们经历过来，整个的资料，每过一个星期测量一下它的身长长了多少毫米，都要记录下来，就是蚕成长的过程，还要做个统计图，还有变化的日期，比如几月几号出壳，几月几号脱皮，几月几号又脱第二次皮，这些过程性资料都要做记录，孩子们如果经常做这样的训练，他们的科学思维肯定会有很大的提高。要重在对科学的理解和体验，不要重在对知识点的记忆上，要让孩子们知道科学是重证据的，科学的东西是可以反复实验的，是经得起反复进行实验验证的，科学的东西是具有普遍的指导意义的，科学的东西是耐用的，当然科学的东西也不是绝对的，现在好多科学家的东西，比如牛顿定律，甚至于达尔文的进化论、爱因斯坦的理论，都受到了挑战，可见科学的东西也不是绝对的，这些东西要在教学中逐渐让孩子们体验到，让他们理解科学是什么。[1]

L老师认为，在教学过程中，要重视"数据资料的收集整理"，认为实验要注重"定量观察"，要"重证据""讲依据"，这样我们的思维才会"科学化、精确化"，不要把重点放在"知识点的记忆"上，而应该放在"过程资料的收集与记录"上，要"重视过程性资料的收集与积累"。此外，"要让孩子们知道，科学的东西是可以反复实验的，是经得起反复进行实验验证的，科学的东西是具有普遍的指导意义的，科学的东西是耐用的"。由此可见，对于科学本质的理解，L老师赞同科学的实证性、积累性和普遍性，属于客观主义科学本质观，但是L老师又指出，"当然科学的东西也不是绝对的"，显然，在L老师的观念中，客观主义和主观主义的科学本质观并存，传统和现代的科学本质观并存，在认同科学知识实证性、普遍性、积累性的同时，也看到了科学真理的相对性，所以他提出"要在教学中逐渐让孩子们体验到，让他们理解科学是什么"，也就是不仅要让学生体验科学，更要让学生理解科学的本质。

2.非专家型教师
（1）关于科学内容知识

A老师：科学包罗得太多了，有机械、繁殖、岩石、大脑，知识无边无沿的，好多我都不知道。跟别的学科不一样，不仅得懂书上的知识，还得接触一些课外知识。有些学生问到了谈到了但你不知道，遇到这种情况就会很尴尬，就需要回去上网查查资料。比如雌雄结合的那部分内容，我就不知道，而学生就知道。你得看《动物世界》

---

[1] 整理自由山西教育音像出版社出版的《实验教学》专题录像讲座之《从自然到科学》。

一类的资料。科学知识里的那些反冲力、动力学，什么轮轴、轴承，我们以前没学过，要上那个，我也得学呢。我就得问别人轴承、轮轴是什么样的，哪儿和哪儿，怎么动呢，我在那儿琢磨半天，光看书本也不知道是啥样的，讲了半天我都没听懂。

　　S老师：我觉得科学课涉及的面特别广，天文地理全都有，而且这门课实践操作得多，有些东西自己都不太懂，操作不了……人家讲到啥，我现在就学啥，不可能说我都不知道，然后随随便便去看，现在就这些书已经够我看了，可能是我个人能力、精力的原因，我都消化不了……教学过程中的困难太多了，我觉得有些内容我也好像一知半解，有的地方咱们还不如孩子呢，有时候他们提出问题，我们不懂，还得和孩子们学习。比如我记得带过六年级下册，孩子们给我讲恐龙之类的，我就不懂。

　　F老师：科学课比较难带，一方面知识太多太杂了，方方面面的知识都得懂，常常需要在网上查资料。另一方面，这么长时间了，以前学的知识都忘了。在科学课程教学方面，科学知识储备量少就容易讲错，所有的东西都是在摸索中。在讲岩浆岩的时候，我也想过带几块石头让学生来观察观察，但是因为我自己都不认识，怎么带，怎么去教学生呢？有一次我教我们学生一个内容，我就误导了，后来请教教研组其他老师才知道教错了，你教错了，但孩子们首先就会接受你老师说的，我讲错了，你再改，等考试的时候，结果我讲错的那个地方，我们班学生全错了。

　　从访谈内容可以看出，对于小学科学教师所应具备的科学内容知识，教师们普遍认为小学科学所包含的知识特别广，不仅要了解课本上的知识，还要了解课外的知识；不仅要懂得自然科学知识，还要懂得人文科学知识，"不仅得懂书上的知识，还得接触一些课外知识"，"有机械、繁殖、岩石、大脑，知识无边无沿的"，"涉及的面特别广，天文地理全都有"，以至于出现不懂、消化不了、讲错的情况，如"我在那儿琢磨半天，光看书本也不知道是啥样的，讲了半天我都没听懂""这些书已经够我看了，我都消化不了""我觉得有些内容我也好像一知半解""一开始带科学课啥也不知道，而且还讲错""常常需要查资料""科学知识储备量少就容易讲错"。面对如此庞杂的知识，小学科学教师往往感到力不从心，需要通过各种不同的途径和方式学习和摸索，需要查阅资料，"看《动物世界》一类的资料""网上查资料""请教教研组其他老师"。此外，笔者针对小学科学课程涉及的内容范围并结合其难易程度设计了 9 道判断题，对大同市小学科学教师所掌握的科学内容知识状况进行了调查，调查结果如下表 3-1 所示。

表3-1　科学教师对科学知识掌握情况统计表

题项	回答正确		回答错误		不知道	
	人数	百分比	人数	百分比	人数	百分比
1. 温度计的工作原理是热胀冷缩。	208	95.41	5	2.29	5	2.29
2. 激光因汇聚声波而产生。	91	41.74	47	21.56	80	36.70
3. 声音的大小取决于在一定时间里震动的次数，振动次数越多，声音越大，振动次数越少，声音越小。	69	31.65	77	35.32	72	33.03
4. 抗生素能杀死细菌也能杀死病毒。	74	33.94	103	47.25	41	18.81
5. 就我们目前所知，人类是从早期动物进化而来的。	187	85.78	16	7.34	15	6.88
6. 植物开什么颜色的花是由基因决定的。	57	26.15	139	63.76	22	10.09
7. 月光是月亮本身发的光。	196	89.91	11	5.05	11	5.05
8. 数万年来，我们生活的大陆一直在缓慢地漂移并将继续漂移。	179	82.11	17	7.80	22	10.09
9. 光年是光在一年中所走的距离，它是用来计量行星之间距离的长度单位。	44	20.18	152	69.72	22	10.09

调查数据显示，小学科学教师科学知识的掌握情况存在着不平衡现象。对于通识层面知识的掌握，小学科学教师回答的正确率达到了 80% 以上，对于较深层次问题的回答，回答正确率还未超过一半，存在不同程度的错误。由此可见，小学科学教师对科学内容知识的掌握和理解这一最基本的要求还存在缺陷，科学专业知识是科学教师实践性知识发展的智力支撑，科学内容知识掌握得不准确，对小学科学教师实践性知识的改善会产生极大的影响。

（2）关于科学本质观

对于小学科学教师所持有的科学本质观，笔者从科学知识的相对性、实证性、主观性、创造性、科学包含观察和推理、科学知识与一定的社会文化背景相联系、定理和理论在科学中的角色这 7 个方面对大同市小学科学教师展开调查，调查采用分值、人数、对应人数的百分比，以及各题项均值（问卷采用李克特式五点量表，选项得分越高，表明认识越好，1 ~ 2 分表明理解不足，3 分表示中立态度，4 ~ 5 分属于期望水平）等统计量来探讨小学科学教师科学本质观在不同内容上的具体表现。调查结果如表 3-2 所示。

表3-2　小学科学教师科学本质观调查统计表

题项	分值	人数	百分比	均值	标准差
科学技术的不断进步会对主流理论提出挑战，知识的发展变化是不可避免的。	1 ~ 2	48	22.02	3.39	.992
	3	56	25.69		
	4 ~ 5	114	52.29		
科学知识是通过人借助于眼睛或科学仪器的观察而得到的关于客观世界的信息。	1 ~ 2	9	4.13	3.98	.611
	3	16	7.34		
	4 ~ 5	193	88.53		
科学研究的进行受研究者心中的理论所指引，研究者无法做到全然客观和价值中立。	1 ~ 2	42	19.27	3.47	.917
	3	51	23.39		
	4 ~ 5	125	57.34		
科学研究不一定要按照"提出问题、猜想与假设、制定计划与设计实验、进行实验与收集数据、数据分析与解释、报告结果"的顺序与步骤展开。	1 ~ 2	22	10.09	3.90	.943
	3	39	17.89		
	4 ~ 5	157	72.02		
科学是社会文化传统的一部分，科学观点受社会和历史文化背景的影响。	1 ~ 2	39	17.89	3.59	1.022
	3	44	20.18		
	4 ~ 5	135	61.93		
科学定律描述观察现象之间的关系，而科学理论是对自然现象的推论解释。	1 ~ 2	39	17.89	3.39	.868
	3	73	33.49		
	4 ~ 5	106	48.62		
逻辑是进行正确推理时必须要遵循的规则。	1 ~ 2	26	11.93	3.55	.900
	3	78	35.78		
	4 ~ 5	114	52.29		
整体				25.26	3.874

调查数据显示，在被调查者中，72.02% 的教师认为科学研究的过程

是灵活多变的，不一定要遵循死板的步骤，赞同科学研究过程的多样性；61.93%的教师认为科学知识受社会历史文化背景的影响，赞同科学知识与社会和文化有关；52.29%的教师认为科学知识的发展变化是不可避免的，赞同科学知识的相对性；57.34%的教师认为科学研究的进行是受研究者心中的理论所指引的，赞同科学研究过程中存在的主观性。由此可见，多数人具有现代科学本质观，承认科学知识的相对性、主观性，认同科学知识与社会和文化有关，科学研究过程中存在的多样性。此外，科学知识的实证性，也普遍得到教师的认同，认为科学知识的获得需要借助于人的观察、实验证据，占到被调查人数的88.53%；对于科学知识所具有的逻辑和推理性，也得到了大部分教师的认同，占到了总人数的52.29%，但是对于科学知识中存在的理论和定律方面的知识，仅有48.62%的教师认同科学理论和科学定律的功能，有33.49%的教师回答"不确定"，还有17.89%的教师回答"不同意"。由统计数据看出，在现代知识观的影响下，大部分小学科学教师在赞同现代科学本质观的同时，也认同科学知识的实证性和逻辑推理的本性，但对于科学知识中存在的理论和定律方面的知识认识不足。

3. 小结

在科学内容知识方面，非专家型教师缺乏对知识的深入理解，知识面窄，存在的错误认识较多，掌握情况不良；在对科学本质的理解方面，专家型教师和非专家型教师都认识到了科学知识所具有的主观性和客观性、绝对性和相对性的双重属性。

（二）科学教学知识

作为一名合格的科学课程教师，不但自己要掌握丰富的科学学科知识以及与之相关的其他知识，还需要将自己所拥有的知识以适合学生学习的形式呈现给学生，即教师不仅需要具有科学学科知识，还应具备良好的科学教学知识。情境依赖性是科学教学知识的关键特征，教师自身所拥有的科学教学知识的数量和质量以课堂教学的形式体现出来，充分反映了该教师的教学艺术。以下主要从教师对科学教材的处理、对实验材料的选择和使用，以及课堂教学中所反映出来的教学艺术三方面进行考察。

1. 专家型教师

（1）关于教材的处理

> L老师：课本无疑是教学的主要依据、主要来源，但它不是唯一来源，如果凡是写进教材的内容就教，没有被纳入教材的内容就一律不教，那么，如果教材不变，难道我们的教学就不发展了？我们的观点是，教材是落后于教学的，而教学又是落后于社会发展的，因此，我们的教学必须源于教材，高于教材，创造性地使用教材。我认为如果感觉教材安排的内容多，实际教学当中做不到，那么你可以进行选择，给你提供那么多内容让你选择总比内容少让你添加要好吧？是用教材教而不是教教材，可是这仅代表我作为编教材的人的意见，也就是说你可以从中选择适合当地当时情况的内容，适合自己学生的内容来讲。我们是鼓励老师可以自由处理教材，教科书也是有局限的、不适合的，时间不对不符合当地自然条件的，你可以改动。

在科学教学中，L老师对教材进行精妙处理的例子数不胜数，其中最为经典的是对教材"怎样测定物体的温度"一课的处理。他在原教材"怎样测定物体的温度"之后又增加了两节课的内容，分别是"测量一杯热水的温度"和"测量一杯冷水加热时的温度"。首先引导学生通过学习"怎样测定物体的温度"一课，使学生熟练掌握使用温度计测量水温的技能；然后在"测量一杯热水的温度"一课上，让学生每隔2分钟测1次温度的变化并做记录，在此期间L老师协助学生操作，比如快到时间时给出倒计时，提醒学生注意记录，最后指导学生绘制统计图；接着又设计了"测量一杯冷水加热时的温度"一课，在这一课中，同样要每隔2分钟测1次水温，但与上一节课不同的是，这次由学生自己来独立完成整个操作过程，包括观察、计时、测温、记录、绘制统计图等一系列步骤。这三节课从表面上看，主题是一样的，都是测定水的温度，从内容上看，它是连续且逐步深化的，涉及大学才会接触到的"熵"的概念，让学生知道了"热"总是自动地从"高温"流向"低温"，学生对法国著名物理学家克劳修斯提出的"热力学第二定律"有了初步的了解。此外，L 老师采用了"支架式教学"的方式，对学生的引导由"扶着走"过渡到"领着走"，最后到"自己走"，学生自主权逐步放开。这样处理教材，不仅加强了学生测定水的温度的技能训练，同时培养了学生对数据的处理、比较、分析的能力，并在此基础上发展了儿童探究科学的兴趣。

除了改编教材外，L 老师还自创教材，他在科学教学中创造性地提出了用数学方法教科学，让学生在学科学的基础上体会到学科间的相互渗透，互相结合。如"树叶和人"一课，L 老师采用就地取材的方式，以树叶和人作为研究对象，让学生寻找"一群"树叶和"一群"人之间规律上的联系，指导学生测量一堆叶片的长度并绘制叶片长度的统计图，然后统计全班同学的身高并绘制身高统计图，引导学生对两个统计图作比较、分析，使学生发现树叶和人都有正态分布的趋势。[1]不仅教给学生一些数理统计的简单方法，让学生初步感知到普遍存在于自然和社会现象中的正态分布规律，而且借助数学逻辑思维方法发展了儿童认识自然规律的能力，因为他认为："教会孩子一些方法比教知识有用得多，这是他们终身受用的能力。"此外，还训练学生从整体的角度思考问题，培养学生的"整体思维"。

L 老师对科学教材的处理及改编，从表面上看来似乎微不足道，但从长远来说真正做到了刘默耕老师所讲的"行虽微而志趣远，出虽浅而寓意深"。

（2）关于材料的选择和使用

对于材料的选择，L 老师强调使用简单廉价的材料，比如"树叶和人"一课中，树叶便是身边唾手可得的材料。他还强调要为学生提供"有结构的实物材料"，他指出"我们的教学，要为学生创造一种环境，一种氛围，提

[1] 路培琦，郁波. 路培琦自然教学改革探索 [M]. 济南：山东教育出版社，1999：87-90.

供必要的学习材料，给他们必要的指导和启发，让他们自行研究，去寻找问题的答案，教学的过程主要是学生的'做'和'说'的过程，而教师的主要工作是为孩子们提供有结构的实物材料和组织参与学生的讨论。"[1]他非常推崇美国哈佛大学研究生院兰本达教授创立的"探究—研讨"教学法，认为"这种教学法主张孩子们用具体的客观现实作为学习的开始，通过儿童对有结构的（包含有一定概念体系的）材料摆弄、操作、探索出材料所包含的概念而控制它……这样的教学在学生获得知识的同时逐步形成相信客观真理、实事求是、尊重科学、依靠集体的科学世界观。"[2]因此，L老师在课堂教学中特别重视为学生提供"有结构的实物材料"，比如在讲"鱼"这一课时，他给每组学生提供了一个水槽，几条活鲫鱼，还有放大镜、显微镜、刀剪、木片、线绳等材料，让学生自己确定研究方法，并根据自己确定的研究方法到讲台上领取材料，学生们通过使用显微镜、放大镜等工具观察鱼鳞，指出了鱼鳞的形状、颜色并提出大胆的猜测，认为同一种鱼的鱼鳞数量是一样的，还观察到鱼是通过鱼鳃旁边的侧线来感知声音的。

（3）关于教学中的艺术

① 按照学生的思路组织教学

在科学教学中，L老师始终贯彻"以学生为主体"的教学原则，倡导要"按照孩子们的思路组织教学"。比如在"植物的果实"一课中，首先，在上课之前，L老师要求学生把自己认为的"果实"带到学校来，由学生按照自己的理解来选择教学材料，实际上已经进入了关于果实的学习；其次，在教学过程中，当有的孩子提出了"胡萝卜是果实"时，L老师没有对其做出否定的回答，而是引导学生展开了激烈的自由争论，让学生各自谈一谈胡萝卜是果实和不是果实的理由，教师不加干涉，在学生们不能自圆其说，寻求答案而无所得的情况下，孩子们的求知欲望受到激发，L老师抓住时机及时提出了建议，让学生先从自己确定的东西入手来进行比较，引导学生从梨和苹

---

[1] 路培琦，郁波. 路培琦自然教学改革探索 [M]. 济南：山东教育出版社，1999：50.
[2] 路培琦，郁波. 路培琦自然教学改革探索 [M]. 济南：山东教育出版社，1999：53.

果入手来发现果实的基本特征和主要构造。这个教学过程突破了"教师一言堂""以教师讲授为主"的传统套路，采取了以学生为主的教学方式，让学生先自由发表意见，引发争论，然后教师再因势利导，提出正确的解决方法，引导学生建立了关于果实的科学概念，学生学习科学的兴趣得到激发，学生的观察能力、思维能力和动手能力获得了发展。

②关于课堂上的提问和理答

教学是一门艺术，而课堂问答是教师教学的重要手段和教学活动的有机组成部分，通过课堂问答，可以增进师生交流、激发学生学习兴趣、启迪学生思维、锻炼学生表达能力，为后续教学提供反馈信息，进而提升教学质量。课堂问答的关键环节是提问和理答。其中课堂提问是指课堂上教师以向学生提出问题为手段进行教书育人的实践活动，教师课堂提问水平的高低，直接影响着教学的质量。美国教学法专家卡尔汉认为："提问是教师促进学生思维、评价教学效果以及推动学生实现预期目标的基本控制手段。"[1]教学中一个巧妙的提问，常常可以打开学生思想的闸门，使他们思潮翻滚、奔腾向前，有所发现和领悟，收到"一石激起千层浪"的效果。美国心理学家布鲁纳说："向学生提出挑战性的问题，可以引导学生发展智慧。"理答就是教师对学生回答问题后的反应和处理，既是一种基本的教学行为，也是一种教学评价行为。作为基本的教学行为，教师的理答反应直接关系到学生回答问题时的积极性，影响到课堂上学生的参与度，最终影响师生互动的质量以至于课堂教学质量；作为教学评价行为，教师的理答一般不止于对学生的回答作出简单的判定，更重要的是引导学生对于知识的理解、思维及言语的表达。

"植物的果实"课堂实录[2]　　**执教者：L老师**

师：你们发现了什么？

生：都有核儿。

---

[1] 李如密. 教学艺术论（第二版）[M]. 北京：人民教育出版社，2011：343.

[2] 路培琦，郁波. 路培琦自然教学改革探索[M]. 济南：山东教育出版社，1999：40-41.

师：那核儿是什么？知道吗？

生：是种子。

师：怎么知道它是种子呢？

生1：把它种在土里可以长出新的植物来。

师：那么这种子是干什么用的呢？

生2：可以繁殖新的植物的后代。

师：大家说得都很对，通过观察苹果和梨，我们发现它们内部的构造都有种子，种子是用来繁殖后代的。

师：那么，种子以外的这一大部分叫什么呢？

生3：叫果肉。

师：对，平常我们叫它果肉，最外面的一层叫作皮。现在我告诉大家另一种叫法，把种子以外的果肉和皮都叫作"果皮"（板书"果皮"二字）。所以，果实包括两大部分，哪两大部分？

生4：果实包括果皮和种子。

师：我们知道了果实都是开完花结的；果实都有两部分，就是果皮和种子，那么主要的看什么呢？

生5：主要看里面有没有种子。

师：对，要善于抓住主要的。根据这个规律，我们再来研究胡萝卜是不是果实。

（给每两个同学一个胡萝卜，让同学们纵切开观察。）

师：胡萝卜里面有没有种子？

生：没有种子。

师：那么胡萝卜是不是果实，现在能不能得出肯定的结论呢？

生：不是果实。

师：为什么？

生：因为里面没有种子。

师：对了，我们以后可以用这种方法来判断是不是果实了。

以上为"植物的果实"课堂实录片段，围绕"胡萝卜是不是果实"的问题，L老师不是直接把答案告诉学生，而是找来了苹果和梨并把它们切开，通过观察它们的内部结构来解开问题的答案，然后再给学生分发胡萝卜，让学生通过自己动手"切胡萝卜"来得出"胡萝卜是不是果实"的结论。在教学过程中，L老师采用了层层追问的方式，包括"发现了什么""怎么知道它是种子""种子是干什么用的""种子包括哪些部分"，等等，引发学生思考，帮助学生深刻认识种子，了解种子的结构，加深对"果实"的认识。最后学生不仅通过自己动手得出了答案，还培养了学生自主探究的能力和思维能力。

"小天平"课堂实录[1]　执教者：**L 老师**

板书：　A2　　　A1　　　○　　　B1　　　B2

　　　　1+8　　　?　　　　　　　10　　　5

生1：A1挂2。

生2：挂 $5+\dfrac{1}{2}$。

师：没有5了，有一个5已经挂上了。

生2：那就这样挂，$4+1+\dfrac{1}{2}$。

师：也没有1。

生2：挂 $2+3+\dfrac{1}{2}$。

师：这样挂对吗？

生3：这里应该挂2，一边是 $10+5\times2=20$，另一边第二钩上是 $1+8=9,9\times2=18,20-18=2$。有的同学减9，就错了。

以上为"小天平"的课堂实录片段，这一课是以玩具小天平和塑料小鱼作为学具，其中小鱼有11条，大小重量不等，分别代表1/2、1、2、3……

---

[1] 路培琦，郁波．路培琦自然教学改革探索[M]．济南：山东教育出版社，1999：126．

10，要求学生通过往小天平两边挂表示重量的小鱼，来发现自然界存在的规律。在这段课堂讨论中，对于学生的错误回答，L老师没有轻易地表示否定，而是巧妙地采用反问的方式，"这样挂对吗？"引导学生积极思考，从而找到正确的答案。实践证明，在学生进行自主探究的活动中，不免会发生错误。在这种情况下，教师正确的理答方式能够为学生提供一个安全的心理环境，使学生产生积极的情感体验和持续的建构知识和意义的心理需要，启发并激励学生积极思考，错误的理答方式反而会降低学生回答问题的热情，挫伤其学习的积极性。

2. 非专家型教师

（1）关于教材及实物材料的使用和处理

J老师：在教学中，要从学生日常生活经验出发，最好是从学生身边的事情说起，让他们观察自己身边的事情，抛开书本，这样最好。比如"骨骼"这一课，书上有个图片，说有多少块骨头，不如给孩子们课下布置，让家里有相应X光片的孩子把X光片拿来，让大家数一数，看一看，有的学生就会把X光片拿来，学生面对着实物的时候是最感兴趣的，他们会自己去观察，自己去数，观察完后，孩子们大概就知道它的结构了。再比如四年级有一课是"养蚕"，这一课具有地域性，它受气温的影响，这里的人见过蚕的很少，一般是南方才养蚕。在讲这节课时，我一般运用家里面粉里生的蛾来代替，这是孩子们能普遍看到的东西，也就是换一个例子，道理是一样的。除了抽丝之外，它的前期工作，比如成熟过程是一样的，只不过成熟后会飞。家里面有米面的时候，经常会生虫，你就可以拿米面里生的小飞蛾作类比给孩子们讲，让他们找个小筛子筛生了飞蛾的米面看看有什么东西，孩子们很乐意回去做这个事情，有时候它变成了小飞虫，你就可以告诉他这是怎么变来的。前面部分讲得还可以，在讲"抽丝剥茧"时，感觉自己上得很糟糕，因为实在是没思路，只能从网上找一些抽丝剥茧的教学录像，孩子们就好像看电视一样，没法互动，这个就挺麻烦的，这样就讲不出个所以然来，孩子们不知道茧是啥样的，唯一看到的是教学里的一个标本。没有东西，就没法教学。

C老师：科学教师需要具备一定的生活经验，教学时要与学生自己的生活实际联系起来。因此，在教学中，我会举贴切的日常生活中孩子们能见到的接触过的例子帮助学生理解。比如"物质的变化"这一课自我感觉讲得挺好。首先，根据教材知道孩子们必须掌握啥，然后让孩子们通过看，让孩子们知道怎么做实验，这个变化就是生成新物质，那个变化就是没有生成新物质，通过孩子们动手，上课前就把材料都采集到了，那几天正好是秋天，咱们就知道了夏天的叶子是啥样，现在的叶子是啥样，孩子们就做了个比较，知道这个就生成新物质了，生成新物质伴随着什么，有什么改变。然后举易拉罐压扁的例子，孩子们就知道形状改变了，但是性质没变，孩子们就理解了，我觉得那节课讲得好。也就是说，在做实验的时候，材料在现实生活中是好找的、容易的、方便的，孩子们通过做了，看了，就能掌握了，这个课就好上了，学生就容易记忆了。有的课离现实生活特别远，比如"有利于生存的本领"一课，讲到骆驼生存的本领，他们就不理解，还有书上说的海洋里的小动物，背面是透明的，背部颜色深，在海里面不容易被发现，它为啥就长成了这个颜色，这个就跟咱们现实生活离得太远，孩子们不知道，无法想象，干巴巴地让孩子们死记，好几节课都记不住，因为孩子们没见过啥是海洋，不好讲，也不好记，考试就考不好……对于找不到实物的教学内容，但是书上又有要求必须让孩子们掌握，要考试，孩子们只能靠死记硬背。

F老师：教科书里大部分是插图，文字性的东西太少，需要孩子们去理解这个插图，我觉得咱们孩子们这方面的能力比较差。比如

"岩石与矿物"一课，讲岩浆岩、石灰岩之类的，学生们就理解不了，只能死记硬背，为什么呢？因为没有亲眼看见过，如果让学生抽出一两个月的时间出去实际考察或留作暑假作业去研究，就容易理解了。你看都没看过，你怎么让他去理解呢？给孩子们讲这部分内容时只能灌输式地告诉他们这是高温高压下形成的物质。他们没上过初高中物理，理解不了"高温、高压"。我们小学老师自己也分不太清楚沉积岩和岩浆岩，所以那一课只能让他们死记硬背，然后在初中学物理的时候再翻过来再去研究。所以，对于他们来说，目前对于这种类型的内容了解就行了，不用深入研究，知道有这么一回事儿，等他们年龄再大一点儿的时候再去研究，我认为更好……虽然这儿（书上）没有提到沉积岩包含砂岩、砾岩、页岩、板岩，教参书上也没有，但是你也得要讲出来呀，因为要考试，我们孩子们只能看图，这就是砂岩，这就是砾岩，没有实体，看不到，我只能告诉学生"给老师记住"。

对于教材的处理，大部分教师认同"与学生生活实际相结合"的观点。J 老师认为小学科学教学"要从学生日常生活经验出发，最好是从学生身边的事情说"，应该"抛开书本"，让学生"自己去观察"，因为"学生面对着实物的时候是最感兴趣的"，教学中他用 X 光片讲"骨骼"，用米面里生的飞蛾代替蚕讲"养蚕"。C 老师认为"教学时要与学生自己的生活实际联系起来"，因此"会举贴切的日常生活中孩子们能见到的接触过的例子帮助学生理解"，如用树叶变黄的例子讲化学变化，用易拉罐变形的例子讲物理变化。但是对于"离现实生活特别远"的内容，教师们采取的方式是观看教学录像、看图片，或者是为了应付考试而"死记硬背"，如 F 老师在讲"岩石与矿物"一课时，因为学生"没有亲眼见过"，也不可能"抽出一两个月的时间出去实际考察或留作暑假作业去研究"，对于这类"理解不了"但"要考试"的内容，"只能告诉学生给老师记住"，她认为"不用深入研究，知道有这么一回事儿，等他们年龄再大一点儿的时候再去研究"。

根据以上分析得出，从教材的选择和组织来看，教师们认为在教学条件允许的情况下和教师的能力范围内，教学内容应该生活化，尽量选择与学生现实生活和社会联系紧密的内容，如果现实生活中找不到贴切的例子，就借助于多媒体让学生观看视频及图片，或者是暂时"死记硬背"，放到初中后再做深入了解。总之，一方面，教师的科学教育理念有所变化，明白了小学科学教学内容应该生活化，认同"实物材料"和"动手操作"的重要作用，教学的方式不应只是"读科学""讲科学"，而应该是"做科学""理解科学"，他们已不再把教学看成是机械的程序化的过程，不再是课程计划、课程方案的执行工具；另一方面，他们虽然强调"做"的重要性，但"做"的最终目的是迫于完成"课程目标""教学任务"，对于抽象的内容以及远离学生生活实际的内容，教师们往往采取让学生"死记硬背"的方式，目的是"应付考试"，缺乏相应的教材处理技能，所以在课程实施层面依然是目标导向性的。

（2）关于课堂的组织与实施

课堂实录一：把固体放到水里　执教者：A 老师

师：这节课我们就来研究，固体放在水中的沉浮与什么有关系？

生：水的浮力。

师：刚才有位同学说跟水的浮力有关系，是不是？接下来，咱们拿橡皮泥来做个实验，看看到底跟什么有关系。你们看，把这块橡皮泥放在水中，你们猜是沉还是浮？

生：沉。

师：好，有没有不同意见？

生：会浮。

生：老师，把橡皮泥捏成碗状形态放在上面会浮。

师：咱们先解决第一个问题，咱们做一下实验，科学看的就是实验结果，对吧？

生：嗯。

师：这个橡皮泥是一团吧，我做了啊。

（教师将橡皮泥放入水中，橡皮泥下沉）

师：沉吧？你们说想办法让它浮起来，用什么办法？刚才那位同学说的。

生：捏成碗状放进去。（学生用手比划）

师：意思是捏成碗的形状放进去，这样它就能浮起来？

生：嗯。

师：来，你给我演示一下。

（教师把橡皮泥交给学生，学生操作橡皮泥，教师继续引导学生猜想，几分钟后，学生已经把橡皮泥做成碗状，交给老师，老师把橡皮泥放入水中）

师：大家看一下，浮还是沉？

生：浮。

师：我现在又有问题了。你们有没有问题？

（有学生举手，教师指了指举手的学生）

师：你有问题，你说。

生：为什么捏成团状就沉，捏成碗状就浮呢？

师：为什么呀？它的重量变轻了吗？

生：没有。

师：橡皮泥还是那块橡皮泥吧？其实重量改变没有？

生：没有。

师：所以说物体在水中的沉浮与它的重量有没有关系？

生：有／没有。

师：谁来给大家总结一下，通过刚才的实验，你明白了什么？

生：物体在水中的沉浮与它本身的重量没有关系。

在这段材料中，可以看到 A 老师使用了让学生们先猜测，后验证的教学方法，通过学生的猜测激发矛盾冲突，"把这块橡皮泥放在水中，你们猜是沉还是浮？"接着通过做实验的方式来验证猜想，符合一般的科学探究方式。但是可以看到，首先，在教学中教师不能有效地处理课堂上的"生成"。当有学生提到"固体放在水中的沉浮与浮力有关系"时，A 老师只是简单地重复了一下，没有作任何的评论就进入了她"预设"的下一个环节——将橡皮泥放入水中，这种类似的情况还发生在学生提出"把橡皮泥捏成碗状形态放在上面会浮"时，结尾作总结的时候有部分学生回答"物体在水中的沉浮与它的重量有关系"时，教师采用了暂时"跳过"或"搁置"的理答方式。其次，整个课堂是由教师主导的课堂，除了把橡皮泥捏成碗状的操作外，从材料的准备到实验的展开，以至于实验结果的得出——"物体在水中的沉浮与它的重量没有关系"也是由教师提出来的。由此可以看出，在课程实施方面，A 老师秉持的是一种忠实取向的价值观，是在执行心中预定的课程方案，当与原先"预设"方案不一致的情况发生时，教师采取"搁置"不管的方式，不能有效处理课堂上的"生成"。"生成"是课堂教学的一个重要特点，绝大部分来自于学生在课堂中的参与和行为，尤其是对教师提出的问题的反应与回答，教师如果忽视课堂教学的这一特点，是对学生不够尊重的表现，就很难实现师生间民主、平等的对话，也很难形成自由和谐的课堂氛围，进而会降低学生回答问题的热情，挫伤其学习的积极性，很难达到应有的教学效果。此外，小学科学的培养目标不仅是让学生掌握科学知识，更重要的是培养学生的核心素养，包括科学观念、科学思维、探究实践，以及态度责任，这些都需要给学生充分的自主权，通过学生的探究式学习才能实现。

课堂实录二：把液体倒进水里　执教者：Z 老师

师：同学们先思考一个问题，液体有什么样的性质？动脑筋想想。

生：会流动，没有一定的体积和面积。

师：是面积吗？好，坐下，谁再来说一下。

生：会流动，没有一定的体积和形状。

师：好，坐下，集体说。

生（齐声）：会流动，没有一定的体积和形状。

师：没有一定的体积和形状。那我们又学了有的液体比水？（看到学生没有反应，接着问）它们的重量怎么样呀？有的液体比水？比水怎么样？有的液体比水怎么样？有的液体比水怎么样？

生：有的液体比水重，有的液体比水轻。

师：好，坐下，有的液体比水重，有的液体比水轻。来，抬头，咱们这节课学习"把液体倒进水里"。下面同学们打开书，我们来看一下。把液体倒进水里，让我们来继续认识液体的性质，下面，这里有3种液体，有哪3种液体呢？

生（齐声）：食用油、水、蜂蜜。

师：好，让我们先来看书，有食用油、水、蜂蜜。同学们，我们讲固体时，大家知道有的固体浮在水上，有的固体是沉在水底。那么我们的液体也是这样的，有的液体浮在水上，有的液体沉在水下。下面，我们先来看书上有一幅图，有一种叫作鸡尾酒的饮料就是这样调制出来的，老师今天给大家做这个模拟实验的时候就用这三种液体，食用油、水和蜂蜜。那么同学们先看看书上的内容……你们想知道鸡尾酒是怎样调制出来的吗？

生（齐声）：想。

师：好，老师来给同学们演示一下……同学们看，这就是一杯漂亮的所谓的鸡尾酒，同学们先来看，下面这就是油、水、蜂蜜，中间的水老师给加了点绿色，就变成了绿色的水，那么同学们动脑筋想一想，我这三种液体倒的时候是按什么顺序走的？（同学们争先恐后回答）举手说。来，你说。

生：把重量最重的那个放到最底下。

师：哦，你觉得是这样的，你觉得哪个重哪个轻呢？

生：我觉得依次是蜂蜜、水、食用油。

师：好，坐下。有没有跟他不一样的观点？（指向另一个同学）你说。

生：先倒的蜂蜜、食用油，再倒的水。

师：你的意思是我先倒的蜂蜜，然后食用油，最后再倒的是水。倒出来就是这样的结果，对吗？（学生点头）好，坐下，还有没有其他想法？

生：先是蜂蜜，然后是油和水，这是按照黏的，嗯……

师：黏的，稠的，黏稠度不同。

生：嗯，按照黏的，稠的，完了之后就是液体。

师：跟他的意思是一样的，是吧？好，坐下。有没有不同的想法了？……好，同学们是这样猜测的。那么下面老师给同学们做一下这个实验，看看我们到底是先倒什么变成这个样子的，好不好？

生（齐声）：好。

（教师按照蜂蜜、水、食用油的顺序依次倒入瓶中，学生看到效果后拍手叫"好"）

师：这是不是就是按刚才的顺序调制出来的呀？

生：是。

师：那我能不能把这三者的顺序换一下？是不是还会是这样的结果？

生（部分）：不一定。

（接着 B 教师按照油、蜂蜜、水的顺序依次倒入瓶中）

师：好，同学们看，它们的顺序不一样，但是倒出来的结果一样吗？

生：一样。

（B 教师继续操作，先将水倒入容器中，接着拿起蜂蜜）

师：大家想想，这个蜂蜜倒进去，会在它的上面还是下面？

生（齐声）：下面。

师：你们是不是猜对了呀？

生：是。

师：是猜的还是有什么依据呢？

生：有依据。

师：好，一会儿说。来，最后倒油。是不是还是水在中间，油在上边，蜂蜜在下边呀？来，咱们比一比，看看倒的顺序不一样，效果一样吗？

生：一样。

师：好，效果一样。

这是一个验证性实验，本该通过学生自主探究式学习来完成，但是从截取的课堂实录片段可以看出，Z 老师秉持的是忠实取向的课程实施观，教学一开始，教师先把结论告诉学生——"我们的液体也是这样的，有的液体浮在水上，有的液体沉在水下"，接着从观看书上的插图开始，按部就班地按照预定的方案实施教学，实验操作由教师来实施，依然是教师主导的课堂。其次，从课堂理答来看，理答方式不正确。当学生提出液体的性质是"没有一定的面积时"，教师并没有分析学生回答错误的原因，而是继续寻找她认为的"正确答案"，一方面导致学生对于"面积""体积""形状"的概念依然模糊不清，另一方面没有给学生创造一种安全的心理氛围，容易打消学生参与课堂回答的积极性；当学生回答倒液体的顺序是按照黏稠度的不同来倒时，教师可能出于节约时间的考虑，采取了代替学生回答的方式，"黏的，稠的，黏稠度不同"，教师不等学生回答完毕就急于抢答，不利于学生语言表达能力的发展。最后，从课堂提问来看，问题表述不清晰，缺乏针对性。如在引入新课时，教师提出问题"有的液体比水？"问题模糊，导致学生不知道如何回答，降低了正确回答的可能性。此外，在整个教学过程中，教师"是不是""对不对"的问题，以及自问自答的现象比较严重，问题里暗含了答案，比如"是不是还会是这样的结果？""你们是不是猜对了呀？""是猜的还是有什么依据呢？"限制了学生的思维，不利于学生思维能力的发展。

3. 小结

对于教材的处理、选择及使用，专家型教师会分析学生的需求，再结合当地的情况为学生选择适合学习需要的有结构的实物教学材料开展科学探究实验，甚至为了科学教学需要，改编甚至自编教材，虽然从表面上看所学内容有所变动，但是从本质上锻炼了学生的科学思维，深化了学生的科学思想，同样可以达到提高学生科学素养的目的，体现了"用教材教"的思想；非专家型教师也认可"抛开书本"的重要性，以及"实物材料"在科学教学中的作用，但当遇到现实生活中不容易获得的实物材料时，不是想办法采用"替代材料"的方式来处理教材，而往往采取让学生"死记硬背"的方式，教材处理能力较弱。

在课堂教学艺术方面，专家型教师以学生为主，能够巧妙地处理课堂上的"生成"，按照学生的思路来组织教学，且能够提出有深度的问题和采用恰当的理答方式；非专家型教师的课堂常常是教师主导的课堂，不能够恰当地处理课堂上的"生成"，往往会按照"预设"的"方案"执行，在教学中提出的问题及理答方式不能有效激发学生的思考。

三、科学实践技能的差异

科学教师的科学实践技能是教师在从事科学教学过程中，所使用的与科学教学有关的一系列实际操作技能，为教师实践性知识的发展提供了技术保障，不仅包括实验操作技能及自制教具的能力，还包括将现代教学手段与科学教学相融合的能力，以及充分利用校外科技资源服务于科学教学的能力。

（一）实验操作技能及自制教具能力

小学科学课程最显著的特点是实践性，在科学教学中，实验操作技能是科学教师必须具备的技能。然而，在科学教学中，由于各种原因，往往会面临实验教具不足的问题，导致科学实验不能正常进行。为了能够帮助学生理解，更有效地向学生呈现科学现象，帮助学生掌握科学技能进而提升科学素养，教师还需具备一定的自制教具的能力。

1.专家型教师

如前所述，L老师作为多年的科学教师师资培训组的核心成员，自身所具有的熟练的实验操作技能不再赘述，下面主要介绍L老师自制教具的能力。

> 从小我就爱动脑筋，爱制作，这是我的长处，一直带到工作中，虽然学校也有不少教具，但是有时候不适用，我就经常利用业余时间自己动手制作教具。我有好多制作教具的材料，都是我自己收集的，拉开桌子抽屉，抽屉里铜丝、铁丝、铜片、铁片，各种各样的零件，杂七杂八都有，我根据自己的需要，会做好多教具，另外给孩子们提供的那些活动材料，你也得准备，饮料瓶、酸奶盒、易拉罐等，这些都搜集一盒一盒的，像矿石，有两大箱矿石，拿出来给孩子们认识，平时就积累这些材料。比如我做过一个"地球运行仪"，在全天津市第一届自制教具展览上得了一等奖，当时学生仅仅依靠书上的插图总是理解不了春夏秋冬四季的产生，我就产生了做一个地球仪的想法。我中间装一个玻璃球，刷上白广告色，里面搁一个灯泡，就代表太阳。在侧面挖了个窟窿，一束光射出来，然后用一只废三脚架做底托和支架，把玻璃球放在上面，下面做一个环形托，拖住代表太阳的玻璃球，在支架上再安装一个悬臂，这悬臂上还带着一个地球仪，地球仪能转的，里边还有小电动机带着，嗡嗡嗡能转动，用一个塑料球我画的世界地图，拿油漆画的，这个地球仪围着太阳转，一边围着太阳转，这束光还一直照着这个地球，用一个放大镜把这

个光束变成一个亮斑，照在地球上，这地球上的亮斑，由于地球是斜着身子转的，所以它就有个南北回归线来回移动，就能看出春夏秋冬的变化，然后在大厅里边，我把这仪器演示给学生看，学生站在周围能看到地球怎么围着太阳转，怎么会产生白天黑夜，怎么会产生四季。我还带领学生做过一个中国地形沙盘，利用破了的旧地球仪改造成地球内部构造模型，利用骨骼模型改装成肌肉运动模型，等等。此外，还制作过许多生物标本，如水稻、棉花、大豆等农作物种子标本，兔、松鼠、刺猬、蛇、蛙、鱼、虾等动物标本，还有干昆虫标本。在近 10 年的时间里，我自制了教具有 60 余件，解决了教学中教具不足的问题，节约了资金，方便了教学。[1]

由以上内容可以看出，L 老师不仅具有熟练的实验操作技能，还具有很强的自制实验教具的能力，"我有好多制作教具的材料""经常利用业余时间自己动手制作教具"，通过自制实验教具弥补了"教学中教具不足的问题"。

2. 非专家型教师

访谈可以了解到教师的实验操作技能和自制教具能力的水平。

F 老师：有一次我跟李老师去 X 校听实验课，其实说实在的，我们这些老师不是学这些东西的，很多时候都会出错，比如测量那个水温，它要求温度计必须空架在这个水里面，不能碰到烧杯底部和侧壁，然后观察的时候视线要与那个（刻度）齐平，这个我们当时听课的时候，X 校的老师就把那个（温度计）拿出来了，这样看，我们当时也没觉得这个有错误，后来有个物理老师说这都是错误的操作，这我们才知道。所以我觉得应该系统地学习实验操作，因为科学还是应该以实验操作为主。

J 老师：科学课与其他课相比操作多，对老师的要求，操作上是

---

[1] 路培琦，郁波 . 路培琦自然教学改革探索 [M]. 济南：山东教育出版社，1999：19-23.

必须过关的，但是现在好多科学课教师包括专职科学老师，科学这
一套操作都能真正做下来的很少。如果要进行培训，我希望多培训
一下实验操作，把所有三到六年级的操作让老师们都操作一遍，差
不多三到四天就可以吧，这也可以考核呀，看老师们过不过。另外，
好多实验器材学校里就没有，咱们只能拿身边的东西代替，可是好
多老师都没做过，也不知道该怎么做，老师们都应付不来。

在谈话中，F老师谈到在实验操作中，"很多时候都会出错""应该系统
地学习实验操作"，J老师谈道，"科学课操作多"，但是这套操作真正能做
下来的教师很少，希望有机会多进行实验操作的培训。此外，对于自制教具
的能力，J老师谈道："好多老师都没做过，也不知道该怎么做，老师们都应
付不来。"由此可以看出，教师们的实验操作技能和自制教具的能力较差，
还处在较低的水平。

3. 小结

从以上材料看出，专家型教师不仅具有熟练的实验操作技能，而且还能
根据自己的教学需要自制教具来弥补学校教学教具不足的缺陷，有助于科学
教学的顺利开展；而非专家型教师，不仅实验操作技能差，经常会出错，且
自制教具的能力也较弱，不利于科学教学的有效开展。

（二）现代教学手段的使用

小学科学课程是一门具有启蒙特点的基础性课程，小学科学课程标准要
求保护儿童的好奇心，培养儿童对科学的兴趣和求知欲，因此，如何应用现
代化教学手段来达到激发儿童学习科学的兴趣的目标就显得尤为重要。教学
手段是教师在教学过程中为了更加有效地向学生呈现信息而使用的工具、媒
体或设备。教育是受生产力发展水平所制约的，随着生产力发展水平不同，
教育水平及所使用的教学手段也不同，具体来说，经历了口头语言、文字和
书籍、印刷教材、电子视听设备和多媒体网络技术等5个阶段。而后两个阶

段因利用声、光、电等现代化科学技术来辅助教学，所以称之为现代教学手段，又称为"电化教学"。L 老师从事一线教学工作是在 20 世纪七八十年代，在那个年代网络以及多媒体还没有普及化，更没有被引入教育教学中，因此，那时的现代教学手段，主要是对幻灯投影、录音录像、电影电视等电化教学手段的使用，即电子视听设备阶段。随着网络技术及多媒体技术的发展，特别是以计算机为主的多媒体辅助设备的应用，教学手段的使用进入了多媒体网络技术阶段。根据实际情况，以下主要考察 L 老师对于电子视听设备的使用情况和一般科学教师对于多媒体网络技术的使用情况。

1. 专家型教师

L 老师：七几年的时候，那个时候大搞幻灯教学，我会经常使用电化教学手段来辅助教学，讲"龟、鳖和蛇"一课时，会放映《蛇岛的秘密》片段，给学生演示蛇的爬行、蜕皮、产卵、孵化成小蛇从壳里爬出来的过程；讲"青蛙"一课时，给学生放映《青蛙》的电影，让学生看到青蛙是如何跳起来用长舌头舔食昆虫的；在讲"太阳和太阳系"时，给学生放映科教电影，让学生对整个太阳系有了一个立体的空间的感受。这些无法直接观察到的情形，我都用播放电影的手段给学生展示，使学生印象深刻，提高了课堂教学效果。我还借助于投影器件进行教学，那时候课堂主要以演示实验为主，为了方便学生观察，我在讲溶解时，把培养皿放在投影仪上，里面放一些水，然后放几粒高锰酸钾，学生很容易就能看到高锰酸钾在水中溶解的过程[1]……我还自制幻灯机。在 70 年代中期，那个时候大搞幻灯教学，可是投影仪买不到怎么办，我就自制幻灯片、投影仪，我到上海去买灯泡、放大镜、反光镜、聚光镜和电风扇，然后回来用铁皮箱子，自己做，很快我们学校就变成每个教室一台，成为了天津市最早使用电化教学手段的学校之一。

---

[1] 路培琦，郁波．路培琦自然教学改革探索 [M]．济南：山东教育出版社，1999：16.

由上述材料可知，在多媒体计算机还尚未应用到教育教学中，以幻灯、投影为主要教学手段的年代，L老师已经走在了电化教学手段使用的前端，能够很好地将这些现代化教学手段融合到科学课堂教学中，为我所用。可见，L老师已具备较强的现代教学手段操作能力及融合能力。

2. 非专家型教师

D老师：我们学校好多科学老师是由老老师担任的，正规大学毕业的没几个，对于多媒体的东西不太会用，用多媒体也就仅限于演示视频、图片，而且有时候我觉得不见得用多媒体就一定好。孩子们的注意力是有限的，就在那20分钟，你让他看完了，新鲜了，今天学了啥知识了，不知道，他就看见个新鲜，还不如直接让他们读书呢。对于我来说，就是看完了之后，把书上的东西给我记住，如果我这节课本来是需要两课时，但是换作用多媒体，我觉得我最少得用3课时，会多出1课时来，学生就掌握不了。用多媒体，老师是省劲了，但孩子们接受不了。

B老师：在科学教学中，一般就是使用信息技术下载一段视频资料，让孩子们看一看，教材里面本身就带了一套相关的配套资源，那个资源比较丰富，可以帮助我们教学，比如讲肌肉、骨骼，主要是通过多媒体把这些资源向学生演示一下。但是好多情况下你只能用人家这些东西，相对来讲内容还不是特别地丰富。如果通过从网上下载来增加一些资源，会存在这样一个问题，人家的资源比较系统，你缺的非常小的一点东西，你找的那点东西就插不进里面去，要是想把人家的资源和自己查找的资料综合整理一下完全变成自己的东西，自己操作不了，但是要把这些补充性的东西单独放在后面再讲，就有点画蛇添足的感觉，效果也不是特别好，跟人家原来的贴得不是特别紧。

C老师：听人家专家的课，用的都是现代教学手段，导课导得特别好，备课就备得很好，各个环节想得特别周到，用现代的技术配音，感受大自然的声音，各个方面挺好的。还有人家本身老师的素质也挺高的。模仿只能模仿人家那个教学环节，但模仿不了手段，如利用什么方式引入教学，通过什么得出什么样的结论。有一次听"声音是因物体震动而产生的"这样一节课，人家那个老师就是利用声、光、电，演绎出了声音的美妙。比如一听到呼呼的风声，是空气在震动，听到哗哗的流水声，是水在震动，然后就说你想聆听大自然的声音吗，就说出了鸟的叫声。但是让我做，我不会做。

随着网络技术和多媒体技术的发展，多媒体计算机步入了学校，走进了课堂，成为课堂教学的重要辅助手段。在访谈中了解到教师用多媒体仅限于演示材料，现代教学手段与科学教学的融合能力较弱。D老师提到，由于"好多科学老师是由老老师担任的，正规大学毕业的没几个"，多媒体计算机很少用甚至不用，用多媒体计算机，教师省劲，但是费时，且教学效果不好；B老师谈到教材里就有配套的多媒体资源，运用这些多媒体教学资源做课堂演示可以辅助教学，但是"也只能用人家这些东西"，如果在教学中把自己查的资料整合进去，"自己操作不了"，反而有"画蛇添足"的感觉；C老师谈到他很认同现代教学手段对课堂教学的辅助作用，通过使用现代教学手段，"演绎出了声音的美妙"，"各个方面挺好的"，但也坦言自己"模仿不了""不会做"。

3. 小结

从以上材料可以看出，在现代教学手段的使用方面，专家型教师能够将多种教学手段融合到自己的科学教学中，而非专家型教师在这方面能力较差，不能将信息技术有效地融合到科学教学中。

（三）利用校外科技资源的能力

小学科学课程的实践性要求教师应该能够为学生创造良好的条件和环境，让学生在熟悉的生活情境中通过亲身经历和动手动脑的活动来感受科学；

小学科学课程的开放性提出科学课程资源广泛存在于学校内外的各种组织和机构、家庭、自然环境，以及网络空间中，要求教师要善于发现并利用各种资源，丰富学生科学学习的环境。对此，小学科学教师应该具有积极争取校外科技资源为小学科学教学服务的能力，在服务学生的同时，也提高了自己。在调查中了解到的情况如下。

1. 专家型教师

　　L老师：我在从事小学科学工作时，争取到了很多资源，有时候会把这些资源带到学校，有时还会带学生去现场。比如从家长医生那里借心脏标本来帮助学生学习血液循环系统，从地矿研究院借矿石标本帮助学生理解岩石、矿物，我曾经还把天文台的大天文望远镜借来使用，让学生观察星星月亮。此外，我还带着学生去科技馆、去博物馆。还有好多好多，那些单位都会配合我，学校领导也支持我……我还联系周围的农场、工厂、科技馆等，我以前帮助过他们，跟他们都很熟，打个招呼，带学生就去了。这些都让我有材料可以去研究，有实物去教学。

　　从材料中可以看出，L老师不仅能熟练使用校内资源，而且在校内资源不足的情况下，善于与家长和社会企事业单位联系，利用校外科技资源来弥补校内资源的不足。

2. 非专家型教师

　　D老师：讲"岩石与矿物"这一课，我没见过实物，也分不清楚，学生更没见过，所以我们只能让孩子们看图，告诉孩子们这就是砂岩，这就是砾岩，让他们记住，因为考试要考的。

　　F老师：不可能带学生出去，现在不是特别强调学生安全问题吗？学生出事了，谁来负责？所以，为了安全起见，就管不了那么多了，只能在学校里、教室里学习。也不可能邀请校外的科技专家来给学生讲，偶尔也会从家长那里借一些材料，但很少，一来是因为科学课程时间太少，一周只有两节课，每节课只有40分钟，除去处理作业的时间，课堂上就剩二十几分钟了，时间太紧张，顾不上倒腾那些东西，没有时间搞那么多花样；再一个是因为我们也没有那些资源，自己也没有那个能力。

　　C老师：一般情况，我们就会利用现成的、方便得到的材料给学生上课，至于那些高级的仪器，很少用，也不知道从什么地方可以借到，老师们没有那个途径。即使借来了，可能也不知道怎么用。现在的老师们，能按照课标把课上好，已经不错了。

　　从材料中看出，与L老师相比较，一般科学教师利用校外科技资源的能力比较弱，一方面考虑到了"安全"问题，另一方面"自己也没有那个能力"，只能根据现有的材料进行课堂教学，甚至在找不到合适材料的情况下，采取看图或"死记硬背"的方式："只能让孩子们看图，告诉孩子们这就是砂岩，这就是砾岩，让他们记住，因为考试要考的。"

3. 小结

在利用校外科技资源的技能和能力方面，专家型教师发挥自己的社交优势，尽一切努力争取校外资源的合作，而非专家型教师在这方面能力较差，只能"顺其自然"，不善于充分利用校内外资源。

第二节 小学科学教师实践性知识发展的问题

表 3-3 小学科学专家型教师和非专家型教师实践性知识比较一览表

知识类型			专家型教师	非专家型教师
科学专业信念	科学教育		科学教育应该从问题入手,培养学生发现和解决问题的能力,应注重学生动手能力的培养。但是动手之前要先动脑,通过动脑来理解科学的本质,注重学生科学思维的培养和科学素养的提高。	科学教育应该从问题入手,培养学生发现和解决问题的能力,应注重学生动手能力的培养。但动手的目的是更好地掌握知识,注重知识的掌握。
	差生		科学课上不动手、不动脑的学生	科学课上不动手、不动脑的学生
	教师角色		引导者、参与者	引导者、参与者
	师生关系		和谐—共生	和谐—共生
科学专业知识	科学学科知识	内容知识	具有深入和丰富的学科内容知识	对于通识层次知识的掌握情况较好,但是对于深层次的知识,存在许多错误的认识。
		科学本质	现代科学本质观和传统科学本质观并存,能够有意识地将科学本质渗透到学科教学中。	现代科学本质观和传统科学本质观并存,科学本质渗透意识较弱。
	科学教学知识		根据当时当地的情况改编或自编教材,体现了"用教材教"的思想	按照教材呈现顺序进行教学,是在"教教材"
			给学生提供有结构的实物材料辅助教学	依据教材教参的要求提供教学材料
			学生为主体,按照学生思路组织教学,善于发现课堂教学中的矛盾性,在教学中可以提出深层次的有价值的问题并采用恰当的理答方式。	教师主导课堂,依据"教案"按部就班地组织教学,注重课堂教学的流畅性,在课堂教学中提出的问题较简单,不能有效激发学生的思维,对学生的错误答案常常会采取搁置甚至忽略的方式。
科学专业技能	实验操作技能		具有熟练的实验操作技能	对实验操作技能掌握情况较差,常常会出错。
	自制教具的能力		根据自己的教学需要自制教具来弥补学校教学教具不足的缺陷	自制教具的能力欠缺
	现代教学手段的使用		能够将多种教学手段有效融合到自己的科学教学中	认为是累赘,费时费力,融合能力较差
	校外科技资源的利用		能够充分利用校外科技资源	争取校外科技资源的能力欠缺

从表 3-3 可以看出，非专家型教师的实践性知识存在以下问题。

一、科学专业信念不稳定

科学专业信念是科学教师对科学教育教学实践的认识和理解，为科学教师实践性知识的发展奠定了思想基石，提供了发展方向。由调查材料可知，与专家型教师相比较，非专家型教师虽然具有了基本的科学专业信念，但是表现出极不稳定的状态，具体体现为科学教学中使用理论与信奉理论存在一定的差距。"信奉理论"和"使用理论"是"行动理论"的两个分支，是美国学者克里斯·阿吉里斯 (Chris Argyris) 和唐纳德·舍恩在 1974 年提出来的，该理论指出：信奉理论指行动者口中所宣称的自己所要遵循的思想、理念，与信念、价值观相关联，在与人的交谈过程中体现出来；使用理论指行动者在具体实践中所使用的理论，存在于一个人的具体行动中，因此，只有通过观察人们的实际行动才能够推断出来。[1] 在教师教学中，直接支配教师教学行为的不是"信奉理论"，而是"使用理论"。"使用理论"是在"信奉理论"的基础上，在一定社会背景、历史文化、生活经验的影响下，结合当下的实践而形成的，是教师"信奉理论"的个性化，一旦形成，将很难发生改变，具有潜隐性，存在于教师的潜意识中，虽无法用语言清晰表达，但却不自觉地影响着教师的行为，主要以教师个人实践性知识的形式表现出来。

由前述分析可知，非专家型教师所信奉的理论为：小学科学教学应该从"问题入手"，注重学生"动手能力"的培养，小学科学教师在教学中应当充当"引导者、朋友"的角色，师生之间是一种"和谐—共生"的关系。然而，通过后期的进一步访谈和课堂观察，实际情况并非如此。比如在对小学科学教育的理解上，虽然认为科学教育应该通过让学生"动手摸一摸"来"提升科学学习兴趣"，但在实际教学中，遇到学生理解不了的内容时，会采取"死

---

[1] C.Argyris,D.Schon.Theory in Practice: Increasing Professional Effectiveness[M]. San Francisco: Josscy Bass,1974: 19.

记硬背"的方式，评价一节课成功与否的标准是"操作过程、操作步骤、操作得出的结论都能按照自己预想的情况进行"。在具体的课堂教学中，可以看到依然采用的是教师主导型的课堂，学生处于被动接受的地位，师生之间依然是一种"知识授受"的关系。这些都反映了小学科学教师所信奉的实践性知识和所使用的实践性知识之间存在一定的差距。

因此，在关注小学科学教师的专业信念时，不仅应了解教师所信奉的理论，更应关注隐藏在科学教师教学行为背后所使用的理论，使小学科学教师的"使用理论"向"信奉理论"靠拢以至于使"信奉理论"转化为"使用理论"。

二、科学专业知识结构不完善

科学教师的专业知识是科学教师在科学教育教学实践活动中所使用到的知识的总和，渗透在科学教育实践活动中，是科学教育实践活动得以顺利展开的基础，为教师实践性知识的发展提供了智力支持。从调查资料来看，与专家型教师相比较，非专家型教师所具有的科学专业知识结构不够完善，具体表现为科学学科知识理解的浅层化和科学教学知识的欠缺。

在科学学科知识层面，非专家型教师对于知识的理解不够深入，知识面窄，对于深层次的、扩展的及学科内部和学科间相互联系的知识掌握情况较差，没有形成系统完整的学科知识体系。如上文提到的轮轴的原理、岩石和矿物等知识的掌握。在具体的科学专业知识学习中，教师偏重知识的数量而非知识的质量与结构，偏重科学内容知识的掌握而非蕴含的思想，即对科学本质的理解不足。

在科学教学知识层面，非专家型教师在教学材料的处理、课堂突发情况的灵活应对及课堂的提问和理答等方面的技术有待进一步提升。具体表现为非专家型教师虽然赞同"教学要与学生的生活实际相联系"，但对于找不到实物或者远离生活实际的教学内容，不是尽量想办法自制材料或者寻找替代材料，而是采取通过"死记硬背"的方式来"应付考试"；教学中采用的是课程实施的"忠实"取向，依据课标、教材及考试将教学简化为固定的程序，按部就班地开展教学，缺乏灵活性与创新性；当遇到与原先的"方案"不一致时，往往会采用暂时"跳过"或"搁置"的理答方式，不利于学生学习兴趣的激发及科学创新思维的培养。

小学科学教师的专业知识涉及科学教师教学的内容和形式，在教师既不懂得"教什么"，更不知道"如何教"的情况下，教师实践性知识的发展就成为一句空话，这是科学教师培养和培训应该极其重视的问题。在今后的教师培训工作中，不仅应该通过各种形式的培训充实、丰富科学教师的科学内容知识，更应该在科学本质观的渗透、科学教学知识的提升上多下功夫。

三、科学实践技能相对薄弱

科学教师的实践操作技能是科学教师在从事科学教育活动中应掌握的与科学教学有关的一系列实际操作技能，为教师实践性知识的发展提供了技术保障，是教师实践性知识发展的催化剂。

从调查资料来看，与专家型教师相比较，非专家型教师的科学实践技能相对薄弱，具体表现在：第一，对于一般实验操作技能的掌握还不够熟练，如文中提到的科学教师在测水温的过程中，错误地将温度计拿出水面读取温度，且在场的大部分教师没有意识到这是一个错误的操作；第二，缺乏自制教具的技能，如当学校没有具备与教材相匹配的教学材料或实验设备时，虽然也想过拿身边的东西代替，但"不知道怎么做，应付不来"；第三，将信息技术融合到科学教学中的能力不高，如虽然认同多媒体教学手段在科学教学中的辅助作用，但也承认自己在技术融合能力方面的不足，只能简单地模仿"形式"；第四，还表现在非专家型教师争取与校外资源合作的意识薄弱，能力欠缺，如在访谈中了解到学校基于安全问题的考虑不让外出，教师也没有联系校外科技资源的能力。

小学科学课程标准提出要培养学生的科学探究能力,而科学探究能力的培养需要通过学生的"探究实践"来实现,基于科学课程实践性的特点,学生探究能力的培养必然要求科学教师应该具备较强的动手实践能力与实验设计能力,小学科学教师科学实践技能薄弱不仅影响科学教学质量,而且影响教师实践性知识的提升。对此,应该加强教师专业实践技能的培训,不仅要教会教师做实验,还要教教师们设计实验并根据实验需求自制实验材料,能够依据科学课程提出的学生探究式学习的特点,合理地选择与修改多媒体材料来辅助科学教学。

综上所述,科学教师的科学专业信念、科学专业知识及科学实践技能共同构成了科学教师实践性知识发展的基础,科学专业信念不稳定、科学专业知识不完善及科学实践技能薄弱必然阻碍科学教师实践性知识的提升,而以上问题的改善不仅需要开展形式多样、内容丰富的职前、职后培训,更为重要的是应该为科学教师创设优良的发展环境并激励科学教师自我努力,提升其自主发展的意识。

第四章　专家型科学教师实践性知识的发展

从事小学科学教学活动是小学科学教师的专业实践工作，需要运用自身所具有的实践性知识，教师实践性知识产生于教师的专业实践，并最终作用于专业实践。其产生和发展是一个动态的、连续性的过程，是教师的专业信念、专业知识、专业实践技能等各方面逐渐得到发展的过程，与教师的生活经历和专业生涯密切相关。其在时间维度上表现为个体知识技能的不断累积和增长，呈现出阶段特征；在空间维度上表现为教师个体通过与其他教育主体间不断拓展合作关系而得到共同发展，教师个体及其他教育主体共同影响着教师实践性知识的发展。

本章运用质的研究方法，从专家型教师 L 老师的亲身经历出发，深入专家型教师的生活，采用深度访谈、实物收集的方法，揭示专家型教师实践性知识形成与发展的过程，为探讨科学教师实践性知识的发展模型和改善机制提供依据。

第一节　专家型科学教师实践性知识发展的层次分析

　　教师所拥有的实践性知识来自教师自身教学经验的积累，是在后天长期的教育实践和具体的教学环境中，经过磨炼与感悟而逐渐形成并发展的。在不同时期，教师所处的教育环境不同，所面临的教育实践问题也会有所变化，在不断应对各种教育问题的过程中会对教育教学活动生发出不同的感悟，从而生成了不同的实践性知识。根据皮亚杰的发展观，科学教师实践性知识的形成和发展是其不断通过与环境相互作用而积极进行自我建构的结果，是一个从量变积累发展到质变的过程，必然具有层次性。

一、科学教师实践性知识发展的阶段

　　L 老师从懵懵懂懂的师范生到自成体系的教育家，大体经历了朦胧感知、遭遇挫折、拜师模仿、独立探索、发展成熟、教学升华这六个阶段，每个阶段又呈现出各自不同的发展特点，这是一个漫长而又循序渐进的过程，对一名教师而言，既是专业成长、教学逐步走向成熟的过程，又是收获快乐、享受升华、自我实现的过程。

（一）朦胧感知

读师范

　　上师范肯定要当老师了，但是读师范之前不是很清楚，上了师范后进行了各项专业教育，逐渐对教师的工作就有所认识了，立志要做一名合格的老师，所以努力学习科学文化知识，功课学得也不错，还当上了学习委员等班干部，通过师范教育，对教师这个工作有了初步的认识。

　　我们在上中师的时候，不分专业，什么都学，语文、数学、教育学、心理学、学科教学法、数学教学法、语文教学法，包括自然科学教学法，这些科目都学。在上学期间还进行模拟教学，教学技能不太熟练，总是放不开，感觉准备得很充足，但有时还是会出错。后来学校还组织了教学实习，在实习的时候，也是各种科目都得讲，会让我们听课、备课、讲课、和学生一起活动。在这个过程中，会有指导老师给指导，指导老师在后面听，你在前面讲，你讲完后会给你评课、指导，评实习的等级，会说存在哪些问题。我们当时是有任务的，都要规定教多少节课。

　　从 L 老师的谈话中可以看出，在接受师范教育期间，L 老师有了较明确的教师职业定位和朴素的教育信念，经历了教师教学的完整程序——"听课、备课、讲课、和学生一起活动"，对"教师"的工作有了初步的认识——"读师范之前，不是很清楚"，在"上了师范后""立志要做一名合格的教师""通过师范教育，对教师这个工作有了初步的认识"。但因为"不分专业，什么都学"，所以对于科学教育还没有形成专业的信念；在知识方面，中师阶段所接触的与科学教学相关的内容较少，仅仅是"自然科学教学法"少量内容的学习，所以，这个时期，L 老师所具有的科学专业知识依然是零散的科学知识、实践操作技能和粗浅的科学教学知识；在面对实际教学时，"教学技能不太熟练"。

这一阶段是教师职前师范教育阶段，是教师为未来做准备的时期。师范学校是以培养教师为宗旨的学校，师范专业的选择，意味着对于教师职业的选择。在这一时期，他们已经初步确定了自己的职业发展方向——教师，并为之从情感、知识和技能等方面做相应的准备工作。他们会接受系统的专业训练以及短期的见习、实习，对教育教学以及教师的工作有了较深入的了解，具备了一般的教育信念。在专业方面，我国长期以来师范教育阶段一直没有开设专门的小学科学教育专业或方向，导致大部分小学科学教师由高师院校其他非科学专业或中师院校综合类专业的毕业生转变而来，所以，师范教育阶段的教师还没有明确的学科定位。他们缺乏科学专业的训练及对科学课程情感的培养，对科学及科学教育的认识虽然有一些自己的认识和想法，但由于没有相应的专业定向，所以也只有粗浅的认识，具有的科学专业知识和专业实践技能缺乏系统性，面对实践时，不能即时提取出自己的实践性知识，解决问题的能力相对较弱，形成的是一些零散而又不稳定的科学专业实践性知识。在这一时期，教师实践性知识的发展虽然缓慢，但在逐步前进，因此，这个阶段是教师实践性知识发展的起点。

（二）遭遇挫折

入职

师范学校毕业以后，就是刚开始工作的时候，遇到一个波折。由于对老师的工作并不熟悉，感觉自己根本不会教。当时让我教的语文，兼任班主任，乱，感觉学生特别不好教，学生不听话，老起哄，压不住他们，心里很着急。我当时心里想，看来我不是当老师的材料，干脆回老家种地去算了。

就是说，你知识有一大堆，但玩不转这帮孩子，他们根本就不听你指挥。你没有办法吸引这些孩子们的注意力，你就教不好课。你别看是师范大学毕业，一到课堂上照样乱，照样不会教。但可能有的老师驾驭课堂的能力比较强，起码乱不至于乱到哪里去。新老师都得经历这个阶段，由不熟悉到熟悉，由不会到会，由生搬硬套好歹把课上下来，到逐渐把课上得比较圆满、比较熟、比较成功，都会有这样一个发展阶段，这个阶段必须要经过。

L 老师谈到，在入职初期，由于所学的知识、经验、技能有限——"对教师工作的不熟悉"，在教学中遭遇到强烈的"现实冲击"，发现实际教学状况和中师阶段所学的教育理论及其以前自己的所思所想有很大差距，学生并没有想象中那样的积极配合——"乱""不好教"，而且还经常会伴有不和谐或难以处理的突发情况发生——"不听话""老起哄"，虽然"心里很着急"，但是"压不住他们"，使 L 老师在教学中缺乏胜任感，从而产生巨大的压力与焦虑感、挫败感，甚至否定自己——"看来我不是当老师的材料，干脆回老家种地去算了"。L 老师在谈话中还进一步提到，即使"你知识有一大堆""师范大学毕业"，"一到课堂上照样乱，照样不会教"，每个老师"都会经历这样一个发展阶段"，"由不熟悉到熟悉，由不会到会"。

从 L 老师的谈话中不难得知，对于新入职的教师，在教育信念方面，其认识依然比较宏观、抽象；在学科内容知识方面，他们刚刚结束在师范学校的理论学习，踏上教育实践岗位，面临从学生到教师角色的过渡，由远观到自己亲身实践，虽然具备一定的科学文化知识，但是由于没有经过系统的训练，还没有形成完整的学科知识结构；在学科教学知识方面，由于对教学内容尚不熟悉，对教材及教参的依赖性较大，精力过多地集中在对教学内容的熟悉及基本教学流程的掌控上，教材处理方式单一，教学方法单调，且缺少对整个课程性质的宏观审视和掌控，缺乏课堂驾驭能力及监控调动学生的能力。

在这一阶段，教师主要凭借以往的经验和师范学校的所学开展教学，不论是一般实践性知识还是专业实践性知识均处于较低水平，但是这一时期的教师由于刚刚入职，精力旺盛，对一切都充满好奇，所以往往具有强烈的学习意识和反思意识，在工作压力的驱动下会激发他们成长的欲望来提高和改善自身的实践性知识。因此，在这一阶段，教师的一般实践性知识会在数量上日益增多，质量上不断完善。

（三）拜师模仿

拜师

在工作三四年之后，我们那儿有一个教自然课的老教师，叫刘培贞，因为他马上就要退休了，要找年轻的徒弟，后来校领导就找我谈话了，问我喜欢教自然课吗，我说喜欢，就把我调去教自然了，我就拜刘老师为师，跟着他教自然，听他的课，跟着他搞实验，做教具，听完了之后我会进行反思，心想：哦，原来自然课是这么教的。

此外，还有我们当时的辅导员，后来当了校长，又做了局长，他当时也经常指导我，手把手地教我，给我讲如何组织学生，如何进行教学，慢慢地在他的引导下，才过了这个辅导关。也就是说，三四年之后才知道怎么教学生，怎么给学生上课。有那么几年的过渡期，基本就是这样，从刚开始的时候不会教、学生不听话到慢慢熟悉教学业务，慢慢走入正轨，知道怎么教课，知道怎么辅导孩子以至于后来学生愿意听我上课，喜欢上我的课，是一个由不会到会的成长。我很喜欢上自然课，当时我就想尽办法得让学生爱听我的课，做教具，搞演示实验，那时候我挺卖力气的，后来教得挺好，以至于学生一听说我要上课，只要我往门口一站，学生热烈鼓掌，欢迎我去上课。

L老师在"工作三四年之后",一个偶然的机会,由于"教自然课的老教师"即将"退休",L老师进入了拜师模仿阶段,同时也开启了他的自然科学教学生涯,这个阶段是L老师专业定向的阶段。在此期间,L老师的启蒙教师主要有两位,一位是即将退休的自然课老教师刘培贞,在刘老师身上,他学会了如何"教自然",如何"搞实验",如何"做教具";另一位是"当时的辅导员",后来的"校长""局长",教他如何"组织教学"。L老师通过这两位"师傅"的"指导",再加上自己的"反思",才学会"怎么教学生""怎么给学生上课",实现了由原来的"不会教"到"知道怎么教课",以至于后来会"做教具""搞演示实验",最后"学生愿意听我上课,喜欢上我的课。"

通过L老师的经历可以看出,在新任教师入职之后,学校为了教师的成长和学校自身的发展,会为新任教师配备知识渊博且经验丰富的老教师作为"师傅"来指导新任教师的教学,新任教师为了提高自己的教学能力,尽快使自己胜任教师的工作,也会从套用优秀教师的教学模式开始,通过主动模仿自己所敬佩的教师的教学方式、方法来实施教学活动,许多新教师是在老教师"传帮带"的培养中逐渐成长起来的。通过老教师的"传帮带",新任教师的科学专业信念有所提高,科学专业知识及科学专业技能都得到了较快的增长,进而使实践性知识特别是科学教学实践性知识得到了迅速的提高。

在这一阶段,新任教师以"徒弟"的身份向老教师学习课堂教学技能、班级管理方式及偶发事件处理办法等,老教师则以"师傅"的身份采用言传身教的方式将自己多年积淀的宝贵经验传授给"徒弟",帮助新教师尽快掌握专业知识和学科教学技能。从教师发展来看,此阶段的教师对于实践性知识的习得主要以形式化模仿为主,对他人的实践方式不加分析地照搬,缺乏对教学实践背后的原因和理念的分析,形成的关于"怎么做"的实践性知识也极不稳定。但是,模仿是必经的阶段,是教师实践性知识形成的关键时期,只有经过一段时间的教学模仿,得到好"师傅"的精心指导之后,新教师才会对教学要求以及基本的教学方式方法由陌生变得熟悉,从而克服入职之初的压力感、焦虑感、挫败感,才会对自己所教学科形成坚定的教育教学信念,掌握较为系统的专业知识和熟练的专业技能技巧，从而形成结构合理、内容完善的专业实践性知识。在这个阶段，新教师由于受到了专业教师的指导，对自己未来的职业发展有了明确方向，因此这个阶段是教师实践性知识发展突飞猛进的时期。

（四）独立探索

新任教师经过一段时间的模仿学习之后，对于所教学科的课程目标、学科内容、教学方式及技巧等方面都有了较为完整的认识，实践性知识有了大幅度的提高，他们开始逐步摆脱他人的教学方式以及对教材、教参和固有教学模式的依赖，利用自身的优势及所拥有的实践性知识来独立处理学生日常教育教学实践中的问题，教学的主观能动性日益增强。

对于主观能动性较强的小学科学教师而言，经过拜师学习后，随着对于小学科学教育目标、教学内容及科学实验操作技能的熟悉与掌握，逐渐产生了对小学科学教育浓厚的情感并最终爱上小学科学教育，他们开始根据自己的优势来寻求既适合自己又利于学生兴趣培养、潜能激发的教学方式方法，在寻找探索的过程中，促进自己实践性知识的改善和发展。

1.组建课外科技活动

L老师是一位"科技迷"，具有很强的动手操作能力。对此，他根据自身的优势在学校组建了各种课外科技活动并积极参与其中，包括无线电小组、飞机模型小组、生物饲养小组、天文气象小组等，不仅培养了学生学习科学的兴趣，提高了学生"做科学"的能力，又将自己之前所拥有的知识、经验运用到科技活动的组建与操作中，丰富了自己的科学内容知识和科学教学知识，提高了自己的专业实践技能，这是一个与学生"同学习，共成长"的过程。

1960年师范毕业后被分配到市师二附小（现改为二师附小）工作，开始教语文、数学，后来校长见我喜欢自然科学就让我教自然，拜老教师刘培贞为师。那时学校很重视学生科技活动，我先后组织了无线电小组、飞机模型小组、生物饲养小组、天文气象小组等，使孩子们的兴趣爱好获得充分发展。

①无线电小组

在课堂教学中我有意识地加大无线电基础知识的教学比重，并以自己少年时的无线电活动为例，启发学生热爱无线电活动。学生自愿报名，组成无线电小组。我为他们统一购买无线电零件，教他们学会看各种电路符号、电路图，教他们如何用电烙铁焊接无线电元件，直至每个小组成员都能安装好一架半导体单管收音机。其中有几个学生对无线电特别感兴趣，我就教他们装复式收音机，后来这些孩子都有了很好的发展。

② 飞机模型小组

我组织全校同学做弹射式模型飞机比赛，选拔优秀者参加区级和市级比赛，获得第一名的好成绩。我的飞机模型小组里有一对孪生兄弟，后来成为天津市航模队的专业运动员。我把他们请回学校为全校师生进行了无线操纵模型飞机表演，我还组织了飞机模型爱好者到民园体育场观看了天津市国际航空节的表演。航空节上有政府队跳伞运动员的跳伞表演、各种模型飞机表演、外国运动员的无线电遥控直升飞机模型表演、无线电赛车表演和航空航海模型器材展览，真是大开了眼界！

③生物饲养小组

在二师附小校园的一角，我和小组同学自己动手修建了动物饲养棚，和水泥、砌砖头、电焊铁梁和钢板网。忙了两个多星期的课余时间，终于把饲养棚搭好。我们养了白兔、豚鼠，还从养鸡场买来良种小鸡喂养。饲养小组的同学们每天放学后和我去菜市场捡菜叶、白菜帮，到豆腐房去要豆腐渣，每天轮流值班打扫卫生，喂食、换水。孩子们能看到大白兔在生小白兔之前怎样挖洞、叼草，拔自己身上的毛垫窝，刚出生的小白兔没有毛，肉红色的，不睁眼，吃妈妈的奶，过了两个星期后才出窝到外面活动。大白兔和豚鼠都是蹲着给小仔们喂奶，他们发现课本上大白兔喂奶的插图画错了，不应该躺着喂奶。

④ 天文气象小组

我校购置了天文望远镜和全套气象仪器。于是我在教学楼南平台建起了天文气象园地，小组成员 15 名，设组长 1 名，每天 2 人值班，每周 7 天，共 14 人。我教会他们如何使用和保护这些气象仪器，怎样观测最低最高气温，怎样观测风向风力，怎样观测气压计、湿度计，等等，做好每天的观测记录。我曾带领他们多次到天津市气象台参观，学习专业知识和技术，每天公布当天的天气情况，指导全校同学记天气日记。他们所绘制的天津市 1983 年和 1984 年气温变化统计图 4 米多长，并做了两年气温变化对比研究。

这一段时期，我在做好日常教学工作的基础上，将大量精力放在科技活动辅导方面。因为发展学生兴趣爱好，能给部分有突出表现的学生创造条件，使他们得到更多的发展。[1]

2. 采用电化教学手段辅助教学

除组建课外科技活动外，L 老师凭借自己动手能力强的优点以及对电学的爱好，还经常运用电化教学手段来辅助教学，不仅使科学课堂变得生动有趣，给学生以真实的感受，加深了学生的印象，也提升了自己运用电化教学手段实施科学教学的能力。

20 世纪 70 年代中期，我们搞起了电化教学，由于我的知识面广，又喜欢电学，动手能力强，我成了电化教学的主力。

我用双镜头幻灯演示其他活动的画面。如自然课讲"视觉暂留"，画两张天鹅的分刻片，一只翅膀向上，一只翅膀向下，分别放在两

[1] 路培琦, 郁波. 路培琦自然教学改革探索 [M]. 济南: 山东教育出版社, 1999: 7-13.

台幻灯机上，让两台幻灯机投射的天鹅图形在屏幕上重合。用一只双刀双开关控制，使一台幻灯机开，另一台幻灯机关，然后轮流倒换，屏幕上的天鹅便成了翅膀上下煽动的飞翔姿态，给学生讲"视觉暂留"的现象非常生动、形象，学生很快就能理解。

　　利用电影辅助教学也是我在电化教学中的一个成果。我校有 8.75 毫米电影放映机 2 台，16 毫米电影放映机 2 台及全套放映辅助设备。为配合教学我经常到市电影公司租用科教电影片给学生放映，最受学生的欢迎。在自然课上有时也插入电影手段（那时还没有录像机）。如讲"物质的秘密"，分子原子等概念对于小学生来说难以理解。我就放映一段科教电影，以动画的手法讲物质都是由分子构成，分子是由原子构成的，两个氧原子（白色小球）和一个碳原子（黑色小球）组成二氧化碳分子；两个氢原子（灰色小球）和一个氧原子组成水的分子。以动画的手法演示了原子核分裂放出巨大的能量，这就是原子能。虽然小学阶段学生对这些内容不会完全理解，但运用电影手段可以使学生从感性认识上扩展知识面，能有一个粗浅的认识，从而能很好地完成教学任务。

　　讲"龟、鳖、蛇"一课时，我放映了一小段"蛇岛的秘密"片段，其中有蛇的爬行、蛇蜕皮和产卵、卵孵化成小蛇从壳里爬出来等情形。这些学生难以直接观察的情形，用电影手段再现出来，给学生真实的感受，提高了课堂教学效果。

　　投影器件的开发是我 70 年代末期开始的，那时的教学以教师演示实验为主，还没怎么提倡分组实验。讲溶解时，我把培养皿放在投影仪上，里面放一些水，然后放几粒高锰酸钾，学生就会看到高锰酸钾在水中溶解的过程。

　　讲"声音的传播"时，我做了一个四方盒，底是玻璃片，在盒的一角焊上一段马口铁条，顶端焊一个螺丝，盒里放水，把它放在投影仪上，用手拨一下马口铁条，这个小螺丝上下颤动打击水面，产生一圈一圈的涟漪，以此模拟声音像水波那样从中心向四周以波的形式传播开去。这样借助于水波理解不可见的声音，使学生产生深刻的印象。[1]

3. 自制教具

L 老师还自己动手制作教具，通过将自己制作的教具运用在科学教学及其他学科教学中，既弥补了学校科学教学用具的不足，也提高了自己的科学实践操作技能。

> 由于我有动手制作方面的爱好，在自制教具方面也下了许多功夫。学校里配备的教具不算少，但有时也不很适用，有些教学内容没有教具。我就利用业余时间自己动手制作教具，使我的教学更受学生的欢迎，更能帮助学生理解科学知识。
>
> 我曾经带领学生做了一个中国地形沙盘，用废大仿纸沤成纸浆，和上石膏，塑出我国的山脉、高原、丘陵、盆地、平原、海洋。教学时让学生围在大沙盘四周俯瞰祖国大好河山，那心情、那情境远比用地图讲好得多。
>
> 我利用一只破了的旧地球仪改制成地球内部构造模型，把破了的部分切去球体的 1/8，用卡片纸剪成 3 个直角扇形，用胶粘在剪去的 1/8 球体处，涂上颜色表示地壳、地幔、地核等部分，学生看了很容易理解地球内部的构造。
>
> 学生对地心引力总是不能很好地理解，经常有学生问："地球那一面的人不是朝下了吗？"为了帮助学生理解这部分知识，我做了一个地球引力示意模型。用一块小黑板，中间固定一块环形磁钢（喇叭磁钢）。用一根粗铁丝（10～12 号）弯成一个大圈，用小钉固定在小黑板上。用纸剪 8 个小纸人，别上曲别针，用线拴牢，系在粗

[1] 路培琦，郁波.路培琦自然教学改革探索 [M].济南:山东教育出版社，1999：13-17.

铁丝圈上 8 个方位。调整线的长短，使小纸人差一点接触到磁钢。磁钢对曲别针的吸引力使小人都站立在磁钢的周围。剪一张圆形纸片，画上表示地球的经纬线，粘在磁钢上。这些小人都是头朝外，脚向地心。稍微碰一碰那些线，小人就都摇摇晃晃的，但都不掉下来，总是被"地球"吸引着。通过这个教具，学生会很快明白不管在地球的哪个位置，地球上的人总是脚踩着地，头顶着天。

近 10 年的时间里，我自制教具 60 余件（套），解决了教学中教具不足的问题，为政府节约了资金。天津市电视台、中央电视台为我做了专题采访报道。山西省电教馆邀请我做了关于自制教具的《实验教学》专题录像讲座共 12 小时 24 集，并做主编，专讲用土办法做各种实验，瓶瓶罐罐也能搞科学。

实践证明，自制教具不仅能解决许多农村学校教学具不足、经费不足的困难，更能体现一种精神——艰苦奋斗和创造精神，让孩子们从小就受到正确的科学思想教育，使学生更加理解科学，更具有科学的情感。从小启发孩子们用身边的废旧物品和材料研究身边的科学。科学就在我们的生活当中，就在我们的身边。让儿童在日常生活中就可以自己搞科学，而不是把科学神秘化。因此，提倡自制教学具是具有深远意义的。从这些活动中，不仅学生有了进步，我自己的各方面能力也得到了提升。[1]

材料中，L 老师在从事小学科学教学的过程中，在自己原有知识、经验的基础上，展开了各种"探索"，包括组建课外科技活动、采用电化教学手段辅助教学、自制教具。为了拓展学生的知识面，开阔学生的视野，L 老师组建了各种课外科技活动，得出可以"发展学生兴趣爱好，能给部分有突出表现的学生创造条件，使他们得到更多的发展。"为了使抽象的问题形象化，帮助学生深刻理解科学现象，L 老师尝试用电化教学手段来辅助教学，用各

---

[1] 路培琦，郁波. 路培琦自然教学改革探索 [M]. 济南：山东教育出版社，1999：18-22.

种教具来帮助学生理解，他认为采用电化教学手段来辅助教学，"生动、形象，学生很快就能理解"，"从感性认识上扩展了知识面，能很好地完成教学任务"，"给学生真实的感受，提高了课堂教学效果"；通过自制教具并且将其运用于科学课堂，"不仅能解决许多农村学校教学具不足、经费不足的困难，更能体现一种精神——艰苦奋斗和创造精神，让孩子们从小就受到正确的科学思想教育，使学生更加理解科学，更具有科学的情感"。教师在与学生共同参与课外科技活动、运用电化教学手段实施教学和自制教具的过程中，"不仅学生有了进步，我自己的各方面能力也得到了提升"。

从以上可以看出，L老师在"探索"的过程中，通过采用多种方式来激发学生学习科学的兴趣，扩大学生的知识面，加深学生对科学概念的理解，不仅让学生从小受到了深刻的科学思想教育，培养了学生的科学情感，而且自己的科学专业信念也有所增强，科学专业知识得到了增长，科学实践操作技能获得了提升。

在这个阶段，教师经过不断摸索，科学专业实践技能已逐渐趋于熟练。但其科学专业知识结构还不够完善，对科学课程培养目标、科学本质的认识还不够清晰，调用其他知识和技能来解决实践问题的综合性程度不高，经常会受到原有思维惯性的影响。L老师反思那个阶段的教学时谈到：

> 从1960年到1981年20年的一线教学工作中，我积累了一些宝贵的科学教学经验，比如，如何组织课堂教学、如何进行实验操作、如何辅导学生突破难点，相比刚入职的时候，各方面都有了很大的进步和提高。为了教好书，我不断地丰富自己，提升自己，努力学习各方面的科学文化知识，学习各种实验操作技能，学习各种教学方法，费尽心机，吸引学生的学习兴趣，让学生喜欢上科学课。如，用模型、教具、实验的方式来吸引学生，力求给学生多讲，而且尽量讲清楚，讲明白。但我发现，只要我拿着教具进教室，学生们就会立刻坐好，参与程度就很高，如果什么也没拿，课堂就乱哄哄的，

秩序就比较混乱，学生们思想就会开小差，玩别的东西，或者讲他们自己感兴趣的事情。

后来，我经过反思，认为我虽然学习了一些教育理论，改进了教学方法，运用模型教具或者演示实验的方式吸引了学生的兴趣，力求启发学生去观察，去思考，当堂记忆，当堂消化，但是教学思想是旧的，依然走的是传授知识的老路子，讲死知识，教学方法是一种"评书式教学法"，教师上面讲，学生下面听，所以学生们有时候就爱听，有时候就不爱听，自己感兴趣的就听，自己不感兴趣的就不听。也就是说，总的思想没有脱离传授知识这条主线。[1]

在这个阶段，教师会依据以前所学的教育教学理论和经验来反思自己的教学，虽然还没有形成稳定成熟的教学模式，还没有形成独特的教学风格，但是他在思考、在探索、在研究、在进步，这是教师实践性知识提高的关键所在。

（五）发展成熟

愉快的自然课

"愉快的自然课"，这一课是一节绪论课，也是整个小学自然的入门课，关系到学生后期自然课的学习，培养学生学科学的兴趣，给学生留个好的第一印象是很重要的。

在这节课中，我采用了"橱窗教学法"。把仪器室有代表性的能吸引学生兴趣的自然教具带来摆到了教室四周，类似于一个小型展览会，这些自然教具包括模型、挂图、标本、实验器材，还有科技作品。此外，还带来了几只小动物，让学生对"大自然"有一个初步了解、初步感知。我还在彩色标语纸上写了好多话贴在教具模型上，

---

[1] 路培琦，郁波. 路培琦自然教学改革探索 [M]. 济南：山东教育出版社，1999：25-26.

比如飞机模型上贴了一条"飞机是怎样飞行的？"人体模型上贴了一条"知道你身体的秘密吗？"兔笼旁写着"你喜欢小动物吗？"等等，通过这些，来激发学生的好奇心和学习兴趣。

前半节课，学生们可以在教室里随意走动，根据自己的兴趣自由参观，随便评论。其间，我还给他们演示了三球仪，开动了导弹护卫舰模型，螺旋桨转动了，孩子们都欢呼起来。

后半节课，师生围坐在一起，让学生自由发表言论，谈谈自己的想法、感受。比如，你看到了什么？你喜欢自然课吗？什么是科学？孩子们争相发言，气氛特别热烈。最后我给大家表演了"热力喷泉"的实验，让他们思考里面所反映的道理，课后作业是写一篇"小科学家日记"。我之后在日记中了解到这节课激发了他们极大的热情，渴望上好自然课，有的表示"长大做一个科学家"。[1]

"愉快的自然课"是 L 老师在从事人教版科学新教材的试教工作期间，将所学的理论与自身教学实践相结合的一节课。在这节课中，L 老师首先采用"橱窗教学法"、开"小型展览会"的形式来激发学生，如选具有代表性的教具、模型放在教室四周，在彩色标语纸上写问话等，不仅让学生可以更加直观地欣赏"大自然"，还可以引发学生对"大自然"的思考；其次，引导学生展开讨论，"研究什么是科学"；最后还给学生表演"热力喷泉"实验，让学生去探索其中的道理。这所有的活动都是为了调动学生的学习积极性，激发学生的学习兴趣，让学生"爱"上自然课。由此可见，L 老师非常注重对学生学习兴趣的激发。他指出，科学教学的关键不是要学生学知识，而是要提高学生自行获取知识的能力，而这种能力的获得是以学生对科学知识的兴趣为基础的。因此，在科学教学中，他主张，不仅是要学生"学会知识"，而且要教会他们"会学知识"，除此之外，更要使他们"爱学知识"。[2]

---

[1] 路培琦，郁波．路培琦自然教学改革探索 [M]．济南：山东教育出版社，1999：29．
[2] 路培琦，郁波．路培琦自然教学改革探索 [M]．济南：山东教育出版社，1999：28．

由上可以看出，在这个阶段，L 老师已经摆脱了教学常规的羁绊，逐步走向了成熟。不仅对小学科学教育精神及科学教育有了深刻的认识，而且对科学教育问题有了自己独特的思考和判断，认识到了科学教学的实质；对科学知识结构有了较为全面的理解，对一般教学技能和科学操作技能也有了熟练的掌握，因此能够比较自如地完成教学目标和任务，职业胜任感大大增强，他对自己的专业发展也充满了信心，而他自身也从教学的成功中感受到教学的乐趣和做教师的愉悦。

在这一阶段，有些教师会由于自己教学上的出色表现而处于学校教学的核心位置，挑起学校教育的中坚担子，因此，很多教师在这一阶段已经成长为各级学校的"骨干教师"，是学校发展的支柱力量和未来的希望。

（六）教学升华

L 老师在接受刘默耕和兰本达的指导后，不仅在教学实践上有了突飞猛进的进步，而且在对我国现行教材分析的基础上，针对定量观察能力培养不足的情况，提出了要加大定量观察的训练，并且提出要进行"渗透数学思维方法的训练"，对此，他拟定了自己的科研课题"教孩子用数学方法学自然"。教学思想主要包括以下 4 点：

（1）用知识上的高结构武装学生。教学内容上要有一定的深度，显示知识间的纵向联系，还要有广度，显示知识间的横向渗透。

（2）注重学生科学思维、能力和情趣的培养。在教学过程中，不仅要让学生知道结论，更要让学生明白原理和定律的引出过程。

（3）提高儿童概念水平的关键在于培养儿童的观察能力和组织零散资料的能力。

（4）在观察能力的诸方面中，引导儿童运用测量的方法、数值的观念去理解和思考科学现象和科学规律，是自然科学需要进一步深入探讨的课题。[1]

---

[1] 路培琦，郁波．路培琦自然教学改革探索 [M]．济南：山东教育出版社，1999：85-87.

基于以上几点，他主要做了两项工作：

1. 改编现行教材，加入定量观察的因素

"物体的重量"：原先的教材要求学生能够认识弹簧秤，会使用弹簧秤测出各种小物体的重量，L 老师通过改编，在原有内容的基础上增加了"对物体重量的估量"，让学生对物体的重量有了更加清晰的认识。首先他采用就地取材的方式，让学生先对一支粉笔的重量做出估计，然后再进行实际测量，最后比较两者之间的差距。

"水的浮力"：L 老师不仅让学生做一般性的观察，了解任何物体放置在水中，都会受到水的浮力作用，而且还指导学生了解物体在水中所受的浮力和排出水的重量之间的关系。首先，他让学生分别测出一物体在水中和在空气中的质量，然后两者相减，计算出物体在水中减少的重量，接着让学生称量此物体排出的水的重量，最后对物体在水中所受的浮力和排出的水的重量之间的关系进行分析，得出结论。

"人的生长发育"：首先让学生提前做好一张统计图，然后根据自己健康卡片上的数据，把自己 6 年来的身高、体重标在统计图上，接着对统计图上自己的生长发育情况作出分析。如引导学生将自己体重增长过快或过慢的原因与日常饮食状况相联系。在此基础上，要求学生分别做出全班男生和全班女生的身高统计图，并对统计图作出进一步分析，得出相应结论。如通过分析统计图中的身高分布情况，得出 12 岁儿童的身高普遍处在多少厘米。

"测量水的温度"：改编于教材上"怎样测定物体的温度"一课，并分为两小节课来完成，是对原有教材的拓展、延伸，分别为"测量一杯热水的温度"和"测量一杯热水加热时的温度"。第一节课上，他首先向学生提出问题"一杯水是如何变凉的？"激发学生的好奇心，让学生对这个日常生活中司空见惯的现象产生兴趣，然后引导学生做出 3 种预测：时间隔段相同，下降的温度也相同；随着时间的延长，温度下降的速度会逐渐加快；随着时间的延长，温度下降的速度会逐渐减慢。接着指导学生做实验，画温度变化统计图，分析温度下降的规律并得出结论。在第二节课上，教学过程和上节课相同，但是由学生进行独立分组实验，最后得出结论。

2. 自编定量观察实验课，组织学生开展探索研究

其中最为经典的是"小天平"以及"树叶和人"，均选用了唾手可得的材料作为学具。

"小天平"：以玩具小天平和塑料小鱼作为学具，其中小鱼有11条，大小重量不等，分别代表1/2、1、2、3……10，要求学生通过往小天平两边挂表示重量的小鱼，来发现自然界存在的规律。起初学生挂小鱼是毫无规律的、任意的，在教师的引导下，逐渐发现平衡规律，最后能脱离学具，自己通过计算写出相应数据。

"树叶和人"：L老师以人和树叶作为研究对象，通过引导学生寻找"一群"人和"一群"树叶之间的联系，来发现自然界存在的正态分布规律。首先，L老师让学生自由发挥，说说树叶和人之间的相似之处；其次，引导学生用定量研究的方法探讨"一群"人和"一群"树叶之间的联系；再次，测量一堆树叶的叶片长度并绘制出相应的统计图；然后，让全班学生绘制身高统计图；最后，引导学生发现树叶和人都有正态分布的趋势。

从以上例子可以看出，L老师对小学科学教育及科学思想有了自己独特而深刻的理解，他认为：第一，应该更新小学科学知识的结构，重视科学知识之间的纵向联系和横向联系；第二，培养学生"做"科学的能力和态度比掌握科学知识更重要，认为过程重于结论；第三，科学概念来源于对资料的组织概括和有意义的观察，所以应重视培养儿童的观察能力和资料组织能力；第四，重视小学科学教学中学生定量观察能力的培养。他认为，不作定量分析所得的认识是不深刻的。为此，一方面他在原有教材内容的基础上进行了改编，加入了定量观察与分析的成分，另一方面还自编了一些带有探索性的定量观察实验课，通过这些课程来拓展学生的知识，培养学生做科学的态度和能力，以及组织资料和观察的能力。

这一阶段的教师，已经处在不断改革和探索的建构状态中，不仅具有丰富的学科知识和熟练的教学能力，而且对教育理念有了自己独特的理解，并能将这种教育理念转化为自己的实际行动。因此，他们已经形成了较为稳固的个人教学特色，在教学上表现出了强烈的创造意向和行为。一方面能通过多种教学方式方法激发每个学生内在的发展潜能，促使每个学生都能获得适合自己的发展，另一方面能够在主动寻求持续且终身的学习中实现自我超越，不再是纯技术的应用过程，而是将其看成生命体的存在及自我实现过程。

对于小学科学教师而言，他们具有了坚定的科学专业信念，对科学教育理念有着自己独到的见解，并在教学中将其贯彻实施，能够从学生的角度出发，有针对性地依据学生学习的规律与心理活动特征以及科学课程的特点来引导学生学习，做到心中有数，有的放矢，注重和学生建立平等合作的关系；在科学专业知识方面，教师们已经形成了完整的小学科学知识结构，能够根据所教内容的特点采用相应的教学方法进行教学，并能及时利用课堂上教学信息的反馈实现对课堂教学的优化控制；在科学专业实践技能方面，对于基本的实验操作技能已经熟练掌握，并且还能够根据课堂教学的需要自制教具，根据当地及科学教学的需要，适宜地改编教材，在教学中可以借助于多媒体手段辅助教学，增加课堂的生动形象性，促进学生理解。

通过 6 个阶段的划分可以粗略勾勒出 L 老师从刚开始进入师范教育到成长为一名科学教学名师的过程，反映了 L 老师实践性知识发展的整体轨迹，它具有一定的连续性和阶段性，是以教学实践活动为主线，以实践反思为动力，不断发展变化的过程。

二、科学教师实践性知识发展的层次

教师实践性知识是教师本人在对其教育教学经验不断反思的基础上产生的，然后通过个人的主动建构和与他人的社会交往获得发展，且发展过程呈现阶段性的特点。由此推知，实践性知识发展应具有层次性。以下结合专家型教师 L 老师的生活与教育实践环境，依据教师实践性知识发展过程中知识、技能的获得和使用情况对科学教师实践性知识发展的过程进行阶段划分，并通过梳理教师对自身教育教学实践的自我建构过程来探讨小学科学教师实践性知识发展的层次。

（一）小学科学教师实践性知识的层次

教师实践性知识是教师在具体的教育教学实践中产生并且在不断应对各种教育问题的过程中获得发展的。从专家型教师 L 老师实践性知识发展过程中知识、技能的获得和使用情况来看，其经历了 3 个发展阶段，形成的实践性知识相应为经验型、理性化及智慧型 3 个层次。

1. 经验型的实践性知识

L 老师在师范教育期间，"不分专业，什么都学，语文、数学、教育学、心理学、学科教学法，这些科目都学"，而且"在上学期间还进行模拟教学"，"学校还组织了教学实习"，"在实习期间，各种科目都得讲，会让我们听课、备课、讲课、和学生一起活动"，但是在走上讲台时，"感觉自己教学技能不太熟练，总是放不开"，以及"师范刚毕业，刚刚登上讲台那会儿，感觉学生特别不好教，学生不听话，老起哄，压不住他们，心里很着急"。

由上述可知，L 老师虽然在师范教育期间获取了丰富的知识和技能，却不能把自己所学的知识较好地融合到教学实践中，导致常常在应急中慌乱不堪。处于这个阶段的教师，发现所学过的教育理论和方法很难迁移到当下的教学中，转而凭借自己以往的所见所闻来应对日常的教育教学工作，如自己学生时代所遇到的某一位教师偶然取得成功的教学案例，以非批判性的眼光来开展教学实践，而很少对以往的教学经验或适用范围做思考，所使用的实践性知识是一种"经验型的知识"，教学是一种"经验化教学"，在这种知识指导下的教师不用去思考"为什么"，只关心"如何做"，采取的是一种"求用"的态度，虽然之前他们已经学习过一些相关的教育教学理论，但由于缺乏具体的教学实践，未经实践整合，所以只停留在教育信念层面，所学的知识和技能还只是零散的知识，并未系统化，因此，可以看到具有这个层次实践性知识的教师在教学中往往会手忙脚乱、错误百出，正如 L 老师所言："压不住他们，心里很着急。"

2. 理性化的实践性知识

L 老师在遭遇到如前所述的"现实冲击"之后，学校给他分配了一名教自然课的老教师刘老师作为他的"师傅"，"跟着他教自然，听他的课，跟着他搞实验，做教具，听完了之后我会进行反思，心想：哦，原来自然课是这么教的"。此外，"还有我们当时的辅导员，后来当了校长，他当时也经常指导我，手把手地教我，给我讲如何组织学生，如何进行教学"，在其"师傅"刘老师和学校其他老教师的指导下，"才慢慢熟悉教学业务，慢慢步入正轨"。从而"在三四年之后，慢慢地在他们的引导下，才知道怎么教学生，怎么给学生上课"，以至于"能够很熟练地进行课堂教学"。后来，"为了让学生愿意听我上课，喜欢上我的课，当时我就努力学习各种实验操作技能，学习各种教学方法，费尽心机，吸引学生的学习兴趣，如模仿刘老师做教具，搞演示实验，用模型、教具、实验的方式来吸引学生。但我发现，只要我拿着教具进教室，学生们参与程度就很高，如果什么也没拿，课堂就乱哄哄的，秩序就比较混乱"。此外，L 老师坦言："我虽然学习了一些教育理论，改进了教学方法，运用模型教具或者演示实验的方式吸引了学生的兴趣，力求启发学生去观察，去思考，但是教学思想是旧的，依然走的是传授知识的老路子，讲死知识，让学生当堂记忆、消化，教学方法是一种'评书式教学法'，教师上面讲，学生下面听，所以学生们有时候就爱听，有时候就不爱听，自己感兴趣的就听，自己不感兴趣的就不听。"

由上述可知，L 老师为了让学生"喜欢上我的课"，就采用各种教具、手段来吸引学生的学习兴趣，把关注点放在了技术、方法的使用上，想方设法去"讨好"学生，只是因为"刘老师使用这种方法有效"，而不去深入思考使用教学手段的真正作用是什么，忘记了教育的目的，虽然形式是多样的，但实质是相同的，即沿用旧的教学思想"讲知识"，让学生"记知识"。处于这一阶段的教师，会把原有的知识、经验和从有经验的教师那里所学的教育教学理论结合起来，把教学简化为几条所谓的"规则"或者"技术"，并以此来指导自己的教学，即把知识程式化地运用到教学中，形成的是理性化的实践性知识。在这个阶段，他们经过系统的"师带徒"式的教学实践模仿以及自己的摸索实践后，已经基本掌握了一套从备课、设计教学过程到教学实施、备考和学生成绩评定的自动化教学流程，就像自动的生产线，但只是为了工作的需要而浅层次地接受，并未将这些知识加以内化。在这一知识层次指导下的教学是一种"预设"式的教学模式，教学就是依据课程标准以及教科书的逻辑，根据权威设置的规则和指南，采用既定的"教学流程"进行教学，不敢"超纲"，认为那是"教学所不允许的""考试不考的"，采取的是一种"求真"的态度。所以在整个教学过程中，以"教"为中心，采用理性化的思考方式，指向于对"应当如何做"的探究。教学理论或教学规范就是教学实践的立法者、仲裁者，具有一定的权威性，像一只"看不见的手"，控制着教师教学实践的展开，而教师自己则是"技术执行者"，他们只注重教学过程中的规律性，忽视了人文性与智慧性。

实践性知识达到这一层次的教师，有的会向往安逸、稳定和有秩序的生活，会形成一种"发展惰性"，他们不愿意打破固有的思维模式，所以无视课堂的多变和不确定性，按照固定的程序照本宣科，这种"发展惰性"阻碍了教师实践性知识的进一步发展，因此其只能沦为一个"教书匠"；有的教师，就如同 L 老师一样，会积极检视自己的行为或行为背景，持续地改变自己的行为，使教学走上更有意义的发展之路，从而成为一名"专家"。

3. 智慧型的实践性知识

L 老师在其教师职业生涯后期，对科学教学有了更加深入的认识，他认识到科学教学的关键不是要学生学知识，而是要提高学生自行获取知识的能力，而这种能力的获得是以学生对科学知识的兴趣为基础的。如"愉快的自然课"是 L 老师在从事人教版科学新教材的试教工作期间，将所学的理论与自身教学实践相结合的一节课。在这节课中，L 老师首先采用"橱窗教学法"，以开"小型展览会"的形式来激发学生，如选具有代表性的教具、模型放在教室四周，在彩色标语纸上写问题等，不仅让学生可以更加直观地欣赏"大自然"，还可以引发学生对"大自然"的思考；其次，引导学生展开讨论，"研究什么是科学"；最后还给学生表演"热力喷泉"的实验，让学生去探索其中的道理。这所有的活动都是为了"不仅使学生'学会'知识，还要使他们'会学'，更要使他们'爱学'"。L 老师不仅在教学实践上突飞猛进，而且在对我国现行教材分析的基础上，针对定量观察能力培养不足的情况，提出通过"渗透数学思维方法的训练"来培养学生定量观察的能力。对此，他拟定了自己的科研课题——"教孩子用数学方法学自然"，具体做法为：（1）改编现行教材，在其中加入定量观察的因素，改编过的教学内容有"物体的重量""水的浮力""人的生长发育""测量水的温度"等；（2）自编定量观察实验课，组织学生开展探索研究，其中最为经典的是"小天平"与"树叶和人"。

由上述可知，L 老师能够依据自己的科学教育理念和科学教育思想，结合实际情况自制教具、自己改编教材和自创实验，来拓展学生的知识，培养学生做科学的态度和理解科学的能力及资料组织和观察能力，在科学教学实践过程中体现了特有的教育智慧，形成了智慧型实践性知识。处于这一阶段的教师，在教学实践中既不是对自己曾经使用过的"成功"的教学方式进行机械地套用，也不是仿照某位同事或名师的教学模式，更不是对某个人的教育理论或教学模式的照搬，而是应用已有知识，在对当下教学情境洞察、判断、分析、推理的基础上做出有针对性的、创造性的教学行为。在这一知识层次指导下的教师承认课堂教学的"生成性"，认为教学实践是复杂的，每一堂课、每一次教学实践活动都有其独特性，所以严格地遵从教育教学理论和固有教学程序是不可能的，需要调用教师的教育机智，采取的是一种"求善"的态度，即遵循教学活动应有的人性和人道的内在本性，真正体现教学对人的生命意义和价值的关怀。马克斯·范梅南认为具有教育机智的教师能够在不断变化的情境中展示出随机应变的技能，并且对意想不到的情境做出出人意料的决策。[1] 教学作为一种实践，是价值负载的过程，不仅需要教育经验和教育理论，更需要教育机智。智慧型实践性知识是经验型实践性知识和理性化实践性知识两者的结合与升华，即把教学实践经验和教学理论统一于具体的教学实践活动中，是理论性与灵活性的高度统一，这是"专家型教师"应达到的层次。

（二）小学科学教师实践性知识的自我建构层次

教师的实践性知识是在教育实践活动中经过磨炼与感悟而逐渐形成并发展的，需要教师在对自身教育教学实践认识和把握的基础上，依据当前的教育教学情境，积极主动地建构自身的实践性知识，包括对教育教学实践的认知、态度及具体的教育教学实践行为。教师对教育教学实践的认知是指教师对"教学本质及客观规律"的探询，关注的是教学实践活动的科学性；教师对教育教学实践的态度是对"教师应该如何把握教学"的思考，关注的是教学实践活动的思想性；教师具体的教育教学实践行为是教师在对教学实践活动进行事实判断与价值判断的基础上，能够运用有效的教学策略应对复杂多变的教学情景，促进教学实践的发展，关注的是教学实践活动的策略性。由此可见，教师的教育教学实践是合规律、合目的、合技术的统一。依据教师建构实践性知识的主动程度可将实践性知识的自我建构分为自在、自知、自为3个层次。"自在"包含潜在、固有、客观存在之意，表示事物尚未发展的层面，是未被意识活动所觉知的"存在"；"自为"包含显露、展开、发展之意，表示的是事物发展、超越的层面，是被意识活动所觉知的存在。"自在"和"自为"是黑格尔哲学体系中用来描述"绝对精神"自我认识、自我实现的过程。[2] 后来，萨特等思想家对"自在"和"自为"的概念做了进一步研究。萨特认为，"自在"是"自为"的起点，"自为"是在"自在"的基础上发展而来的，因为人们永远不会满足于现有的一切，所以就会想办法去实现

[1] 马克斯·范梅南. 教学机智——教育智慧的意蕴 [M]. 李树英，译. 北京：教育科学出版社，2001：165.
[2] 魏薇，陈旭远. 从"自在"到"自为"：教师专业自主的内在超越 [J]. 教育发展研究，2010（24）：7-12.

新的目标，即完成自我所没有的东西。这个努力实现的过程就是"自为"。[1]
而在"自在"和"自为"之间还存在另一种状态，也就是"半自为"状态，
它介于"自在"和"自为"之间，"主动"与"被动"之间，是指意识到了
发展的必要性，但没有积极主动地付诸行动，可以把它称为"自知"。

1. 实践性知识自我建构的"自在"层次

教师实践性知识建构的"自在"层次是指教师在教育教学实践过程中所
呈现出来的知识使用的本真存在状态，主要依据自己固有的经验和知识，像
机器一样，机械地演绎既定的程序来应对所处的教育实践环境，仅能满足基
本的教学需要，对自身实践性知识的发展是一种无意识状态下的自发行为。
处在这一建构层次的教师，虽然积累了丰富的知识，但不知道如何运用这些
知识来实现自身的发展，只是进行机械的经验复制和知识积累，自我发展的
主体意识被固封在自己"潜在"的个人世界中，它只是"自在"地存在着，
而没有被激发出来，因此只是一种"要我做"的被动状态。处于被动适应的
状态，如 L 老师虽然在师范教育期间学习了相关的教育教学理论知识，参
与了教育实习，但是在刚入职时依然"不会教"。他们感觉不到"教育学""教
育理论"对他们的教学实践的指导作用，更确切地说是他们的"教育学""教
育理论"不在，所以出现了不能把自己所学的知识较好地融合到教学实践中，
导致常常在应急中慌乱不堪——"学生不听话，老起哄，压不住他们，心里
很着急"。

2. 实践性知识自我建构的"自知"层次

教师实践性知识建构的"自知"层次是一种"半意识化"状态，在这种
状态下，主体意识开始觉醒，开始主动感知、理解与分析当下的教育教学实
践，在感知、理解的过程中与所在的"场域"形成某种"惯习"。教师的"惯习"
是教师在特定的学校环境下以及长期从事的教育教学实践中逐渐形成的一种
性情倾向系统，一旦形成，便很难改变，会受到所在"场域"认同的行动规
则的制约，即如上所述的"教学流程"。它经过教师行动的反复和意识的沉淀，

---

[1] 萨特. 存在与虚无 [M]. 陈宣良，等，译. 北京：生活·读书·新知三联书店，1987：532-533.

内化为教师的行动准则而自发地发挥作用。它具有依附性，依附于教师个人的生活经历、教学经验、对教学的理解，以及所在场域的教学文化与教学制度等，一般以感知、思维和行为图式的形式储存于教师身上。教师在面对教学实践时，无需深思熟虑即可自动地调动储存在身上的感知、思维和行为图式，对当下教育问题做出行动的选择，从而保证教学实践活动的高效性和流畅性。但是处在"自知"层次的教师在保证教学高效性和流畅性的同时不会对行动的合理性进行审视与反思，特别是面对教学矛盾时，往往会把"矛盾"搁置起来，缺乏对其做进一步的解读与分析，阻碍了教师实践性知识的发展。如前所述，L老师经过一段时间的"拜师模仿"后，形成了一种教学"惯习"，即把"用模型、教具、实验的方式"作为"吸引学生"的"教学技巧"来使用，但对使用这种"教学技巧"背后的原因没有做过认真的思考，知其然而不知其所以然，最后"依然走的是传授知识的老路子"。

3. 实践性知识自我建构的"自为"层次

教师实践性知识建构的"自为"层次是教师已经意识到自己的存在，希望对自己的教育教学实践有所作为，是超越"自在"的"潜在"而转变为"显露"的积极主动的发展状态。在这种状态下，教师全身心地投入教育并且创造性地扮演教师的角色。随着对教学认识的深化和理论知识的积累，部分教师进入了"自为"层次。达到这一层次的教师，对其发展是一种有意识的自觉行为，他们已经形成了自己独特的教学风格，逐渐意识到教育实践具有生成性的特征，没有固定的教学模式可以套用，所以在面对新的教学情境时，不被"专业惯习"所左右，能够打破原有的思维定式，根据专业本身及自身存在的问题有意识地、积极主动地评价已有"惯习"的合理性，修正并调节已有"惯习"，丰富教学惯习的行为表征库，重新建构新的"惯习"，作为教师感知、评价与选择具体教学行动策略的指导原则。如前所述，L老师不仅对课堂教学应对自如，能够准确熟练地操作各项实验，而且能够超越教材内容，依据自己的教育理念及教育思想，自制教具，改编甚至自编教材。

（三）小学科学教师实践性知识发展的层次结构

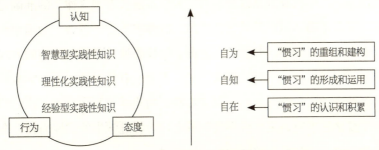

图 4-1　小学科学教师实践性知识发展的层次结构图

由以上讨论可以得出，科学教师实践性知识的发展具有层次性，层次结构如图 4-1 所示。一方面，从科学教师对知识、技能的获得和使用情况来看，教师实践性知识可以分为经验型实践性知识、理性化实践性知识和智慧型实践性知识 3 个层次，3 个层次是递进的，后一层次以前一层次为基础，任何教师都不可能实现跨越层级的发展。另一方面，科学教师实践性知识的发展离不开教师的自我建构，依据科学教师自我建构的主动程度，实践性知识的自我建构存在着自在、自知和自为 3 个层次，反映教师对教学"惯习"的认识、运用及主动建构新"惯习"的转化过程。其中，"自在"水平是教师教学"惯习"的认识与积累，"自知"水平是教师教学"惯习"的形成及运用，"自为"水平是教师对原有教学"惯习"的重组和新教学"惯习"的建构。这个转化过程包含着教师对教育教学实践的认知、对教育教学实践的态度及具体的教育教学实践行为，教师对教育教学实践的认知决定了教师对自身教育教学实践的态度，进而产生具体的教育教学实践行为，而具体的教育教学实践行为又最终决定了教师在教育教学实践这条路上能走多远，是否能成长为一名专家型教师。

小学科学教师实践性知识发展的层次结构描述了教师个体实践性知识的"质"的转化关系，提示我们应关注和考察每个科学教师实践性知识的当前状态，有针对性地促进其向更高层次转化。

首先，构建良性支持环境促进教师对自身教育教学实践的认知。科学教师实践性知识的层次提升是以教师对"教学本质及客观规律"的准确把握为前提的，只有正确认识科学教学的本质，教师在教学"惯习"的运用和建构方面才会由被动变主动。对此，一方面，学校要通过考察和评估的方式，确认每位教师实践性知识的发展层次，另一方面，有针对性地为科学教师提供研修的多种途径，如教师培训、以老带新、构建学习共同体等，使教师深入理解科学教学的本质，更新科学教学观念，为促进学生的发展而教，在实现学生生命价值的同时提升教师的实践性知识。

其次，激发教师积极投身教育教学实践的热情。马斯洛（A.H. Maslow）指出："自我实现不只是一种结局状态，而是在任何时刻，任何程度上实现一个人潜能的过程。"[1]人之所以能够实现"自为"的存在，是因为人有自我发展的意识，在这种意识下，才会主动地去改造世界。同样，科学教师只有具备了积极投身教育教学实践的热情，才会认真参与教育教学实践，才会对教育教学实践的价值展开不懈的追求，实践性知识层次才能获得提升。所以，政府及教育部门应积极落实《关于全面深化新时代教师队伍建设改革的意见》，提出的相关政策，以强化师德师风为导向，为科学教师发展营造良好的制度环境和社会氛围，创造有利的工作条件，使科学教师愿意投身于教育教学实践，成为积极提升自身实践性知识的行动者。

最后，引导教师对自身的教育教学实践进行积极的反思。教师实践性知识来源于教师的教育教学经验，然而，没有反思的经验，只能是简单零散的经验，所形成的知识也是肤浅的知识。要提升科学教师的实践技能，使教师能够运用有效的教学策略应对复杂多变的教育情境，还需要不断地加强科学教师对自身在教育教学实践中师德修养、专业能力、教学技能等方面的反思能力，通过撰写教学日志、写教育博客、相互交流等方式，发现并改进教育教学实践中的不足，达到对教师实践性知识认知、态度、行为三方面的同步提升，完善科学教师的实践性知识。

---

[1] 叶澜. 改善教师发展生存环境，提升教师发展自觉 [N]. 中国教育报，2007-09-15（3）.

　　本节从专家型教师实践性知识发展的阶段特点入手，探讨了实践性知识发展的层次和质变关系。L老师的教学生涯可以概括为：从职前师范教育开始，在经历了朦胧感知、遭遇挫折、拜师模仿、独立探索、发展成熟及教学升华6个阶段后，所具有的实践性知识也从经验型实践性知识发展到理性化实践性知识，最后迈向了智慧型实践性知识。在发展过程中，L老师从"无我"的"自在"状态走向了"为我"的"自为"状态，具体表现为：L老师通过参与科学教育教学实践，自我发展意识不断增强，科学专业信念更加清晰，科学专业知识更加丰富，科学实践技能更加熟练，能更高效地组织科学教学活动，自如地应对科学教育实践中遇到的突发问题，并创造性地开展教学实践，最终成长为一名专家型教师。对此，提出要通过促进教师对教育教学实践的认知、激发教师积极投身教育教学实践的热情及加强教师对自身教学实践的反思等多方面着手，使教师从"无我"的"自在"状态走向"为我"的"自为"状态，突破常规思维，修正和调节已有教学"惯习"，重新建构新的教学"惯习"，建构自己的智慧型实践性知识，实现由普通教师向专家型教师的跨越。

第二节　专家型科学教师实践性知识发展的生态分析

　　小学科学教师处于多层次的相互交织的交往群体中，与影响其实践性知识发展的环境因素构成了小学科学教师实践性知识发展的生态系统。因此，教师实践性知识的产生与发展，不仅与个人经历和品质有关，还与教师周围所接触的人和事相关，不同的教师个体，接触到的人和事不同，所受到的影响不同，产生的实践性知识也会有所不同。本节基于专家型教师 L 老师的案例，从个人品质和交往互动的角度探讨专家型教师实践性知识形成与发展的过程，构建并分析小学科学教师实践性知识发展的生态系统。

一、科学教师个人品质对实践性知识发展的影响

　　教师是自我实践性知识发展的第一主体，在自身实践性知识发展的过程中起着关键的作用，主要体现为对科学的兴趣、勇于探索的科学精神及自我专业发展意识。

（一）教师的科学兴趣

学生学习的动机主要源于兴趣。孔子说："知之者不如好之者，好之者

不如乐之者。"爱因斯坦也说："兴趣是最好的老师。"第斯多惠指出："教学艺术的本质在于唤醒。"这些都体现了兴趣在人成长中的作用。兴趣的形成是基于某种需要，它与活动紧密联系在一起，离开了活动，学生的潜能将无从发挥，对于教师也是同样的道理，它与教师的专业实践活动紧密相连。

热爱是我最好的老师[1]

　　童年的我，沉浸在对自然科学的探索之中，极强烈的好奇心驱使着我对周围的一切都觉得新奇，总想弄个究竟，出于探奇的需要，便会全神贯注地去观察，这种乐于观察和善于观察的态度和习惯是我获得大量感性认识的重要途径。

　　记得小时候去鸟市玩，路过河北三条石大桥，街两旁的作坊干什么的都有，两只眼总是看不够。当走到一个人旋木活的作坊前被工人熟练的旋木手艺所惊呆，看得我不忍离去；走到制锣作坊和制锉作坊门口，会被工人师傅"当、当、当"有节奏的清脆的声音所震撼，通过观察制锣的过程，我真正体验到了什么叫"一锤定音"。此外，我还会观察木工师傅锯木、使刨子、划线、凿榫，看路边修汽车师傅修理汽车。这些好奇心、求知欲使我不断增加感性知识的积累，像工人师傅那样自己也动手做这做那。

　　我家的家具，包括大衣柜、小茶几、折叠式圆桌等都是我自己动手做的，一直用到现在。我姐的第一台黑白电视机是我自己按线路图组装成的，土暖气是我和儿子一起安装的。多年养成的勤奋好学、勇于实践的态度使我获益匪浅，在动手动脑的同时增长了我的智慧才能，奠定了我后来进行自然教学改革的基础。

　　所以，后来我觉得，科学课堂教学应该培养学生对科学的兴趣爱好，因为我热爱这个，我就是一个科技爱好者，从小学我就喜欢这些，种花呀，养兔子呀，我小时候都玩过。所以我在教学这几年

[1] 路培琦，郁波. 路培琦自然教学改革 [M]. 济南：山东教育出版社，1999：22-24.

　　搞了很多科技活动。好多科技活动我都会，都喜欢，我才能带着孩子去搞，去研究。

　　通过上述材料可以看出，L老师从小就对科学现象特别感兴趣，"童年的我，沉浸在对自然科学的探索之中""对周围的一切都觉得新奇"，会看旋木工人旋木、打锣工人打锣、制锉工人制锉、木工师傅做木工活、汽车修理工人修理汽车等，长大后自己动手做家具、组装电视、安装土暖气等，这些经历和实践形成了L老师特有的知识结构。不仅如此，他还把这种经历运用在后来的科学教学工作中，"在教学这几年搞了很多科技活动"，并且认为因为"我都会，都喜欢"，"才能带着孩子去搞，去研究"。这些都为L老师后来具有良好的实践性知识，以至于成为科学教学名师打下了坚实的基础——"在动手动脑的同时增长了我的智慧才能，奠定了我后来进行自然教学改革的基础"。

　　通过对上述材料的分析，可以看出：教师童年的经历、兴趣、爱好等对教师个人实践性知识的发展都会产生影响。美国学者奥苏贝尔（David Pawl Ausubel）曾经将学业成就动机分为认知内驱力、自我提高内驱力和附属内驱力3个方面，其中认知内驱力主要来源于兴趣与好奇，在有意义学习中，认知内驱力是最重要且稳定的动机，这种动机指向学习任务本身，属于内部动机。由此可见，教师对科学的兴趣爱好会对教师实践性知识的形成和发展产生潜移默化且重要的影响。

（二）教师的科学精神

　　2016年，北京师范大学发布的《中国学生发展核心素养》，将"科学精神"作为学生发展的六大素养之一，并将其界定为理性思维、批判质疑和勇于探究3个方面。而培养具有"科学精神"的学生，首先就需要具有"科学精神"的教师，小学科学课程作为以培养学生科学素养为宗旨的科学启蒙课程，更应重视小学科学教师"科学精神"的培养，而从L老师的谈话中可以看出，

L 老师从小不仅热爱科学，对各种科学现象表现出极大的兴趣，而且还具有"科学精神"，并且把这种精神一直保持到后来的工作中。

我的童年

小时候听了一个蝎子打败蜘蛛精的故事，总是想：蜘蛛和蝎子会怎样打架呢？真的像故事里讲的那样吗？于是我捉来了蝎子和大蜘蛛放在瓦盆里看它们打架，引来好多小朋友观看，蝎子真的是用它那有毒的尾钩去叮蜘蛛，蜘蛛用丝去缠绕蝎子，直到蝎子被缠得动不了时，蜘蛛才上去咬蝎子，可是蜘蛛也因中毒瘫软在一旁。小朋友们看得目瞪口呆，这时我才真的相信故事里讲的情节。

上小学时，我们学校里有好多松树，我采集了一些松脂，团成球，软软的，半透明，很好玩。我用松脂粘住同学刘智生的小辫子怎么弄也弄不下来了，她哭着找到我家去"告状"，妈妈狠狠地打了我一顿。妈妈用香油（芝麻油）为她洗去松脂，再用热水把头发洗干净。从那次的恶作剧中我知道了香油可以溶解松脂的道理。

上小学高年级时，我已是飞机模型小组的成员，我的模型飞机加工得最精细，飞得最好，经常得到朱老师的表扬。那时的无线电活动是做矿石收音机。我买来漆包线自己缠线圈，买来方铅矿矿石和耳机子架上天线，插上地线，就能听到广播电台的节目，有时一搞就搞到半夜。那是我无线电活动的启蒙阶段，为我后来无线电技术的发展打下了兴趣的基础。

上初中的我已是学校科技小组的成员了。我们合作的一个展品是塔式起重机模型，在区里获得一等奖。我们先把铁丝按不同长短截断，然后用电烙铁把铁丝焊接在一起，做成塔身和起重臂，再安装上自制的小滑轮，用玩具电动机做动力。装好线绳，操纵开关，起重臂可以旋转，吊钩可以升降。那时我们放学后几乎每天干到很晚，学习也没耽误。

　　后来我想，在科学教学中，就应该让学生亲自动手操作，亲身经历一些事情，让他们像我一样去探索，通过不断地尝试错误的方式去探究科学的奥秘，这恐怕就是科学教育的真谛。[1]

　　通过上述材料可以看出，L老师从童年时代就喜欢"探究科学的奥秘"，在这个过程中，就体现出了勇于探索的"科学精神"，具体表现在：第一，善于提问并用实践来解决问题。L老师对自己的所见所闻充满好奇，对"蜘蛛和蝎子打架"一类的现象提出疑问，并将自己的疑问付诸实践——"于是我捉来了蝎子和大蜘蛛放在瓦盆里看它们打架"，通过自己亲身尝试来验证心中的疑问——"这时我才真的相信故事里讲的情节"，而非人云亦云。第二，善于观察总结。材料中，L老师因为贪玩，把松脂球粘在了同学的小辫子上，后来妈妈用香油为同学洗去了辫子上的松脂，从而得出了"香油可以溶解松脂的道理"。第三，善于动手操作。对各种科技小制作充满兴趣，从小就制作飞机模型、矿石收音机、塔式起重机模型等，并且认为在教学中也应该多为学生提供动手操作的机会，让他们通过"做科学"的方式去"探究科学的奥秘"，他认为这"就是科学教育的真谛"。正是L老师这种善于提问、勇于探究、勤于动手的"科学精神"，为后来L老师形成良好的科学实践性知识奠定了基础。

（三）自我专业发展意识

　　教师实践性知识的发展是一个动态的、不断变化的过程，发展的主体是教师，核心是改善教师的实践性知识，进而改进教学实践。所以，在教师实践性知识发展的过程中，需要教师不断审视自身的教学实践，积极主动地寻求自我发展，即教师必须具备自我专业发展意识。

　　自我意识是个人对自己存在的意识、对自己以及自己与周围事物关系的综合的、独特的反应，自我意识不是天生就有的，而是在成长过程中不断作

---

[1] 路培琦，郁波．路培琦自然教学改革探索 [M]．济南：山东教育出版社，1999：1-6．

用于实践后综合出来的。[1] 自我意识也不是稳定不变的，一个人自我意识是随着外界环境刺激的变化而变化的。

　　教师的自我意识是教师对自身所从事的教育教学实践活动情况的一种综合性的反应。教师自我意识的对象主要包含两个方面：现实自我和理想自我。现实自我是教师对自己目前教育教学实践发展状况的反应，即对于"我是什么"的认识；理想自我是教师对自己今后的教育教学发展状况朝什么方向发展以及如何发展的设想，即对于"我希望自己成为什么"的认识。理想自我是教师想要追求的目标，虽非现实，但会影响个人的认识、情绪和行为。教师的自我发展意识强调教师在自我发展活动上的自觉性、主动性，是指教师从当前的现实自我出发，批判性地审视现实自我，并选择适合自己发展的理想自我，以理想自我作为发展目标，积极主动地寻求自我专业发展，不断地提升、完善自我。因此，教师自我发展意识主要由3个要素构成：现实自我、理想自我及积极主动的自我学习需要。教师只有在意识到自己当前的发展状态（现实自我）、确定未来的发展目标（理想自我），以及具有积极主动的自我学习需要时，才会具有自我发展意识，具有自我发展意识的教师总是在不断的学习中实现着可能性，又创造着可能性，在"审视—实现—创造—再审视—再实现—再创造"的无限循环中实现教师实践性知识的提高。

　　L老师之所以最终能够发展成为教学名师，与之具有强烈的自我专业发展意识不无关系，这可以从与他的几段谈话中看出来。

　　（1）到了80年代，在教学中，我采用幻灯、模型，做各种有趣的实验来激发学生的兴趣，吸引学生们的注意力，想方设法让学生们喜欢我的课，爱听我的课。但是我发现学生们只是单纯地喜欢模型，喜欢做实验，当没有这些教具时，课堂上依然死气沉沉，学生们的积极性不高。后来通过反思，觉得虽然我采用了多种多样的方式方法进行教学，表面上看不再是灌输知识，但实质上是"换汤不换药"，

---

[1] 王启康. 论自我意识及其与自我之关系 [J]. 华中师范大学学报（人文社会科学版），2007（1）：124-133.

依然采用的是传授知识的老路子。认识了刘默耕、兰本达后，我才慢慢转变思想，认为科学课不仅仅是教知识，而是教孩子学习，教孩子能力，要注重能力训练。后来，我就一直朝着这个路子前进。

（2）在经过兰本达和刘默耕的培训指导之后，我经常（把课堂实际情况）根据回忆整理成课堂实录报告，把包括老师怎么问，学生怎么答的情况写出来，也就是把这个课怎么上，上的过程我都记录下来，寄给刘默耕、兰本达，让他们给我点评、指导。比如"爬行动物"一课，我是这样写的，先交代基本情况"河西小学，四年级学生"，然后写上课的情况："一进教室，便看到靠两旁排列着两行斜放着的桌椅，桌上放着玻璃钢、龟、鳖，还有蛇标本，还有一台电影放映机……"我从第三人称的角度，是以听课者的口吻写的。当时我的积极性特别高，特别希望能得到刘默耕老师的指导，现在回想，觉得得到刘默耕老师的指导对我来讲是一个转折，因为之前都是自己摸索，自己搞研究，后来刘默耕老师指导了我，打开了我的思路，我觉得人家指导得好，提高了我的教学素养，提高了我的评论素养。

从材料中可以看出，首先，L老师能够从当前的教育实践状况出发，来清晰地认识"现实自我"——"虽然我采用了多种多样的方式方法进行教学，表面上看不再是灌输知识，但实质上是'换汤不换药'，依然采用的是传授知识的老路子"，认为自己存在的问题是"方法虽新，但思想陈旧"；其次，寻找"理想自我"——"科学课不仅仅是教知识，而是教孩子学习，教孩子能力，要注重能力训练"，由"教知识"转向"培养能力"；再次，有积极主动的学习需要——"当时我的积极性特别高，特别希望能得到刘默耕老师的指导"。除此之外，还将这种需要付诸行动：一直朝着这个路子前进。具体表现是：在随后的教学工作中将课堂教学实况整理转录成课堂实录报告并邮寄给专家指导。

在教师的教学工作中，教师自我发展意识主要集中表现为教师的责任意识和实践反思意识。

1. 责任意识

责任，在《现代汉语词典（第 7 版）》中的解释是"分内应做的事"，意思就是要承担自己应当承担的任务，做好自己应当做好的工作，可以说，责任就是担当，就是付出。在心理学中，责任意识是指个人对自己、他人和社会所负责任的认识情感和信念，以及与之相适应的遵守规范、承担责任和履行义务的自觉态度，[1] 它是以信念和价值取向为基础的，个人从不同的信念和价值取向出发，就会采取不同的行为方式。责任意识是一种不畏艰难的意志，是一种认真做事的品格，是一种不断追求上进的精神状态，对一个人行为的发生和发展起着监控、反馈和调解的作用。

具有责任意识的教师，在教学工作与学习中，会以一种积极的心态来对待自己的教学工作，不仅会以高标准（理想自我）来严格要求自己，而且会认识到自己的不足并表现出较强的主动性和坚持性，在达到责任目标（理想自我）的过程中，促进自身实践性知识的提高。所以说，责任意识是提高教师自身实践性知识的内在动力。关于责任意识，与 L 老师的谈话摘录如下。

（1）问：您觉得要成为一名优秀教师，需要具备哪些素质？

要成为一名优秀教师首先要热爱这份工作。有些老师都没有目标，他们当教师是没有办法，为了混饭吃，为了拿工资养家糊口，他们把上课、教学当成一个任务来完成，他自己累，学生也累，这种老师教一辈子书都教不出水平来。我不一样，我认为教师不应该仅仅是教书匠，不是上几节课，对付完了事，而应该把这份工作当成事业来做。我特别热爱这份工作，热爱这个岗位，热爱这门学科。我不觉得累，我花多少工夫都不觉得累，即使寒暑假都放在里面也不觉得累，当时每个周末我都会和孩子们在学校搞科技活动。

---

[1] 王丽英. 高校教师责任与责任心问题探究 [J]. 黑龙江高教研究，2012（11）：84-86.

（2）问：好多人认为小学科学课不受重视，在学校没地位，纷纷要求改行，您怎么看待这个问题的？

你教这门课，不管别人重不重视，你自己要重视，才能把它教好。在我工作期间，几次校长找我谈话，让我改行教数学，我数学也学得很好，我不改，我就愿意教自然，我喜欢这门课，孩子们也喜欢我教这门课。我不会觉得这门学科没地位，你们瞧不起我，我就不教了……还有就是要不断以高标准来要求自己，要不断地充实自己，因为科学课上所涉及的内容太多太杂了，凡属于自然科学领域里的知识，你都得懂。后来我所学的，我所知道的绝对比我老师教给我的要多。因为我一边教一边学，包括看画报、看各种专业书籍，还会学些教学应用方面的知识。

（3）当时在天津、北京选了好几所学校的科学教师做试教工作，不只我们一所学校，天津所选的试教教师都是我们市中心组的核心组成员，都是天津市的骨干教师，但是后来他们由于各种原因，逐渐就不参加了，我一直坚持了下来，虽然增加了负担，但是在试教过程中我学到了很多知识。

（4）问：您上课过程中有没有遇到过内容无法取材的状况？

答：没有。我都是认认真真教的，养蚕比较难吧，我都能实现。我为了讲养蚕，我不怕辛苦不怕麻烦，从红桥区推了五六棵桑树苗，拿自行车载着，走回河西小区，足足走了两个多小时，从红桥区弄的桑树苗，到学校栽，栽活以后让孩子每年采桑叶，养蚕，我作为一个老师来讲，我就下得了这个苦。

（5）我那阵给刘默耕做试验班的时候，每天要记天气预报的资料，头天晚上需要看新闻，听广播，或者看报纸上的气象数据资料，把它记下来，那个时候要讲物候学，竺可桢的物候学，要坚持一年天天记，最高气温最低气温，天天记天气情况，风向雨量，阴天晴天都要做记录，到时候我还要检查，我就拿这个考你，你坚持不下来，你就不及格，每个教室黑板角上有一个小气象园地，画上一块地方，这个地方谁教课都不许给我擦了，这是气象角，每个班都有一个气象员，天天把当天的天气情况记录在那个角上，最高温度、最低温度、晴天、阴天，都用符号记录，风是什么风，几级风，都记录。每个孩子本上也做记录，坚持一年，每天坚持记录。

从材料中可以看出 L 老师具有如下品质:首先，作为一名小学科学教师，他热爱这份工作，并且以高标准来严格要求自己。他在谈话中提到"应该把这份工作当成事业来做"，认为"不管别人重不重视，你自己要重视，才能把它教好"，因此，为了教好小学科学课，基于小学科学课程内容具有综合性和联系性的特点，L 老师在教学中一直"不断充实自己"。其次，在教学工作中，L 老师表现出了积极主动和坚持不懈的精神。如前面提到的积极主动地把自己的课堂教学实况转录成课堂实录报告寄给专家点评、指导，坚持参与试教工作，坚持指导学生做气象数据记录等。此外，还有为了教学不怕苦不怕累的精神。如前所述，小学科学教学是一门实践性强的课程，所以实物材料的使用成为小学科学教学的必需，L 老师为了教好"养蚕"这节课，不辞劳苦地从远处运送桑树苗，在学校栽桑树苗、采桑树叶、养蚕。这些都体现了 L 老师对科学教学及教师的教育工作具有强烈的责任意识，正因为这种强烈的责任意识，L 老师在理论和实践上不断地学习，不断地充实自己，在学习中丰富了自身的实践性知识。

2.实践反思意识

教师的成长与发展首先来自对自己先前经验的重构，即反思。教师实践性知识是在教师的日常生活和专业实践工作中形成和发展起来的，是教师成长的一部分，教师的成长具有反思性，教师的专业实践活动必然也具有反思性，缺乏反思的教师专业实践充其量只能是一种机械、重复的劳动。

对于反思，学者们从不同的角度出发，形成了不同的理解。从知识的建构来看，反思是个体对自身知识的意义建构，通过反思，调节过去的经历和实践，挖掘其中隐藏的价值，寻找个人理论和公共理论的中介，重新建构更加有意义的知识。从问题解决来看，反思是对问题的深思熟虑，在行动过程中，个体将自身的知识、思想、行动相整合，经过反思，寻找解决问题的办法。杜威在 1933 年 *How We Think* 一书中提出反思是"实践者对支持其行动的任何信念和假定性知识作积极、执着和审慎的思考"。由此可以看出，反思是思考与慎思的过程，是理论与实践的整合。教师对自身教学实践的反思称为"反思性教学"或"反思性实践"，是教师对已经发生或正在发生的教学行动以及行动发生的原因和结果的思考。反思使教师站在研究者的角度对自己教学中的思想和行为进行认真的审视和思考，帮助教师及时捕捉、分析和研究各种教学现象、得失和灵感，发现新问题，并对出现的问题进行探究，形成对问题的新理解，从而做出有针对性的、更理想的教学决定。通过反思，可以使教师了解自认为所信奉的理论和实际使用理论之间的差距，从而促进外显理论知识的内化。在这个过程中，教师的教学观念得到了更新，教学知识得到了增加，教学能力得到提升，教学行为得到了改善，实践性知识得到了提高。可以说，反思是教师实践性知识改善的法宝。科学课程教师应结合自己的教育实践经验进行多层次、多角度、多学科的反思与总结，并将反思结果及时运用到科学专业实践中，促进教学实践的改进，提升自身的专业实践性知识。

L 老师在谈话中提到：

> 我以前在一线当科学教师时，经常写一些教学日记，还有备课笔记。我专门有一个本叫"教学札记"，上面什么都记，上完这节课，哪些内容讲得有问题，学生为什么会混乱或者学生出什么问题了。如果这节课上的效果特别好，学生配合得也好，上得也高兴，我也会把它都记下来，这很有用的，过段时间会翻看一下前面写的内容……这个本是我自己准备的，教学日记也是我自己想写的，当时校长没有规定。

　　小学科学教师实践性知识提高的程度取决于教师反思的深度，科学教师从外界接受到各类知识、技能，通过反思，才能把外显的知识内化，从而有效地指导自己的教学。首先，反思可促使科学教师通过主动学习各种知识来丰富自己的专业知识结构。小学科学教师从书本上、同行及专家教师那里学习到各种科学知识和科学教学知识，通过反思，原有的知识得以重构、丰富和发展。其次，反思可以提升科学教师的专业实践技能。小学科学教师专业实践技能的形成过程是一个逐渐从开始的机械模仿到灵活运用再到后来的自制创作的过程，这个过程同样需要教师的反思，没有经过反思的实践技能只能是不加考虑的机械重复。再次，反思有助于培养小学科学教师坚定的科学专业信念。教师的科学专业信念是在进行科学教学中逐步形成的，从开始的一知半解到后来深层理解科学教育的真正意义，都需要科学教师对自身的专业实践进行积极的反思。通过反思，教师逐步体验到教学活动所带来的成功和乐趣，这种成功和乐趣进一步促进教师去努力改善自身的专业实践，提高教学效能与效率。教师实践性知识的提高过程就是教师通过多样化的"反思"，形成对于自己及自身的专业实践活动更为深入的"理解"，并从中发现教育实践的"意义"。

二、基于交往的科学教师实践性知识发展

　　有研究表明，教师实践性知识虽然存在于教师个体身上，而且很大一部分是缄默的，但是可以被意会、反思和传递。[1] 因而，教师实践性知识的发展离不开其所处的交往环境。本节从该教师所处的专业实践环境出发，了解小学科学教师的人际交往互动，进一步考察专家型教师实践性知识的生成背景和路径。

　　小学科学教师实践性知识是小学科学教师在反思自己以往科学工作经

---

[1] 陈向明. 教师实践性知识再审视——对若干疑问的回应 [J]. 北京大学教育评论, 2018 (4)：19-33.

验的基础上，结合当下的科学教育情境和自己的生活经历所生成的对于科学专业知识、科学实践操作技能的认识和把握，并将这种认识用于指导和改善科学教学实践的知识，由科学专业信念、科学专业知识和科学实践技能 3 个要素构成，它们三者之间是交叉融合和相互影响的。笔者前期调查表明，小学科学教师 L 老师处于多层次的相互交织的交往群体中，他的交往主体主要包括：学校领导及管理者、同行教师、专家、学生及社会人士。L 老师的实践性知识是在其所处的环境中，通过与周围各类交往主体的互动而逐渐获得发展的，是交互结果在教师个体身上的体现。

（一）学校领导的扶持与认可

学校是教师实践性知识发展的主要环境，学校领导和管理部门担负着引领学校发展的重任。学校领导及管理者的办学理念和办学举措会对教师发展产生关键性的影响，而学校领导个人的思想和言行集中体现了学校的影响。

张新平教授将领导定位为两种类型：问题解决者和欣赏型领导者[1]。他指出问题解决型的领导主张用批判的态度来看待员工及其工作，在他们看来，员工都是有问题的，领导的工作重点是发现、识别问题，以及诊治、解决问题，在这种情况下，他们很难用信任的眼光来审视身边的人和事，对此，在工作中，员工往往会采取尽量躲避的方式，以"多一事不如少一事"的态度来对待，以此来避免问题落到自己身上。欣赏型领导者主张用欣赏、肯定、珍视的态度来对待个人及其工作，他们善于发现每个员工的优势和长处，针对组织中存在的问题始终以积极的态度来处理，从而从现实中看到未来的希望。在欣赏型领导者看来，员工都是具有发展潜能的个体，他们的工作重点是保护并激发员工身上的潜能以便为组织服务。在这种情况下，员工会有一种归属感和被尊重的感觉，会以"主人翁"的态度来对待工作，干劲十足，工作热情高涨，在提高工作绩效的同时自己也获得了成长。因此，欣赏型的学校领导及管理者会以欣赏的眼光来看待每一位教职员工，不会因为学历、资历或所

---

[1] 张新平. 校长：问题解决者与欣赏型领导者 [J]. 教育研究, 2014（5）：65-70.

教学科的不同而区别对待，会平等对待每一门学科，平等看待每一位教师，在促进组织发展，提高办学质量的同时，改善教师的实践性知识。L 老师是幸运的，他青年时代所在学校的校长是一位知人善任，尊重教育规律的领导。

1960 年师范毕业后被分配到市师二附小工作，开始教语文、数学，后来校长见我喜欢自然科学就让我教自然，拜老教师刘培贞为师。

基本上小学自然课都在教室里上，但有时候遇到特殊的内容需要到室外上的，就去室外上。有些课外课在操场上，有时候我还带孩子们到公园里去上，带孩子们到自然博物馆去上。在带孩子们去博物馆之前，提前跟学校领导联系好，告诉他们要把孩子们带出去，一般去自然博物馆作专题研究，一去就去半天，跟别的老师调课，班主任也会陪着我去，因为一个年级四个班都要去，我一个人组织不过来。那个时候，学校领导挺支持我们的，同意我们带学生出去，同意把一周的两节课换成连续的。

我们校长对我所做出的贡献和努力很认可，并且让全校老师都听我的自然课。当时校长比较重视老师的培养，也肯花钱花时间，遇到全国有什么会，校长也很支持，乐意出钱让我出去参会，去全国参与培训和讲课。再比如，我要做一个军舰，需要 20 多节电池，还有高射炮上需要的电池，那时候需要好几百块钱，校长也会同意。一般情况下，我在学校买材料从来都是先买了，回来再报销。先斩后奏，甭打扰我，我也不会乱花钱。但我花的钱都是用得着的，都是教学用品，关键是我遇到了好领导支持我。但有的学校校长就不让老师们去参会，花一分钱也不行，请假也不行，你没办法，遇到这样的校长就不好，就不行，这样的校长挺打消工作积极性的，不好。

访谈中，L 老师表示"我遇到了好领导支持我""我们校长对我所做出的贡献和努力很认可，让全校老师都听我的自然课"。他谈道："（我）开始教语文、数学，后来校长见我喜欢自然科学就让我教自然。"在教学中，"基于小学自然课的特殊性，有时候遇到特殊的内容需要到室外上的，学校领导挺支持我，同意我带学生出去，同意把一周的两节课换成连续的"，L老师就会带学生们去操场、公园、博物馆上课，特别提到"去自然博物馆作专题研究"，只要"提前跟学校领导联系好"，不仅"同意我跟别的老师调课"，而且"怕我一个人忙不过来，让班主任也陪着我去"。此外，L老师还谈到了校领导对于教师培养的态度，"当时校长比较重视老师的培养，乐意出钱让我去全国各地参与培训和讲课，通过参会，我了解到了好课堂好老师是什么样的"；对于教学材料的购买，"我在学校买材料从来都是先买后报销，比如高射炮模型上需要的电池，那时候需要好几百块钱，校长也会同意"。

从材料看出，L老师所取得的成绩与校领导的支持是分不开的。一方面，校长根据L老师喜欢自然科学，喜欢动手操作的爱好安排L老师任教小学自然课，让他可以充分自由地发挥自己的专长；另一方面，虽然科学课是人们心目中的"副科""边缘学科"，但是校长"一视同仁"，对于L老师异于常规的教学方式不加阻挠，而是根据科学课本身实践性强，具有开放性、探究性等特点，积极支持L老师到户外上课，将两节不相连的课调在一起，给予L老师充分的教学自主权，使L老师有了愉快的情感体验，感受到了领导对他的尊重与重视、对科学课程的重视，坚定了L老师愿意投身于科学教育事业的信念。此外，校长还提供了物质上的支持，愿意花钱让L老师买教具、买教学材料，参与各种会议和教师培训，促进L老师科学专业知识的提升，更加明白了科学课程应该教什么和如何教。

（二）科学教师之间的交流与合作

科学教师同行之间的交流与合作是维系教师共同发展的基础。教师同行可以是同学校的或不同校的，任课同一年级的或不同年级的，同一教学水平的或不同水平的。教师群体活动既能传递和学习显性知识，也能协商与建构专业发展的内隐性知识。

合作学习是以建构主义学习理论为基础的。建构主义者认为，任何学习者的学习都是以自己原有的知识经验为背景的，而不是凭空进入学习场景的，他们的学习是通过与其他伙伴的交互作用来进行的，如果他们相互讨论问题，那么他们更容易发现和理解复杂的概念。在现代社会强调终身学习、全民学习的背景下，并不是只有学生是学习者，教师也是学习者之一。教师是专门从事教育工作的专业人员，具有不同的文化背景和学科知识背景，一方面要接受专门的知识和技能的训练，另一方面又具有各自独特的教学经验和感悟。因此，他们在知识结构、思维方式、认识风格等方面都存在着个体差异，每个个体从自己的立场出发只能考虑到事物的某一方面或某几个方面，这就需要教师之间围绕着彼此在职场中遇到的问题进行沟通、交流，在沟通与交流的过程中，教师之间可以取长补短，分享智慧，获得物质上和精神上的双重支持，如共享教学材料、教学计划、教学策略，共同营造宽松愉快的学习氛围等。因此，教师要不断坚持学习，通过教师间相互学习、共享知识，形成双赢的协作共同体。L 老师在专业成长过程中也受益于同行的影响。

（1）与市中心组成员的协作

之前都是我自己钻研的，1977 年以后，我进入了市中心教研组，我们中心组有 6 个人，经常在一起互相激励、互相帮助、互相研究，大家都热爱这门课。每周我们都会选时间集中在一块儿，商量怎么搞研究，这周你上课，我们其他人听一听，研究一下这个课怎么上，下周换另一个人上课，其他人研究。除此之外，在自然课的教学中会用到各种教学材料、教具，有些教具没有现成的，就需要自己制作，为了节省时间，大家也会经常一起研究，彼此分享。

（2）与其他优秀教师间的交流协作

在 1981 年的时候，章鼎儿老师刚教自然科学课，之前教的是语文、数学，他刚开始带自然科学课，就带得很有水平，因为在那之前语文数学课就教得好。他刚教的时候我不认识他，他给我写了一封信，寄来一份教案，就是《小小气象站》，他征求我的意见，让我帮助他修改教案，后来我们俩就通信联系了，再后来在北京我在电视上看到了他的录像课，他也在电视上看到了我的录像课，才相互了解，也就是在北京开会，我们才第一次见面。跟他认识之后，我们就不断有联系，我们之间会经常交流一些新想法，新思想。比如，我在平时的课堂教学中，有时会不满足于教科书上的内容，常常会蹦出一些新的想法，然后就想把这些新想法拿出来教，我会和章鼎儿老师就这些想法进行交流，再后来我们就经常一起共同研究自然教学改革，引领全国的自然科学教学。

访谈中，L老师回忆："我们中心组有6个人，经常在一起互相激励、互相帮助、互相研究""起初我不认识他（章鼎儿），他给我写了一封信，寄来一份教案，就是《小小气象站》，征求我的意见，让我帮助他修改教案，后来我们俩就通信联系了""跟他（章鼎儿）认识之后，我们就不断有联系，我们之间会经常交流一些新想法，新思想"。L老师还谈到，同行之间除了彼此分享科学专业知识外，还会分享教具、教学材料，"在自然课的教学中会用到各种教学材料、教具，有些教具没有现成的，就需要自己制作，为了节省时间，大家也会经常一起研究，彼此分享"。

科学教师之间交流和共享对于实践性知识的发展是必要的也是必需的。一方面，小学科学课程具有综合性，教师在教学过程中会遇到更多的跨学科问题，教师之间需要相互研讨教学困惑和教学思想，互助互补，以丰富科学专业知识；另一方面，小学科学课程具有实践性，教学中需要大量的教学材料和教具，教师之间可以交换材料和教具，交流制作经验，传递其中蕴含的科学专业知识和实践技能。

（三）专家引领

专家引领能够熏染与帮助教师提升自我，参与竞争，加速知识的更新。

对中小学来说，专家主要分为两种：一种是学科教育专家，是通晓相应学科和教育理论的高校教师或研究人员；另一种是学科教学专家，是从中小学成长起来的优秀学科教师，即专家型教师。对于小学科学而言，专家就是科学教育专家和优秀科学教师。

科学教育专家具有先进的学科教育理念、开阔的视野和渊博的知识，他们主要解决"如何将先进的教育理念与小学科学教师的课堂教学实践相融合"的问题。一线教师通过与科学教育专家进行交流，可以开阔教育视野，扩大教育信息量，扫清长期以来教育认识上的盲点和障碍，纠正教学中错误的思想和观念，从而把握科学教育的正确方向。科学教育专家的作用主要是科学专业信念上的引领，一般采用专家培训、专题讲座、专业座谈、教学现场指导、示范课点评等多种形式。如果没有教育科学理论作为指导，教师的教育实践往往是茫然的实践，只能摸着石头过河，只能是一种经验性的、低质低效的试误教育。顾泠沅教授就曾经指出专家引领在解决理论与实践相结合，将先进理念应用于课堂教学的问题上，确实是一种有效的途径。德国学者卡尔·雅斯贝尔斯（Karl Theodor Jaspers）也指出："没有科学理论来指导实践，犹如航船行驶没有舵和指南针。"[1]

专家型教师具有丰富的教育教学实践经验，在理论联系实际上具有明显的优势，他们主要解决"如何提升一线科学教师的实践技能"的问题。在教学中，可以通过聘请专家型教师深入教师的课堂教学实践，与教师共同体验，帮助教师发现教学中存在的问题，给教师以现场即时的指导，帮助教师有针对性地运用各种教学方法与策略来解决教学中的困难和问题，在促进教师实践性知识提升的同时自己也获得了成长。一般来说，专家型教师都是在被指导和指导他人的过程中成长和发展起来的。因此，专家型教师的主要作用是专业知识与专业实践技能的引领，引领形式一般采用共同备课、听课评课、教后反思、现场诊断与指导等。

在谈话中，L老师提到了专家引领使他的教育生涯发生了重大的转折。

[1] 卡尔·雅斯贝尔斯. 什么是教育 [M]. 邹进，译. 北京：生活·读书·新知三联书店，1991：35.

　　我初次参加教育科研，教学思想没有脱离传授知识。但是得到刘默耕老师的指导，对我来讲是一个重大的转折，因为之前都是自己和其他同事以及市教研室的教研员们一起自我摸索，争取到刘默耕老师、兰本达教授的指导，当时对我来说是一个机遇。

　　我给刘默耕做试教工作，刘默耕指导我，打开了我的思路。我觉得人家指导得好，提高了我的教学素养，提高了我的评论素养。记得有一次，我讲"植物的果实"一课，前一天让学生回家准备一些果实带来，第二天一上课我让学生把带来的果实都摆到桌子上，带什么的都有，带苹果，带梨，带菠萝，有的孩子带的是胡萝卜，有的同学就说胡萝卜不是果实，有的学生认为胡萝卜是果实。接着学生就吵起来了。当时我就说，好，这个问题待会儿我们再研究，就给压下来了，因为跟我的原先教学计划不一样了，我想按我备课内容来讲，就把课上完了。刘默耕听着课，后来给我评课，就说："开始孩子们对胡萝卜是不是果实展开争论，多好的场面啊，你怎么给压下去了？"我说："我备课时没准备这个，这是突发事件，我怕驾驭不了。"刘默耕说："不是你驾驭不了，你三言两语就给压下去了，难道你不认为这是很重要的一个教学契机？"刘默耕认为这是在教书本，教教案，教你脑子里想的那个，而不是教科学。不是根据课堂上孩子反映的问题，因势利导地引导孩子把问题搞清楚。所以在他指导下，我重新又备课，改变了思路，然后把课堂转录稿寄给刘默耕老师让刘老师指导，这件事对我的影响特别大，印象很深。

　　后来又参加了兰本达教授在北师大组织的为期一周的培训班，看兰本达的教学电影，听讲座，开阔了我的眼界，心想："科学，原来是这么教的。"当时大约是在 1981 年，给刘默耕搞试教的时候，刘默耕打电话告诉我说来了一个专家，让我去学习学习，我就去了。然后我就试教"爬行动物"，试教完"爬行动物"把这课写完了给刘默耕，刘默耕寄给兰本达，兰本达就评我讲的"爬行动物"这一课，让我受益匪浅。后来就跟兰本达联系上了，再后来就经常有通信。我给他写信，他给我来信，等于有一个国际上的专家的指导，对我来讲是个机遇，帮助特别大。1980年到1990年，这十年是我教学专业思想突飞猛进的十年。所以我一系列的创造的课，一些论文，一些文章，都是在这10年里写的。1988年评上了科技教师，后来评上了中学高级教师、特级教师。

访谈中，L老师谈道："之前教学思想一直没有脱离传授知识的老路子""争取到刘默耕老师、兰本达教授的指导，当时对我来说是一个机遇"。一方面，L老师得到了以刘默耕为代表的"科学教育专家"的指导。他提到："我给刘默耕做试教工作，刘默耕指导我，打开了我的思路，提高了我的教学素养和评论素养。"对此，他以试教"植物的果实"为例，回忆当时的教学过程：让学生提前准备各种"果实"并带到学校，课堂上让学生讨论自己带的是不是"果实"，后来学生们针对"胡萝卜是不是果实"的问题争论起来，这时候L老师觉得"备课时没准备这个，这是突发事件，我怕驾驭不了"，对此采取了把问题搁置的策略，他谈道："当时我就说，好，这个问题待会儿我们再研究，就给压下来了，因为跟我的原先教学计划不一样了，我想按我备课内容来讲，就把课上完了。"这时，刘默耕给予了及时的指导，认为"这是很重要的一个教学契机"，并且提出："你这是在教书本，教教案，教你脑子里想的那个，而不是教科学。不是根据课堂上孩子反映的问题，因势利导地引导孩子把问题搞清楚。"对此，L老师"重新备课，改变了思路，然后把课堂转录稿寄给刘默耕老师让刘老师指导"，并且他谈到"这件事对我的影响特别大，印象很深。"另一方面，L老师还得到了以兰本达为代表的"优秀科学教师"的指导。在谈到兰本达老师时，L老师提到："等于有一个国际上的专家的指导，对我来讲是个机遇，帮助特别大。"L老师谈到认识兰本达得益于刘默耕的引荐，他提到："大约是在1981年，给刘默耕搞试教的时候，刘默耕打电话告诉我来了一个专家，让我去学习学习，我就去了。"

在那期间，L老师不仅参加了培训，还观看兰本达的教学电影，从而"开阔了我的眼界，心想'科学，原来是这么教的'"，后来试教"爬行动物"并通过刘默耕寄给了兰本达，"兰本达老师不仅对"爬行动物"给了详细点评，而且在之后经常以书信的方式交流科学教学中的问题"，这些使L老师"受益匪浅"。对此，L老师谈道："这十年是我教学专业思想突飞猛进的十年""创造了一系列的课，发表了一系列论文，评上了科技教师、中学高级教师、特级教师"。

案例材料中，L教师由于受原有知识和能力不足的影响，教学进入了"瓶颈期"，在这种情况下，遇到了刘默耕和兰本达两位老师，刘默耕教L老师如何应对"突发事件"，兰本达教L老师如何处理"教学细节"，在得到了专家理论上的点拨和实践上的指导后，L老师对其原有知识和能力进行了重新建构，知道了"科学，原来是这么教的"，对科学教育的信念、科学的本质及对科学教师角色和师生关系都有了新的理解，完善了其科学专业知识，提升了其科学实践技能，这些都成为了L老师个人实践性知识的一部分，从而为个体教学行为能力的提升提供新的起点。

（四）师生互动与学生反馈

学生对科学教师的影响主要是在课堂内外教学的师生互动中以其言行的反馈来达成的，师生互动的途径有课堂教学、课外指导和个别交往等。

首先，学生的认可和行为的改变能够改变教师的教育信念，唤醒教师提升自身实践性知识的意识。加斯克提出，在对学生施加教育影响后，学生思想或行为的明显变化可以促使教师的信念和态度发生显著的改变，他把这种范式归纳为4个步骤：教师在职培训、教学实践环节的变化、学生表现的变化、教师知识结构和教学观念的变化。[1]在学校中，常常存在教师所从事的课堂教学实践与他所讲的教育观念相悖的情况，其根本原因在于教师固有的观念

---

[1] D. Clarke，H.Hollingsworth.Elaborating a Model of Teacher Professional Growth [J]. Teaching and Teacher Education，2002(8)：134.

及思维定式束缚了教师的手脚，阻碍了教师的发展。在这种情况下，学生的信任与认可以及学生行为的改变往往能唤醒教师教书育人的社会使命感和责任感，增强教师的教学效能感，提高教师对新的教育理念的认同感，激发教师发展的潜能，比专家和领导苦口婆心的教化要有效得多。访谈中，L 老师谈道："学生们特别喜欢上我的课，铃声一响，我进教室一上讲台，学生们就会热烈鼓掌欢迎我去上课，当时哪个教室一有鼓掌声，别的老师们就会说：'肯定又是 L 老师上课去了。'"对此，他觉得"特别有成就感"，所以就"把课设计得让学生特别爱上"。此外，L 老师还提到："我教的好多学生后来都在自己的工作岗位上学有所成，干的不错。"他举了个例子："有个学生叫黄浩，原来是我天文气象小组的一个成员，我教他怎么看星星、记星座，他从小就对天文表现出很浓厚的兴趣，坚持每天晚上观察星星，画星座，从小立志长大要做个天文学家，后来他到美国读的博士，专攻天文物理学。"这些"坚定了我作为一名小学科学教育教学工作者的信心"。可以看出，由于 L 老师获得了学生的认可，学生长大后在各行各业成为了"科学人才"，这些行为表现唤醒了 L 老师教书育人的社会使命感和责任感，增强了 L 老师的教学效能感，提高了 L 老师对科学教育理念的认同感，激发了 L 老师发展的潜能，从而增强了他从事科学教育的信念。

其次，学生的知识需求和素质提高也是教师成长的动力。随着社会的发展，知识更新频繁，学生对知识的需求量日益提高，获取知识的渠道日益增多，并且对新观念、新科技的接受能力超越了他们的前辈，促使教师必须在与学生共同营造的学习"场域"中与学生共进，在共进的过程中提升教师自身的实践性知识。在访谈中，L 老师谈道："教学过程中偶尔也会遇到'下不了台'的情况，就是学生把我给问住了。遇到这种情况，课后我会去翻书，查工具书，我会去学，你必须不断地扩充自己的知识量。"他举了一个例子："比如有个学生叫王涛，他拿了一束小花，问我这是什么花？把我给问住了，我不会，我就去查资料，最后发现这种花的名称叫'臭椿花'，其实身边有好多这种花，但是我以前没有认真观察过，他拿来这一束，我就不认识。经过跟学生一起学习，学生把我教会了。"可以看出，L老师常常为了应对学生的知识需求而不断地自我学习或与学生共同学习，在学习的过程中习得科学专业知识。

最后，学生的表现可以促进教师对自身的实践进行反思。学生是教师专业实践的直接影响对象，学生的学习表现往往能快速地反映出教师工作的效果，因此，也是教师专业反思的一面镜子。这面镜子不同于专门录制的教学录像，课堂录像的回放和分析往往在时间上是滞后的，不能即时反映出教师的教学行为是否恰当；也不同于教师同行和专家的指导建议，在教学指导中，他们往往会由于各种原因而避重就轻，致使教师难以得到实质性的帮助。如前述访谈材料中所提到的L老师会因为学生"热烈的掌声"而决心努力把科学课上好。对此，L老师谈道："学生有没有掌握知识，可以从他们的表情及课堂活跃情况看出来，如果学生回答问题不积极或者叫他们站起来回答问题，回答得吞吞吐吐，结结巴巴，说明他们没掌握，有时候会从他们的答案中了解到存在些什么问题，今后自己的教学应该怎么改进。"由此可见，L老师可以从学生多样而复杂的表情中读到他们困惑的苦恼或者理解的快乐，然后根据情境的"回话"，做出下一步的决策，从而得到新的应答，在无数次的对话与回话中，发现教学中存在的问题，从而改进教学实践，提升自身的学科教学知识。

（五）社会人士的支持和参与

与科学教育和教师相关的社会场所和社会人士都是影响其发展的重要因素。科学教师要解决教育中存在的各种问题，仅靠自身的力量和校内资源是不够的，还必须争取社会人士的积极配合与协助，其中与学校教育和教师的专业实践接触最多的是家长。

小学科学课程是一门以实验为基础的学科，实践操作性比较强。小学科学课程又是一门包罗万象的综合性学科，上至宇宙，下至花草鱼虫，外有岩石土壤，内有地球内核。此外，还包含了声、电、光、磁、热等多种自然现象，所以就需要丰富的学科教学资源。只有具备了丰富的科学课程教学资源，才能顺利开展科学教学，才能激发学生的学习兴趣、扩展学生的知识、拓宽学生的视野和提高学生的探究能力，教师的学科教学知识和专业实践技能才能进一步提高，教师的实践性知识才能有所发展。但是由于学校空间和教师时间、精力的有限性，学校的课程教学资源远远不能满足学生学习和教师教学的需求。在这种情况下，学生家长和社会人士的参与和支持就显得尤为重要。一方面，家长们工作在不同的岗位上，来自于各行各业，能为学校提供多种教学资源和参加校外活动的机会，弥补学校教学资源的不足；另一方面，家长对教师教学的支持与肯定，无形中也会激发教师积极主动发展的动力。此外，学校周围的企事业单位、博物馆、科技馆等事业组织也可以为科学教育提供丰富的素材资源，既方便小学科学教师教学工作的顺利开展，也拓宽了学生的视野，对教师实践性知识的发展产生一定的积极作用。L 老师在教学中就得到了社会人士及家长的各方面帮助，推动了科学教学的顺利进行，为实践性知识的发展提供了精神和物质支持。

　　在从事一线教学时，家长给我提供了很多帮助、很多资源，让我有材料可以去研究，有实物去教学。比如当年讲关于心脏的血液循环系统这一课的时候，有些学生家长是在医院当医生的，我从医院把真正的心脏标本就借来了，装在一个盒子里面，上面标有姓名、年龄等信息，我把它泡在福尔马林溶液里，让学生观察，告诉学生说："这可是真的人心啊！"学生兴趣特别大，有助于他们了解心脏血液循环的过程和原理。有时我会找一些透视的片子，上课的时候使用。还从医院里借过好多的听诊器，两个孩子一个，借了好多，人家（家长）就特别支持我的工作。我有一个孩子的家长是地矿研究院的，给我找来好多矿物、岩石标本，做得都很标准，上面还贴着标签，然后我发给孩子们每个小组一盒，让他们观察，我自己也来研究。在教学过程中，除了进行课堂教学之外，我在课外还组织了好多全校性的大型科技活动，那时候孩子们特别积极，家长也很支持，都希望孩子们到我这儿能学点真本事，提升动手的能力。我还借来了天文台真正的大天文望远镜，搬到我们校园里来，开一个关于月亮的晚会，家长带着孩子们来，几百个人，挨个看，那个天文望远镜是跟着地球自转的，对准月亮以后，跟着月亮走，看月亮、看星星。还在八月中秋节的时候组织过一个中秋节晚会，我弄了个大屏幕，用幻灯机照了一个大月亮，放火箭，还配上"滴滴答答"的电报声，还做了两个小朋友登上月亮，在月亮上谈话的场景。

联系工厂、博物馆、科技馆，借天文望远镜，都是我自己联系的，那些单位都跟我很熟，我是博物馆、科技馆的业余研究员，他们经常请我去帮忙。科技馆引进了一个关于星座的大型的片子，把我喊去让我帮忙出主意，指导科技馆借助小学教育的内容来编排他们的内容。然后带着学生去现场观星座，就在天文馆上天文课，这是我升上特级教师之后请我去帮他们的忙，让我指导他们怎样将科技知识融入小学教育中。自然博物馆，我就主动跟他们联系，带着学生去上课，在自然博物馆讲，他们非常欢迎的，特别希望老师们带着学生去上课。

只有有了实物，教学才能顺利进行，没有实物，就没法进行教学，只凭看书本，不行，学生理解不了。这些对于增长我的知识和提高我的教学能力，都起到了很大的作用。

在访谈中，L 老师谈道："在从事一线教学时，家长给我提供了很多帮助，很多资源，让我有材料可以去研究，有实物去教学。"对此，他举了一些例子，如"当年讲关于心脏的血液循环系统这一课，为了让学生了解心脏血液循环的过程和原理"，找医生家长借"心脏标本"且"把它泡在福尔马林溶液里，让学生观察"，找"透视的片子"，借"听诊器"；"讲'矿物与岩石'一课，为了让学生了解矿物和岩石的相关知识"，找地矿研究院的家长借来"贴了标签的岩石标本"，"让他们观察，自己也来研究"；此外，L 老师谈到了其他社会人士的支持:"他们非常欢迎的,特别希望老师们带着学生去上课。""为了让学生了解天文知识,我联系工厂、博物馆、科技馆,在自然博物馆、天文馆上课,借天文望远镜,带着学生去现场观星座,让学生看月亮、看星星",这些"都是我自己联系的,我是博物馆、科技馆的业余研究员,他们经常请我去帮忙。""只凭看书本不行,学生理解不了。这些对于增长我的知识和提高我的教学能力,都起到了很大的作用。"

由上可知,L老师在教学中想方设法争取社会人士的支持和参与,既使教学更为生动和深入,也增长了"我的知识"并提高了"我的教学能力"。学生家长及各行各业人士的帮助,既能弥补学校教学资源的不足,改善小学科学教师的实践条件,也是对教师教学的支持与肯定,激励教师自我发展,这些都优化了教师实践性知识发展的环境。

三、科学教师实践性知识发展的生态系统

(一)小学科学教师实践性知识发展生态系统的构成

以上研究揭示了小学科学教师通过与其他交往主体间的互动,而不断改善自身实践性知识的样态。学校领导及管理人员对科学教师的精神支持,坚定了教师的科学教育信念,为其提供的工作条件保障,使教师能全身心投入教学实践从而改善实践性知识;科学教师与学校内外同行教师之间通过各种形式和层次的教研交流而形成群体,教师群体的共享共生特质和竞争进取氛围促进了教师个体的知识学习和转化;在教师培训、进校指导和校内外研修等活动中,教育专家能在专业信念、专业知识、进取意识和努力方向等方面给予科学教师引领和指导;课堂教学中的师生交互会直接影响教师的专业信念,唤醒教师主体意识,强化教师个体的学习、实践与反思;包括家长在内的社会人士的支持与参与,不仅改善了教师专业实践环境,拓宽了物质、能量和信息的交换途径,而且激发了教师专业实践热情,体现了教师实践性知

识发展环境的复杂性和多元化。由此可见，教师与其所处环境中其他主体间的交往互动，是小学科学教师开展专业实践进而提升自我的基本方式，也是实践性知识发展的基本途径。

　　小学科学教师与影响其实践性知识发展环境因素的交往互动，构成了小学科学教师实践性知识发展的生态系统，即以小学科学教师为专业发展主体，对教师实践性知识的学习、反思、传递、提升起制约和调控作用的多元环境体系，如图 4-2 所示。

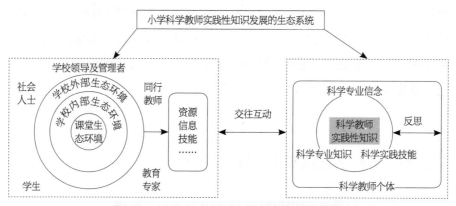

图 4-2　小学科学教师实践性知识发展的生态系统

　　生态系统中的科学教师个体是实践性知识发展的主体，教师个体所具有的科学专业信念和掌握的科学专业知识及科学实践技能的差异，影响其实践性知识发展的速度和水平。学校领导及管理者、同行教师、教育专家、社会人士和学生是其交往主体：学校是党和国家的教育方针、政策的贯彻和执行机构，是社会主流意愿的体现者，学校领导和各级管理人员是学校理念和行为的代表；同行教师主要是指科学教师的校内外同行，包括跨地区的及通过网络建立的科学教师协作团体等；教育专家包括与科学教育相关的高校教师和研究者，以及科学课程教研或教学的专家型教师，如专职教研员、教学名师等；社会人士是指与科学教师和教学相关的社会场所人员，包括学生家长；学生是指教师在课堂内外直接交往的科学教育对象。

　　小学科学教师所处的生态环境可分为学校外部生态环境、学校内部生态环境和课堂生态环境 3 个层次：学校外部生态环境是与实践性知识发展关联密切的社会环境和精神文化环境，如国家教育政策、教育部门、教研机构、科学教育专家及教学名师、生产和科技场所、社会人士及学生家长等；学校内部生态环境涉及学校领导和管理部门、规章制度体系、基层教学组织、教师工作环境、科学教学环境等，并且会体现国家和社会影响；课堂生态环境是基于科学教学的教师与学生之间的课内外互动关系。该生态环境为科学教师及其他交往主体提供了互动所需的资源、信息、技能等。

　　小学科学教师实践性知识发展的生态系统具有复杂多样性、整体关联性和动态平衡性等 3 个基本特性。首先，个体、群体、环境及它们之间关系的差异导致了生态环境的复杂多样性，这是一个多层次、复合的环境系统。从科学教师实践性知识发展的相互影响来看，科学教师所处的生态系统包括教师个体生态和教师群体生态。小学科学教师个体发展生态是促进和协调科学教师自身实践性知识发展的内部生态，小学科学教师群体发展生态是指教师同行群体生态，在学校内外有多种不同类型和适度规范的教师群体，包括正式群体和非正式群体，网络技术使科学教师个体能跨时空连接为群体，如学校的科学教研室、地区的科学课程教研中心、跨学校和跨地区的网络协作团体等。教师个体及归属与交往的群体不同，对科学教学的认识及所拥有的科学专业知识和科学实践技能会有所差异，导致了教师实践性知识来源和构成的复杂、多样。

　　其次是群体成员之间相互依存、相互影响而产生共同发展动力的整体关联性。在科学教学实践中，小学科学教师为了解决教学问题、提高教学质量及实现自身的专业成长，必然会与学校领导及管理人员、教育专家、教师同行、学生、家长及社会人士进行沟通和交流，从而形成了各种规模和特质的生态群。在所处"群体"中，科学教师将各自不同的知识、技能分享给群体成员，通过群体的整合和努力来协作解决教学难题，在协作过程中，提升了教师个体科学教育的胜任力，坚定了他们从事科学教育的信念，并且教师个体的先进教育理念和优秀教学经验会对其他成员产生积极的影响和作用，促进教师群体的实践性知识发展。

最后是基于各生态因子之间的合作与竞争而自我调节的动态平衡性。科学教师在发展过程中，要与其他交往主体进行资源共享、信息传递和技能交流，取人之长，补己之短，来增长自己的专业知识、提高自身的教学实践技能，增强自我发展的意识，维持自我生态平衡；并且在出现观点差异、冲突时，要坚持用批判、辩证的眼光来反思自己和看待对方的观点，协商以达成共识，从而实现教师实践性知识发展生态环境的动态平衡。

（二）优化小学科学教师群体交往的环境

为促进小学科学教师实践性知识的发展，需要从教师的交往环境及生态系统的基本特性出发，结合科学教师专业特点和科学教育实践特点，构建"内外部环境协调、动态平衡的生态系统"[1]。

1.营造小学科学教师实践性知识发展的生态环境

生态环境的差异会明显地导致生态系统的复杂多样。不同的环境将使教师个体、群体建立不同的联系，引发不同的物质、能量和信息的流动，形成不同的实践性知识发展路径和结果。

（1）创建科学教师开展探究式教学所需的物质环境

工作环境和条件是影响科学教师实践性知识发展的生态因子。《义务教育科学课程标准》指出"小学科学课程倡导以探究式学习为主的多样化学习方式，促进学生主动探究"，科学教师对探究式教学的钻研能够获得更多个人发展，这就要求具备相应的物质环境。对此，一要加大资金投入，保证科学教学所需的设施、材料及教具；二要采取必要的措施，支持教师组织科技小组、设置动植物观察柜、开辟生物园地、气象观察点等，放宽对科学教师室外和校外教学活动的限制，并积极帮助教师联系校外探究活动场所，如天文台、气象站、工厂、农场、博物馆等，可以适当地支持科学教师根据教学

[1] 靳玉乐，殷世东.生态取向教师专业发展的理念与策略[J].教师教育学报，2014（1）：23-30.

需要调课。总之，要通过提供资金支持、场地支持及时间支持等方式改善小学科学教师的专业实践条件。

（2）构建科学教师开展教研交流的社会组织环境

教研交流是生态系统中最基本的交互活动，是直接影响科学教师实践性知识发展意识和发展层次的互动交往，因此需要为教师构建有利于教研交流的社会组织环境。首先，学校领导及教育部门要积极组建和完善学校科学教研室、地区科学教研中心及网络教研平台等，开辟广泛、畅通的同行交流途径；其次，既要充分发挥专家引领作用，建立专家团队与科学教师交流的常态机制，也要重视在教师群体内部组建多层次的名师团队，以名师的学识水平和人格魅力增强教师群体的群聚程度；最后，可以通过组建家长委员会、社区合作机构等方式，拓展科学教师与家长和社会人士交流的途径，共同探讨如何改进科学教学。

2. 支持和促进小学科学教师的群体交往

小学科学教师实践性知识的提升依赖于在生态环境中与各类主体的交往，而交往是满足群体归属感和产生群体动力的基础，也是参与合作与竞争的基本方式。改善交往涉及交往氛围、交往机会及交往质量等多个方面。

（1）形成群体交往的氛围

科学教师能否通过交往获得自身实践性知识的发展取决于是否具有交往的意识，而良好的交往氛围能够提升教师交往的意识。首先，学校及相关教育部门应该通过制定文件的形式使交往活动制度化和经常化，如建立校领导深入教研室制度、编制各层次教研室的教研计划、教师外出培训计划等；其次，引入竞争机制，采用激励措施鼓励每个教师参与及做教研反思，如对积极参与者和优秀教研反思稿给予物质或精神奖励等；最后，要创设宽松和谐的交往氛围，采用能够让教师们畅所欲言的交流方式和信息技术手段。

（2）增加群体交往的机会

拓宽交往渠道和保持适当频度能够有效增加科学教师与周围群体交往的机会。学校作为教师科学教育实践活动的主要场合，一方面应周期性地组织校外科学教育专家及科技研究人员与本校科学教师的交流活动；另一方面要积极安排本校科学教师外出参加学习与培训。此外，还可以定期举办校领导与教师座谈会、师生座谈会、家长座谈会，借助微信群、QQ 群、钉钉群、腾讯会议等网络交流平台来增进教师与各类群体的交往。

（3）提高群体交往的质量

交往质量是群体交往的追求目标。首先，要发挥专家和名师的示范参照作用，专家指导内容要有针对性，指导方式要多样化，要注重过程性指导；其次，交往方式多样化，除了通常的讲座、座谈、研讨等方式外，还可以通过建立学习共同体、听课评课、向学生和家长收集问卷等方式，增加交往的深度。最后，要引导科学教师在交往中对自身的教学实践进行经常性的主动反思，以提高交往有效性。

本节主要从教师个人品质和教师的人际交往两个方面探讨了小学科学教师实践性知识发展的环境影响。小学科学教师通过与其他交往主体间的互动，形成了影响教师实践性知识发展的生态系统。教师在主动改善个体发展生态的同时，注重参与各类群体交往，使自己处于良好的群体生态中。通过与其他交往主体之间相互交流、合作与学习，以共生、共享、共进的方式，不断地更新知识并提高技能，自身原有的实践性知识得以重组和改造，形成了新的实践性知识，从而实现个体实践性知识发展，同时，也促进教师群体实践性知识的发展。因此，重视科学教育，结合科学教学的特点，遵循教师实践性知识发展规律，构建良好的生态环境，将有助于教师群体的实践性知识改善和提升。

综上所述，充分考虑教师的成长经历及所处的社群环境，来构建相对稳定的、整体化和系统性的促进教师实践性知识发展的机制是必要的，也是提高科学教师队伍专业化水平的根本途径。

第五章　小学科学教师实践性知识发展模型的构建

　　本章以前期研究为基础，充分考虑小学科学教师的成长经历及其所处生态环境的影响，构建相对稳定的、整体化和系统性的科学教师实践性知识发展模型，并深入分析改善机制，为普遍迅速地提高小学科学教师队伍专业化水平探寻切实可行的解决方案。

第一节　小学科学教师实践性知识发展模型构建的依据

一、模型构建的理论依据

（一）教师实践性知识学习的建构主义视角

教师学习是一种带有反思性色彩的智慧活动，是一个复杂的过程，教师是学习的主体，有自己的情感感受，有自己独特的知识类型，即实践性知识。教师的学习必须是主动的、自我发起和自我导向的，而不应该是外部强加的。建构主义学习理论能够把促进教师学习的相关因素都纳入其中，为研究小学科学教师的实践性知识学习提供了适宜的分析视角。

建构主义学习理论强调学习的主动建构性、社会互动性和情境性。[1]首先，小学科学教师实践性知识的改善不是外界强加的过程，而是教师在自己原有实践性知识的基础上，通过自身的专业实践来主动提升和完善，不断自我建构的过程；其次，基于小学科学教师的发展具有"群体性"共生的特点，小学科学教师实践性知识的学习又是一个群体文化参与的过程，是一项社会性实践活动，教师通过参与群体性的专业实践活动，在思维与交流的过程中把有关的科学专业信念、科学专业知识及科学实践操作技能内化为自己的一部分，从而越来越自如地开展科学教学活动；再次，小学科学教师的实践性

---

[1] 陈琦，刘儒德. 教育心理学 [M]. 北京：高等教育出版社，2005：143.

知识不是固定不变的，是依据情境的变化而变化的，具有情境性，其学习过程应该是问题导向的、情境化的、具身的（embodied），也就是所谓的"行动中识知"[1]，这就要求小学科学教师不仅需要通过"看中学"的方式从书本上和教师培训课程中提升实践性知识，更需要通过"身临其境"的方式，在"做中学"的过程中来实现。

因此，要提升科学教师的实践性知识，就应该关注教师实践性知识学习的过程，在个体层面表现为要关注教师作为学习主体的情感感受，提高自我建构的主动性；在社会层面表现为要关注"知识"作为学习的客体所处的情境性，为科学教师创设相应的社会情境，加强社会交互与合作学习来帮助教师进行知识学习。

（二）教师实践性知识发展的生态系统

教师不是"个体式"的存在，而是"群体性"的共生，他的专业发展无时无刻不与周围的环境发生关系，研究教师实践性知识的发展必须将教师置于教师发展的生态系统中来探讨。

小学科学教师实践性知识发展的生态系统是以小学科学教师为专业发展主体，对其实践性知识的学习、反思、传递、提升起制约和调控作用的多元环境体系，具有整体关联性、复杂多样性和动态平衡性。整体关联性是指教师个体与其他教师、与各种群体之间是相互依存、共生共进的，科学教师既要借助群体的共同努力来发展自身的实践性知识，也要与群体成员分享自己的知识经验，给予其他成员积极的影响；复杂多样性是指由于教师个体、各种群体和环境因素及它们之间关系的差异，而使小学科学教师处于多重生态环境中，这些环境有各自不同的特点，并且是相互影响和彼此交织的，它们共同作用于科学教师；动态平衡性是指科学教师在发展过程中，既要与群体其他成员之间进行资源共享、信息传递和技能交流，也存在着与他人的竞争，因而要增强自我发展的意识，主动维持自我生态平衡。

---

[1] 陈向明. 从教师"专业发展"到教师"专业学习"[J]. 教育发展研究, 2013（8）：1-7.

二、模型构建的实践依据

笔者前期对某专家型教师实践性知识发展经历和样态的研究结果，为模型构建提供了实践依据。

（一）小学科学教师实践性知识发展的层次结构

小学科学教师实践性知识发展的层次结构涉及知识发展水平的层次和个体的自我建构层次。随着教师专业实践经历的增加和教学知识技能的积累，实践性知识水平会经历由量变到质变的递进发展，可以分为由低到高3个层次，分别是经验型实践性知识、理性化实践性知识和智慧型实践性知识。然而，教师实践性知识水平并不是随着教师的教学经历自然跃升的，而是依赖于个体的自我建构的主动程度。实践性知识的自我建构存在着自在、自知和自为3个层次，反映教师对教学"惯习"的认识、运用及主动建构新"惯习"的转化过程。"自在"水平是教师教学"惯习"的认识与积累，"自知"水平是教师教学"惯习"的形成及其运用，"自为"水平是教师对原有教学"惯习"的重组和新教学"惯习"的建构。这种转化是以个体当前实践性知识水平层次的认知、态度和行为为基础的。

自我建构的层次固然与教育教学实践经历有关，但并不是被时间因素唯一制约的。这就意味着，教师实践性知识的发展不一定被教龄和年龄制约，在教师培养中遵循层次结构反映的规律，创设优良的发展环境和激励自我努力，就能够缩短教师实践性知识层次提升的时间而使之迅速发展。

（二）小学科学教师在实践性知识发展生态环境中的交往互动

小学科学教师所处的生态环境中，与实践性知识发展密切相关的是直接影响其科学课程教学实践的生态群。小学科学教师个体发展生态是促进和协调科学教师自身实践性知识发展的内部生态，影响实践性知识整体提升。小学科学教师与生态群的环境因子交往互动，主要交往对象有：学校的领导和管理人员、同行教师、教育专家、社会人士、学生。小学科学教师通过交往互动获取了实践性知识发展的动力和资源，科学教师在改善个体生态的同时也积极影响着群体生态。学校领导及管理人员对科学教师的精神支持和工作条件保障，使教师能全身心投入教学实践从而改善实践性知识；科学教师与同行教师之间主要通过各种形式和层次的教研交流而形成群体，教师群体的共享共生特质和竞争进取氛围都能促进教师个体的知识学习和转化；在教师培训、进校指导和校内外研修等活动中，教育专家能在专业信念、专业知识、进取意识和努力方向等方面给予科学教师引领和指导；科学教师与学生在课堂内外的交流以及学生对教学的反馈，会直接地影响教师的专业信念，引发深层次的自我反思；包括学生家长在内的社会人士对科学教师及其工作的理解、支持和协助，不仅改善了教师专业实践环境，还能激发教师专业实践热情。

在生态环境中的交往互动，是小学科学教师专业实践和学习的基本方式，也是实践性知识发展的基本途径。小学科学教师在交往互动中实现实践性知识的自我建构，同时也进行着社会建构。而交往互动是否有益于教师实践性知识的发展，是依赖于生态环境的，因而必须营造良性生态环境。

第二节　小学科学教师实践性知识发展模型的组成

由模型构建的理论依据和实践依据可以提出小学科学教师实践性知识发展模型，如图 5-1 所示。该模型的功能是整体地、系统地揭示教师实践性知识发展的相关因素及其联系，提供改善实践性知识的可操作的策略体系。

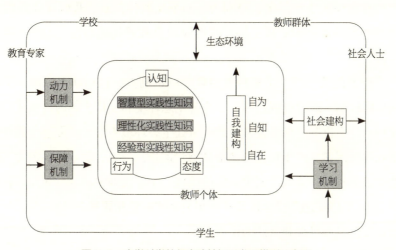

图 5-1　小学科学教师实践性知识发展模型示意图

该模型由小学科学教师实践性知识发展的生态环境、教师个体实践性知识发展的层次结构和改善教师实践性知识的机制群 3 个部分组成。

　　生态环境是构建模型的基础，包含教师个体及影响其实践性知识发展的主要环境因素。教师个体是实践性知识发展的主体。学校是指学校领导、管理部门、管理体系、制度体系、基层教学组织，以及科学教师工作和开展科学教育所需的时空和资源条件，如时间、场所、设施、器材、资料等。学校是党和国家的教育方针政策的贯彻和执行机构，是社会主流意愿的体现者。教师群体主要指科学教师的校内外同行，包括跨地区的科学教师社团及网络虚拟团体等，以及与他们发展关联的校内外其他学科教师。教育专家包括与科学教育相关的高校教师和研究者，以及科学课程教研或教学的专家型教师，如专职教研员、教学名师等。社会人士是指与科学教师和教学相关的社会场所人员，包括学生家长。学生是指教师在课堂内外直接交往的科学教育对象。

　　教师实践性知识发展的层次结构包含 3 个方面的成分。其一是教师实践性知识的成分，包括对教学实践的认知、态度和相应的教学行为；其二是实践性知识的 3 个层次，分别为经验型实践性知识、理性化实践性知识和智慧型实践性知识；其三是实践性知识自我建构的自在、自知和自为 3 个层次。

　　该模型的核心是一个多种机制联动的机制群，包括动力机制、学习机制和保障机制。通过机制运行，来改善生态环境和支持个体的自我建构与社会建构。动力机制是指整合科学教师所处生态环境中引导和促进实践性知识发展的积极因素，产生持续协调推动力量的作用方式；学习机制是为支持实践性知识的建构，给教师创设一定的情境，激发教师主动学习和知识转化的作用方式；保障机制是指学校及其他相关群体在党和国家方针政策的引导下，为教师提供发展机会和条件的作用方式。

　　教师实践性知识发展模型的各部分之间存在着交织融合的关系和过程。教师个体与各种环境因素通过物质、能量、信息流动交换，维持着生态环境的基本运行。[1] 教师群体一方面影响教师个体，另一方面由于成员之间的相

---

[1] 靳玉乐，殷世东 . 生态取向教师专业发展的理念与策略 [J]. 教师教育学报，2014（1）：23-30.

互依存和影响而产生群体动力；教师个体通过与其他因素的交往实现社会建构，同时也不断地进行个体的自我建构，影响着个体实践性知识的层级结构；动力机制主要改善教师实践性知识发展的人际环境并营造良好的发展氛围，学习机制侧重于支持教师实践性知识的自我建构与社会建构，保障机制主要满足教师发展的基础条件和改善物质环境。

第三节　实践性知识发展模型的机制群分析

一、动力机制

动力机制是基于生态系统的整体关联性而提出的。在教师实践性知识发展生态系统中，教师个体与其他教师、与各种群体之间是相互依存、相互影响的，其中积极的影响会形成有助于教师实践性知识自我提升和持续发展的合力，包括内部动力、群体动力和外部动力。

科学教师实践性知识发展的内部动力主要表现为教师对于科学教学的信念，即科学教师的职业认同，它推动着科学教师产生自我发展意识及实践性知识的自我更新和改善。而群体动力主要通过科学教师与群体成员之间的相互影响和作用表现出来，教师群体内的相互作用往往呈现 3 种力量：凝聚力、驱动力和耗散力。[1]凝聚力是指由于群体成员之间形成了友爱互助的关系，使个体产生归属感以及群体对个体的吸引力；驱动力是指群体成员在共同目标和愿景的推动下协调发展，共同进步；耗散力是指群体成员相互猜忌和竞争的消极影响。群体动力是增强凝聚力和驱动力，减弱耗散力的结果。教师实践性知识发展的外部动力是教师个体和群体之外的其他积极作用，是

---

[1] 任小云,段锦云,冯成志.个体采纳与群体采纳:决策过程中的两类建议采纳行为 [J].心理科学进展,2021（3）：549-559.

基于新时代党和国家对教师立德树人的要求，以及社会对优质教育的期望，而对科学教师提出的职业要求和专业发展水平。与外部动力直接相关的机构和群体有学校、社会人士和学生。动力机制主要通过以下几方面来建立。

（一）激发科学教师的自我提升动力

学校要建立适合科学教师的激励和评价制度。首先，学校在制定全校性的教师激励制度时，要考虑科学教师的工作和教学实绩的特点，在精神荣誉、专业发展、岗位晋升、绩效工资等方面都有所明确，定期开展优秀教师、教学能手、优秀教学团队等评选活动，多种方式来激发教师投身科学教学工作的热情；其次，学校的教学业绩评价制度要考虑科学课程具有实践性和综合性特点，改变仅以学生考试成绩论教师教学优劣的评价方式，把学生科技作品展示、学生科学素养提升、教师指导学生参加科技竞赛、组织课外科技小组等列入评价内容，发挥评价的导向作用，形成积极向上的自我提升氛围。

（二）创建利于科学教师教研交流的群体环境

首先，要完善联合教研制度。用制度规范教研活动，以促进每个学生科学素养的提升为宗旨，以课程实施过程中教师所面临的具体问题为研讨对象，以"共学、共研、共享、共进"为原则，积极鼓励科学教师开展跨地区、跨校交流与合作，有效促进科学教师的专业成长，达到共生共进的目的。

其次，组织多样化的教研活动。具体体现为：一是活动内容的多样化，如听课评课、课例分析、学术沙龙、项目研究等；二是交流方式的多元化，如可以采用面对面交流、网络交互、教研论坛、专题讲座等多种形式；三是组织形式的多层次性，如校内教研团队、区域教研社区、跨区的教研社团联队等。在教研活动中，鼓励教师们开展合作互助，形成互帮互学、共同发展的学习氛围。

最后，通过名师引领，带动青年教师快速成长。以组建名师工作室，为青年教师当导师、做榜样，以及结对子、组建教研小组等传帮带的方式，发挥骨干教师的示范引领作用，增强教师群体凝聚效应。

（三）营造重视科学教育的校内外环境

学校要引导全校师生和社会人士重视科学教育。一方面，加强家庭科学教育指导，实现家校协同育人。学校要通过与社区联合建立家长学校、家庭教育指导服务站点，建立家长委员会、召开家长会等方式，让家长认识到小学科学课程的育人价值，引导学生及其家长重视科学课程，关注科学教师，配合科学教学，给予科学教师和课程应有的地位；另一方面，协助教师联系社区、校外场所和校外人士，营造社会力量参与小学科学教育和支持小学科学教师工作的良好氛围。

二、学习机制

学习机制是基于生态系统的动态平衡性而提出的。生态系统中的合作与竞争既是教师的生存方式，也是教师主动提升自我、获取和内化实践性知识的必然途径。学习机制顺应了教师自我发展的意愿和生境特点，为教师创设知识建构的专业实践情境和社会交往环境，给教师提供知识内化的应用情境和知识外显的交流、反思情境，从而促进教师学习，包括教师个体的自我建构为主的"培训式学习"和社会建构为主的"互助式学习"。

"培训式学习"兼具通常的"培训"形式和"教师学习"的理念，即在特定的时间特定的场所有专人指导的情况下，为教师创设一定的情境和提供相应的材料，让教师在情境中学习，而指导教师仅仅从旁引导。这种方式可以使受训教师全身心地参与到学习中，有助于实践性知识建构。它克服了采用课堂讲授的培训方法容易导致脱离工作实际和被动接受的弊端，使教师从"脱境"的知识内容的学习转向"入境"的问题探究。

教师实践性知识的发展还需要教师与社会文化环境的积极互动，即"互助式学习"。教师学习也是一种社会性实践活动，具有不同知识背景和教学经验的教师，经常在一起学习交流，有利于教师实践性知识的建构。教师的"互助式学习"是多样化、多层面的，可以采用师带徒、教师专业学习共同体、教研室内的专业互助及跨学科的互助、校内专业互助与校际互助等方式。

学习机制涉及的群体主要有学校管理者、优秀教师、教育专家、同行教师、学生及社会人士，主要通过以下几方面来建立。

（一）创设按需精准的教师培训情境

首先是加强培训的情境性。一方面要采用"培训式学习"的方式给科学教师以学习的主动权，以便最大限度地调动科学教师深入情境，如组织案例学习、情境学习、以问题为中心的探究式学习等。另一方面，采用"互助式学习"的方式来促进教师知识的社会建构，包括组织互助小组、教师学习共同体等，还可以依托信息技术构建虚拟教研社区。在科学教师自主学习的过程中，培训教师还需为科学教师提供"脚手架"来支持教师的自我建构。

其次是按需创设培训情境。培训内容上要加强教师培训需求诊断，依据教师的工作需求和个体差异优化培训内容，努力实现个性化的培训；培训方式上要改变重理论轻实践的教师培训方式，代之以现场教学、跟岗学习等方式，尽量使培训情境接近于教师的工作场景。此外，还可以借助5G、人工智能等新技术搭建教师智能研修平台，采用线下线上相结合、集中和分散学习相结合的方式，为教师提供同步和精准的培训。

（二）创设科学教师反思性学习的情境

首先，教师培训、研修和教研活动的组织安排及人际氛围要宽松开放，使教师能产生主动与他人进行交流的意识，通过向他人（同事、专家、家长、学生等）描述自己所习得的知识，可以为自身创建一定的社会情境或心理情境，促进实践性知识的有效转化。其次，要通过一定的激励形式，让教师能经常进行反思性学习，将自己的学习心得和感悟以反思日记的形式如实记录下来。教师在撰写反思日记的过程中，头脑中会再现学习时的场景，潜意识地将自己置身于之前的学习情境中，从而促进实践性知识的转化。反思性学习可采用的具体方法有札记反省法、教学档案法、教学叙事法等。再次，支持教师组织课外科技活动和校外科技参观，如科技项目制作、开辟生物园地、博物馆参观学习等，在指导学生科技创作和开发博物馆活动课程等科学教育新情境下，教师会对自己的专业实践有新的认识和反思。

三、保障机制

生态系统的复杂多样性使教师队伍建设具有了不同的特色，使教师发展表现出个性特点，但也导致了教师实践性知识发展水平的差异。建立保障机制将给教师提供基本均衡和相对稳定的发展条件、环境和机会，有利于大批教师的实践性知识得到普遍的、充分的提升。

保障机制涉及政策落实、经费投入、环境建设、技术支持和时间保障等方面，其中最基本的是政策落实。学校只有从落实政策入手，才能从根本上改变科学教育和科学教师被边缘化的状况。保障机制相关的机构和群体主要有学校、教育专家和社会人士，其中，学校是落实保障机制的主体。保障机制具体通过以下几方面来建立。

（一）确立科学教育的重要地位

学校要重视学生的科学素养的培养，全面落实国家课程方案，严格执行科学课程标准，统筹制订教学计划，使所有班级开齐开足科学课程，不得随意增减课时、改变难度、调整进度，从制度上保证科学课程在小学教育中的重要地位和育人作用。此外，学校还应针对科学课程实践性强的特点，制定有别于其他学科课程的教学要求，在设备使用、课程安排上给予科学教师一定的自主权。

（二）建设专业化的科学教师队伍

首先，要选聘和任用专职教师。学校应遵照国家有关规定，依据核定的编制和科学教学需要，提出岗位条件和招聘需求，选配和使用合格的专职科学教师。其次，提高教师培训和指导的专业水平。学校应建立教育专家联系制度，定期聘请高等学校和研究机构的科学教育研究人员、小学科学专家型教师和专职教研员等指导科学教师，提供专业咨询，帮助教师参与名师工作室的研修活动。再次，培训内容要体现专业性。要按照教育部门的要求安排科学教师参加培训，培训内容不仅包括教育教学理论，还应包括科学技术知识、实践操作技能和基本的实验设备维修与调试技术。最后，还应该借助互联网加强硬件建设，开展优质学校及校外优秀教师与本校教师的线上教研和交流活动，来提升科学教师的专业化水平。

（三）创造良好的科学教师专业实践环境

学校应根据小学科学课程的综合性、实践性和开放性特点，完善科学教师的工作和教学环境。一方面，要在教育部门的支持下依规投入经费，认真落实国家的义务教育装备配备标准，配置科学教学和教师工作必需的设施设备、教学仪器、图书资料，设置科学教室和实验场所，并创造条件在校内开辟科技园地、生物角、气象观察点等科技活动场地。另一方面，应减轻科学教师的额外工作负担。要在编制内配备科学教学的辅助人员，如科学实验员和维护技术人员；要有稳定的校内外技术保障人员队伍，以保证科学教学设施和设备的完好率。此外，还应主动开拓校外科技教育资源，在当地的博物馆、科技馆、动物园、植物园、工农业生产企业等建立相对稳定的科学教育基地，支持教师开发相关的活动课程。

给科学教师营造专心从教的环境。学校不仅要遵循国家关于减轻教师负担的政策规定，避免科学教师参加与本职无关的学校事务及社会性活动，杜绝指派科学教师承担校内杂务的现象，如校园网维护、办公自动化服务、电器维修等，还要给教师留有充裕的自由支配时间，用来准备教学、联系校外场所、研究教学、专业学习和自我反思。另外，还要考虑科学课程的特点，允许教师适当调课，以便有宽松的时间进行实践活动或校外活动。

综上所述，本章从对专家型教师实践性知识发展的前期研究出发，构建了小学科学教师实践性知识发展模型，深入分析了模型的机制群。小学科学教师实践性知识发展模型以教师所处生态环境为基础，以教师个体实践性知识发展层次结构为核心，整体性地反映了影响教师实践性知识发展的内在和外在因素及其互动关系，体现了建构主义学习观。由动力机制、学习机制和保障机制构成的机制群，把小学科学教师实践性知识发展的需求、状态、条件、环境、相关者、措施和策略联系起来，构成了系统的有针对性的策略体系，给模型赋予了现实指导意义，具有了分析和解决小学科学教师实践性知识发展问题的功能。因此，发展模型的建立和运用，将有助于小学科学教师迅速改善实践性知识，使大批教师尽快跨入专业化教师队伍。

附：作者前期研究的相关文章

换岗实习：改善农村教师信息化实践性知识的现实选择[1]

　　20 世纪 80 年代中期以来，随着教育界对教师职业复杂性认识的不断提高，特别是在《国家中长期教育改革和发展规划纲要（2010—2020 年）》（以下简称《纲要》）的推动下，对教师教育的研究逐渐从传统的"技术理性"范式向以"实践性知识"的形成为轴心的新型研究范式转变，教师实践性知识作为教师知识结构中的重要组成部分，越来越受到教育界人士的关注。研究教师的实践性知识"不仅有助于理解教师行为的意义，而且还能为教师的专业发展找到切实可行的出发点"。此外，随着教育信息化的发展，未来教师的角色已不再是知识的传授者，而是学生"信息知识"获取的指导者，通过指导，把学生培养成为"信息化"的人。因此，信息化环境下涉及技术及其应用的教师实践性知识的探索就尤为重要。然而，农村教师信息化实践性

---

[1] 樊文芳，张军征. 换岗实习：改善农村教师信息化实践性知识的现实选择 [J]. 教育理论与实践，2014（6）：48-51.

知识总体水平偏低，远远达不到信息化环境下实施课程改革对教师提出的新要求。要解决我国信息化环境下的农村教育问题，促进农村教师的实践性知识的提高是关键。

一、"教师实践性知识"的内涵

对于"教师实践性知识"，诸多专家、学者对其做了大量的研究，其中，较有代表性的是北京大学教育学院的陈向明教授。陈教授认为，"教师实践性知识"是"教师对自己的教学经验进行反思和提炼后形成的，并通过自己的行动做出来的对教育教学的认识"。从这一定义可以看出，教师实践性知识不仅包括表现出来的行为，还包括行为背后的信念、意识。据此，笔者认为信息化环境下的教师实践性知识也可被称为教师信息化实践性知识，是指教师基于自身教育教学的需要，在具体的日常教育教学实践情境中，通过体验、感悟、反思和提炼所形成的运用信息技术相关技能及教学理念处理教育教学问题的认识，并且这种认识会自觉地指导自己的日常教育教学行为。教师信息化实践性知识的形成和发展依赖于其对应用信息技术的意识及实践，是实践经验转变成为指导个人教学行为的规律性认识，主要包括教学信念和教学技能两个层面，具体表现为教师在教育教学过程中，具有自觉应用信息技术的意识，使运用信息技术解决教育教学问题成为一种日常教学习惯。

二、农村教师信息化实践性知识发展现状

近年来，为了提高农村教师信息化教学水平，本研究对山西省 11 个县区的镇一级中小学教师的信息化实践性知识状况进行了调查，调查主要从教学信念和教学技能两个层面展开。

（一）信息化实践性知识的教学信念

教师的教学信念是"教师在教学情境与教学历程中，对教学工作、教师角色、课程、学生、学习等相关因素所持有且信以为真的观点，其范围涵盖教师的教学实践经验与生活经验，构成一个互相关联的系统，从而指引着教师的思考与行为"。信息化环境下，在教学信念层面，教师应具备的实践性知识主要指教师相信、依赖、愿意掌握和使用信息技术的观点及态度，体现在用信息技术支持教学、计算机辅助成绩管理，运用教育博客进行教学交流，利用互联网进行教研创作等各方面。

调查表明，91.5% 的教师认为"信息技术应用能力的提高是教师专业素质提高的重要组成部分"；88.7% 的教师愿意付出额外的时间和精力来学习信息技术；72.2% 的教师"曾经借助信息技术手段与同事进行过合作与交流"。另外，对于"教学中为什么使用信息技术"这一问题，回答"可以优化教学过程，促进学生学习"的教师占 80.4%，回答"可以培养学生的信息素养，促进其全面发展"的教师占 64.3%，回答"可以通过采用多种教学资源来提高教师的教学能力"的教师占 43.4%，回答"为示范课和观摩课使用"的教师占 18.4%，回答"是教师个人爱好，为了展示个人才华"的教师占 8.2%，回答"没想过"的教师占 4.6%。

为了提高研究的效度，本研究还对部分教师进行了集体访谈，个别教师谈到"多媒体的东西也不是什么时候都有用"，"有时候我觉得也不能完全依靠那些东西……我还是觉得黑板、粉笔使用起来比多媒体计算机更加得心应手。"可见，大多数教师对于信息技术在教育教学中的应用在认识上还需要进一步提高。

（二）信息化实践性知识的教学技能

教学技能是指教师在教学过程中利用一定的专业知识和经验顺利完成某种教学任务的活动方式。长期以来，教师的教学技能被简化为对"两笔一话"（钢笔字、粉笔字和普通话）的掌握。随着信息化进程的进一步加快，现代教学对教师的教学技能提出了新的要求。《纲要》指出，要加快教育信息基础设施建设，强化信息技术应用，提高教师应用信息技术的水平，鼓励学生利用信息手段主动学习、自主学习，增强其运用信息技术分析解决问题能力。随着新课程改革的深入以及教师专业化的发展，信息化教学技能越来越成为当今教师的核心能力。信息化环境下，在教学技能层面，教师应具备的实践性知识主要表现为教师运用信息技术的能力，具体涉及到教学资源的获取与利用、教学设计、信息技术与学科教学的整合等方面。

调查表明，教师获取教学信息资源的途径为：图书和期刊占 67.8%、互联网资源占 7.53%、卫星电视节目占 2.93%、电子期刊和数字图书占 2.09%、网络课程占 0.8%。由此可见，教师首选的依然是传统的纸质类资源。对于"多久运用互联网与学生交流一次"这一问题，只有 25.6% 的教师选择"经常（一周一次）"，而 54.1% 的教师选择"偶尔（一月一次）"，甚至有 20.3% 的教师选择"从不"；当问到"在一学期中，大约会借助信息技术上几节课"这一问题时，28.9% 的教师回答"0 节"，仅有 17.3% 的教师选择"8 节以上"。对于学生学习评价的方式，大部分教师依然采用传统的测试方式，即课堂提问、书面练习、期中或期末考试，占比分别为 90.6%、78.0%、80.7%，而运用信息化教学手段进行测试，如学生自主网上测试、合作完成作品则占比很少，二者分别仅占 2.1% 和 18.1%。由此可见，在教学技能层面，大部分教师还不能有效地将信息技术运用到自己的教育教学实践中，需要大大加强。

综上所述，在信息化环境下，教师的实践性知识总体水平偏低，在教学信念和教学技能两个层面上发展不平衡，尽管大多数教师对信息技术在教育教学中的应用持有积极的态度，但无法将其有效运用到教育教学中，阻碍了教师信息化教学实践性知识的发展。只有教师在教学信念和教学技能两个层面均衡、协调发展，教师信息化实践性知识才能有质的提高。陈向明教授指出，虽然这种知识（教师实践性知识）的大部分内容无法言表，却是可以意会的，而可意会则意味着可提取、可交流、可传承（包括被扬弃、整合）、可通过学习或感悟而习得。这一观点为探索、完善教师实践性知识的途径指明了方向。

三、换岗实习：改善农村教师信息化实践性知识的尝试

近年来，为了改善农村教师的实践性知识，不少师范院校提出了"顶岗实习"的模式并取得了较为显著的效果，如山西忻州师院、西南大学、南京晓庄学院等。为了促进实习生和农村实习校教师的共同成长，山西大同大学参考各院校"顶岗实习"的经验，也采取了相应措施。然而，在实习中发现，信息化环境下影响农村教师成长的主要因素已不再是基本的信息技术技能，而主要是信息化"实践性知识"偏低，对此，学校在原有实习组织模式的基础上进行了改革，提出了"换岗实习"模式，具体做法如下。

（一）教育实习基地的选择

2004 年以来，"农远"工程在全国中小学展开，并作为提高农村教育质量的重要措施之一，这一举措的实施使乡镇中学的硬件环境得到了极大改善。对此，基于"农远"工程的软硬件建设情况以及为使实习生和农村实习校教师共同成长，大同大学选择了配备了"农远"工程模式二或模式三的学校作为实习基地。这类学校信息技术条件完好，比较注重教师信息素养的提高和"农远"资源的应用，并且具有合理的学科教师梯队，有利于信息技术与课程整合的开展和职前、职后教师信息化素养的提高。

（二）职前职后教师互换

学校每年选派 100 ~ 300 名即将毕业的师范类专业学生到大同市所属的农村中小学校实习半年，顶替因参加培训而空缺的教师岗位，学科范围覆盖了语文、数学、外语、物理、化学、历史、政治、音乐、美术、体育以及信息技术 11 个学科，在实习过程中，实习学校为每一学科组的实习生配备一名校外指导教师，对实习生进行全面指导。与之相对应，市教育局每年也会选派同样数量的农村中小学骨干教师到大同大学进行大约半年的脱产提高培训，学校也为每个学校的换岗教师配备一名指导教师，培训内容主要为信息

化教学设计技能，以提高农村中小学教师的信息化教学意识及信息技术与课程整合的能力。通过把师范类专业学生的专业培养与从教实践技能的培训相结合，探索教师教育及人才培养的新模式，实现了中小学教师的职前教育与职后培训的有效衔接。

（三）职前职后教师互动

1. 参与主体的知识结构

通过前期的调查分析，"换岗实习"过程中各参与主体的知识结构如表1所示。

表1 "换岗实习"中参与主体的知识结构表

参与主体	优势	劣势
高校教育技术专业教师	具有先进的教育教学理念，掌握教学技术并能将技术有效整合到教学中，具备较 w 好的信息化实践性知识	面向中小学的教学经验和相关课程的专业知识欠缺
农村中小学教师	教学经验丰富，学科专业知识扎实，具备一般的实践性知识	信息化教学设计意识薄弱，信息化实践性知识的教学技能层面欠缺
普通师范生	具备基本的信息素养，具有一定的学科专业知识及其他相关学科知识，掌握了一定的教育科学知识	因没有深入教学，缺少一般性的实践性知识
教育技术专业师范生	掌握了扎实的教育教学理论知识及具备信息化实践性知识的基础	缺少一般性的实践性知识，信息化实践性知识较弱

2. 参与主体的互动模式

基于上述知识结构的分析，参与主体间的互动主要涉及一种置换、两个场所及三类互动：一种置换指师范院校实习生（包括普通师范生和教育技术专业的师范生）与农村中小学教师的置换，两个场所指师范学校和农村中小学两个场所，三类互动指大同大学教育技术专业的教师（以下简称高校教师）对师范生及中小学在校教师的指导、中小学在校教师与师范生的多重互动、高校教师对中小学换岗教师的培训。互动模式图见图1。

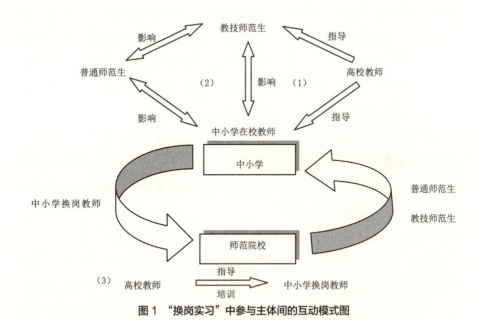

图1 "换岗实习"中参与主体间的互动模式图

3. 参与主体间的互动

第一，大同大学教育技术专业教师对师范生及中小学在校教师的指导。学校指导教师均由具有高级职称的教师担任，它们拥有丰富的教育教学经验，是先进教育思想及知识的引领者，掌握了较先进的教学技术并能有效整合到学科教学中。他们不仅承担着教育技术专业实习生（即教技师范生，以下类同）的实习指导工作，又兼顾着对中小学在校教师的信息化教学设计技能的指导，帮助实习校教师将信息技术有效整合到自己的学科教学中，促进农村中小学教师信息化实践性知识教学技能的提高。

第二，中小学在校教师与师范生的多重互动。首先，乡镇中小学教师长期从事中小学教育教学工作，教学经验丰富，学科专业知识扎实，在整个实习过程中对实习生的说课、备课、上课、学生辅导、班主任工作等基本技能进行全面指导，可促进实习生一般实践性知识的提高。其次，普通师范生通过近三年的师范教育和专业课的学习，已经掌握了较先进的学科专业知识及相关的学科知识和教育科学知识，特别是通过"现代教育技术"公共课的学习，具备了基本的信息素养。实习过程中，他们一方面可以影响在校中小学教师知识的广度和深度，促进中小学教师的知识更新；另一方面，可以对在校中小学教师的信息化教学信念产生影响，促使中小学教师积极主动将信息技术整合进自己的学科教学中。再次，教育技术专业师范生通过三年的专业学习，不仅掌握了教育教学理论知识，而且具备较高的信息素养，在实习期间，它们一方面通过帮助在校中小学教师制作或修改课件、建设或完善学校的教学网站等方式提高在校中小学教师的信息化教学信念和信息素养，促进中小学教师信息化实践性知识的获得；另一方面，它们通过与普通师范生的交流、互动，促进普通师范生信息化实践性知识的获得与提高。

再次，职后教师的培训。大同大学根据农村中小学教师的实际情况，按照"观摩示范—实践操作—小组交流—反思提高"的模式，安排了信息技术教学经验丰富且具有高级职称的教师对换岗教师进行了强化培训，确立了"学习—实践—提高"的教师可持续发展思路。在培训内容上，不仅包括信息技术技能的培训，还包括教师信息化教学意识的养成及教学设计能力的培养；不仅重视理论学习及操作技能的训练，还重视培训内容与教师学科教学实践的结合；在培训方式上，遵循"日常培养为主，短期培训为辅"的原则，开展多重培训方式（学习共同体、教师行动研究、互联网交流），更快更好地促进教师信息化实践性知识的发展。在培训的评价上，采取多元化评价方式，从课堂教学、教案及说课、服务实习校教师等多方面进行评价。

总之，"换岗实习"不仅通过让师范生深入教学现场，将理论知识和从教技能与实际教学相结合的方式促进其"一般性实践性知识"的获得，还通过让换岗教师参加培训，促进职后教师的专业发展。更重要的是，在"换岗实习"过程中，充分利用农村中小学和师范院校的各种人力、物力资源，通过开展职前、职后教师之间的多重交流互动，达到了资源共享、优势互补的效果，促进了农村中小学教师"信息化实践性知识"的获得，全面提高了农村中小学教师的素质。

农民工子弟小学学生的科学课程学习现状调研[1]

"国家教育事业发展'十三五'规划"在全面落实立德树人根本任务中要求从中小学做起，注重激发学生学习兴趣、科学兴趣和创新意识，加强科学方法的训练，加强对学生科学素质的培养。"中国学生发展核心素养"表现为人文底蕴、科学精神、学会学习、健康生活、责任担当、实践创新六大素养，其中"科学精神"包括理性思维、批判质疑、勇于探究。2017 年教育部印发的《义务教育小学科学课程标准》指出："小学科学课程是一门基础性课程。早期的科学教育对一个人的科学素养的形成具有十分重要的作用"。然而，2016 年全国小学科学教育研讨会揭示，"我国小学科学教育现状堪忧，在提升小学生的科学素养方面仍有一定落差"，为了充分发挥小学科学课程的育人功能，促进小学生的科学素养发展，有必要具体考察科学课程学习状况。

农民工子弟学校，是我国社会转型特定历史阶段的产物，一般位于城乡接合部，大多数学校师资力量薄弱，办学条件简陋。党的十八大以来，在国家推动教育公平的方针政策引导下，各级政府和教育部门开始将农民工子弟学校进行改造纳入民办教育规范管理，或是并入公办学校，农民工子弟学校正在逐渐退出历史舞台。然而，这仍将是一个长期的过程，由此，展开农民

---

[1] 樊文芳. 农民工子弟小学学生科学课程学习现状调研 [J]. 中国教育技术装备, 2018(12)：20-21.

工子弟小学学生的科学课程学习现状及对策的研究，对于促进教育公平有实际意义。本文的研究以某市一所民办农民工子弟小学为例。

一、研究方案

（一）调查研究对象

选取某市一所民办性质的农民工子弟小学五年级和六年级学生，其中五年级 3 个班 167 人，六年级 2 个班 114 人，合计 281 人。该市属我国经济中等地区的较大规模城市，基础教育发展水平一般，该地理区域在国内具有一定的代表性。取样学校有多年办学历史，规模较大，当前在校生 1035 人，任课教师 34 人，其中专兼职科学课教师 4 人。

本研究选择五年级和六年级学生为调查对象，首先是因为高年级学生已经有过两年以上的科学课程学习经历，其学习态度和行为趋于稳定；其次是高年级学生能够比较好地理解和填答问卷，有利于提高调查的有效性。

（二）研究方法

主要采用问卷调查法及访谈调查法。首先针对学生发放问卷并当场回收，问卷数量为 281 份，均为有效问卷，在对问卷进行分析之后，结合问卷分析的结果设计了教师访谈提纲，对 4 位科学课程教师进行了访谈调查。

（三）调查问卷的编制

问卷调查内容参考《义务教育小学科学课程标准》（2017）对学生学习的要求，分为"科学学习兴趣""课外学习""参与和交流""科学探究" 4 个方面，共有 20 个问题，采用五等级计分，每个问题用学生明白易懂的 5 个程度词作为等级分。

二、问卷调查结果

（一）科学学习兴趣

学习兴趣的平均数为 3.67，标准差为 0.75。平均数在 3 以上，表明学生对科学课程学习具有积极取向。

相关的 5 个问题及其平均分为：①你觉得科学课有意思吗（3.23）；②你愿意去科学实验室上课吗（3.94）；③你留心日常生活中的科学现象吗（3.15）；④你觉得自己需要学好科学课吗（3.72）；⑤你知道科学课对你有用吗（4.30）。

以上数据表明学生对科学学习持积极态度，然而学生更倾向于上实验课，得分最高的是关于科学课的重要性的问题，可见学生也留意身边的科学现象。

（二）课外学习

课外学习是课堂教学的延伸和扩展，对课外学习的调查数据能够反映学生对科学课程学习的主动性。课外学习的平均数为 2.88，标准差为 0.68。平均数低于 3，表明学生对课外学习的消极取向。

相关的 5 个问题及其平均分为：①你能按老师的要求复习科学课吗（3.53）；②你是独自完成科学课老师布置的作业吗（3.74）；③你阅读科学知识的课外书吗（2.45）；④你观看科学知识的电视节目吗（2.38）；⑤你查阅科学知识的网页吗（2.31）。

以上数据表明学生会完成教师布置的课外学习任务，如复习和作业，但是对课外的知识扩展缺乏主动性。

（三）参与和交流

参与和交流的平均数为 3.53，标准差为 0.56，该项结果表明学生在科学课程学习中有合作与分享的积极倾向。

相关 5 个问题及其平均分为：①在科学课上遇到疑难问题时愿意跟老师

或同学交流吗（3.04）；②在科学课上的小组活动中你愿意完成自己分担的任务吗（3.47）；③在科学课的小组讨论中你愿意表达自己的意见吗（3.01）；④在科学课的小组讨论中你愿意听别的同学的意见吗（3.96）；⑤对科学课上有争论的问题你愿意采纳大家的意见吗（4.20）。

由以上数据看出，学生倾向于听取他人意见，乐于完成分担的小组任务，但不愿意主动表达自己的意见。

（四）科学探究学习

"小学科学课程标准"倡导探究式学习，本研究参考科学探究学习基本过程编制了相关调查问题。科学探究学习的平均数为 2.68，标准差为 0.65。平均数低于 3，表明学生在探究式学习中的表现趋于消极。

相关 5 个问题及其平均分为：①你在科学课的实验前根据自己学过的知识预测结果吗（2.29）；②在科学课上你是按照自己思考的步骤和方法进行观察和实验吗（2.30）；③在科学实验课上你愿意自己动手操作吗（3.67）；④在科学实验课上你愿意记录和分析实验数据吗（2.31）；⑤如果实验结果与预测不一样你觉得必须弄清原因吗（2.84）。

由以上数据，学生除了表示动手参与实际操作的积极意愿之外，在科学探究活动的 4 个关键环节上，学生的态度和行为都处于消极状态。

三、分析与讨论

（一）对调查结果的分析

综合考虑问卷调查和对教师的访谈的结果，可以得到以下两点认识。

第一，被调查的学生未能达到课程标准所要求的科学探究目标，表明该校的科学教学没有体现探究式学习的理念。有关课外学习的调查也表明学生对科学学习缺乏自觉性和主动性。学生在参与和交流方面表现出来的乐于分担任务，懦于主动表达的现象，既与农民工子弟的个性特点有关，也与教师在教学中的组织和指导有关，还与学生合作学习机会少锻炼不足有关。因而，就总体来说该校的科学教学水平不能满足课程标准的要求。

第二，学生对科学学习的兴趣较高，这对于改进科学课程教学具有积极意义。然而学生的学习兴趣并非由于科学课的成功，而是由于两方面的原因。一个方面原因是小学生的年龄特征所具有的强烈的好奇心和求知欲，相比于其他课程，科学课上与学生日常生活相联系的新鲜知识、图像材料、教具和实验器材等都对学生有吸引力；另一个方面是学生处于科学技术迅速发展并且渗透于社会与家庭的时代，他们了解科学知识的重要性，因而愿意上科学课。

（二）改进科学课程教学的建议

农民工子弟学校的科学课程教学现状和问题，是受社会环境、学校性质和地位、学校办学条件、学生的家庭环境等多方面因素影响的，本文仅在学校层面提出如下的改进建议。

1. 学校管理层应重视科学课程

农民工子弟学校不重视科学课程，固然与长期以来的"应试教育"社会氛围有关，但也有该类学校特定的原因。其一是学校和教师对农民工子弟的教育期望非常低；其二是办学条件所限，尤其是师资配备困难。因此农民工子弟学校对课程标准和教学计划的执行有一定的随意性，日常教学得过且过，这就直接影响了原本已经边缘化的科学课程。

学校管理层应转变观念，从学生核心素养发展的长远目标出发，顺应国家关于学生科学素质培养的要求，重视科学课程，落实小学科学课程标准。

2. 稳定和加强科学教师队伍

提升小学生的科学素养需要一支高素质的科学教师队伍。农民工子弟学校的教师来源复杂，师资力量严重不足。科学课程教师专业性差，人数不足，兼职多，流动性大。因此学校首先要采取措施保证科学教师人数和专业性，稳定科学教师队伍。其次要使科学教师的在职研修制度化，使他们在科学教育理念和教学能力方面不断提高。

3. 改善科学教学的物质条件

农民工子弟学校的校舍环境和教学设施普遍比较差。从问卷调查和教师访谈中得知，学生愿意上实验课，愿意动手操作，而在学习活动中又表现出听的多，说的少，其中一个重要原因是科学教学的器材设备少，导致教师演示多，学生操作少；亲手操作的学生少，围观的学生多。因此学校应努力改善科学教学的物质条件，在演示器材、实验设备和器材等方面都应该达到国家要求的装备标准。

4. 开展科学探究教学，教会学生探究学习

从教师访谈中得知，该校科学课程主要采用课堂讲授方法，探究教学并没有真正开展。然而，科学课程标准强调"小学科学课程实施的主要形式是探究活动"，因此，教师要更新教学理念，创造条件开展探究教学，指导学生学会科学探究。

教师应注意农民工子弟的特点，加强引导，扬长避短。例如有关动物、植物、气候、土壤等方面的许多课程内容都可以联系学生熟悉的农村环境开展探究式学习；再如按照学生的个性特点组织学习小组和分配角色任务。

教师还应加强与家长的沟通。农民工在城市生存所承担的压力大，谋生意识强，有的家庭经济条件也不宽裕，因而学生缺乏良好的家庭教育氛围。教师要主动与家长沟通，共同提升对学生的教育期望，给学生创造科学学习的家庭环境，拓展学生的科学探究空间。

总之，本文基于小学科学课程标准，对一所农民工子弟小学学生的科学课程学习现状进行了调研，得出一些初步的结论，结合该类学校实际提出了改进科学课程教学现状的若干建议。由于取样范围小，研究结论的普遍性不足，有待于继续深入探讨。

参考文献

著作类

[001] 陈向明. 质的研究方法与社会科学研究 [M]. 北京: 教育科学出版社，2000.

[002] 刘清华. 教师知识的模型建构研究 [M]. 北京: 中国社会科学出版社，2004.

[003] 约翰·杜威. 确定性的寻求 [M]. 傅统先，译. 上海: 上海人民出版社，2004.

[004] 陈向明，等. 搭建实践与理论之桥——教师实践性知识研究 [M]. 北京: 教育科学出版社，2011.

[005] 徐碧美. 追求卓越——教师专业发展案例研究 [M]. 北京: 人民教育出版社，2003.

[006] 叶澜，白益民，王枬，等. 教师角色与教师发展新探 [M]. 北京: 教育科学出版社，2001.

[007] 石中英. 知识转型与教育改革 [M]. 北京: 教育科学出版社，2001.

[008] 周成海. 教师教育范式论 [M]. 长春: 东北师范大学出版社，2008.

[009] 丁刚. 中国教育: 研究与评论 [M]. 北京: 教育科学出版社，2004.

[010] 皮连生. 学与教的心理学 [M]. 上海: 华东师范大学出版社，1997.

[011] 扈中平，李方，张俊洪. 现代教育学 [M]. 北京: 高等教育出版社，2005.

[012] 邓友超. 教师实践智慧及其养成 [M]. 北京: 教育科学出版社，2007.

[013] 叶澜. 教育概论 [M]. 北京: 人民教育出版社，2006.

[014] 谢立中. 西方社会学名著提要 [M]. 南昌: 江西人民出版社，2003: 610.

[015] 朱小曼，笪佐领. 新世纪教师教育的专业化走向 [M]. 南京: 南京师范大学出版社，2004.

[016] 郑慧琦，胡兴宏，等. 教师成为研究者 [M]. 上海: 上海教育出版社，2005.

[017] 张楚廷. 教育哲学 [M]. 北京: 教育科学出版社，2006.

[018] 张楚廷. 课程与教学哲学 [M]. 北京: 人民教育出版社，2003.

[019] 陈列. 中学教师知识管理 [M]. 贵阳: 贵州人民出版社，2008.

[020] 柳海民. 现代教育原理 [M]. 北京: 人民教育出版社，2006.

[021] 李振基，陈小麟，郑海雷. 生态学 [M]. 北京: 科学出版社，2000.

[022] 陈孝彬，高洪源. 教育管理学 [M]. 北京: 北京师范大学出版社，2008.

[023] 陈嘉明. 知识与确证——当代知识论引论 [M]. 上海: 上海人民出版社，2003.

[024] 袁维新. 科学教学通论 [M]. 北京: 人民出版社，2013.

[025] 崔鸿，张海珠. 新理念科学教学论: 第 2 版 [M]. 北京: 北京大学出版社，2013.

[026] 吴金辉. 教师专业发展的理论与实践 [M]. 北京: 中国传媒大学出版社，2006.

［027］张诚，蒲大勇．校本教研模式与教师专业发展 [M]．成都：四川科学技术出版社．2008.

［028］有宝华，钟启泉．综合课程论 [M]．上海：上海教育出版社，2002.

［029］黄武雄．学校在窗外 [M]．北京：首都师范大学出版社，2009.

［030］李琼．教师专业发展的知识基础——教学专长研究 [M]．北京：北京师范大学出版社，2009.

［031］张红霞，小学科学课程与教学 [M]．北京：高等教育出版社，2004.

［032］汤立宏．校本研修专论：中小学教师人力资源开发与专业发展研究 [M]．北京：海洋出版社，2006.

［033］路培琦．郁波．自然教学改革探索 [M]．济南：山东教育出版社，1999.

［034］刘默耕．小学自然课改革探索 [M]．武汉：湖北教育出版社，1998.

［035］王枬．智慧型教师的诞生 [M]．北京：教育科学出版社，2006.

［036］连榕．教师专业发展：第 2 版 [M]．北京：高等教育出版社，2019.

［037］赵明仁．教学反思与教师专业发展 [M]．北京：北京师范大学出版社，2009.

［038］林正范，肖正德．教师学习新视野——生态取向的理论与实践 [M]．北京：教育科学出版社，2013.

［039］陈琦，刘儒德．教育心理学 [M]．北京：高等教育出版社，2005.

［040］李如密．教学艺术论：第 2 版 [M]．北京：人民教育出版社，2011.

［041］王耀村．初中科学课程实施论：下册 [M]．杭州：浙江教育出版社，2017.

［042］张军征．多媒体教学软件设计原理与方法 [M]．北京：科学出版社，2007.

［043］萨特．存在与虚无 [M]．陈宣良，等译．北京：生活·读书·新知三联书店，2012.

［044］罗伯特·斯莱文．教育心理学：理论与实践：第 7 版 [M]．姚梅林，陈勇杰，译．北京：人民邮电出版社，
2004.

［045］皮埃尔·布迪厄．实践感 [M]．蒋梓骅，译．南京：译林出版社，2009.

［046］皮埃尔·布迪厄，华康德．实践与反思：反思社会学导引 [M]．李猛，李康，译．北京：中央编译出版社，
2004.

［047］佐藤学．课程与教师 [M]．钟启泉，译．北京：教育科学出版社，2003.

［048］D.A. 格劳斯．数学教育研究手册 [M]．陈昌平，等译．上海：上海教育出版社，1999.

［049］约翰·杜威．我们怎样思维·经验与教育 [M]．姜文闵，译．北京人民教育出版社，1991.

［050］兰本达，P. E. 布莱克伍德，P. F. 布莱德温．小学科学教育的"探究—研讨"教学法 [M]．陈德彰，
张泰金，译．北京：人民教育出版社．2008.

［051］黑格尔．精神现象学：上卷 [M]．贺麟，王玖兴，译．北京：商务印书馆，1979.

［052］萨特．存在与虚无 [M]．陈宣良，等译．北京：生活·读书·新知三联书店，1987.

［053］马克斯·范梅南．教学机智——教育智慧的意蕴 [M]．李树英，译．北京：教育科学出版社，2001.

［054］卡尔·雅斯贝尔斯．什么是教育 [M]．邹进，译．北京：生活·读书·新知三联书店，1991.

［055］尤尔根·哈贝马斯．交往行动理论：第 2 卷 [M]．洪佩郁，蔺青，译．重庆：重庆出版社，1994.

［056］古铁雷斯伯拉．数学教育心理学研究手册——过去、现在与未来 [M]．桂林：广西师范大学出版社，
2009.

［057］F. Elbaz，Teaching Thinking：A Study of Practical Knowledge[M]．Lodon：Croom Helm，1983.

［058］D. A. Schon, The Reflective practitioners：How Professionals Think in Action [M]. New York：Basie Books，1983.

［059］J. D. Raths，L. G. Katz, Advances in Teacher Education (vol, 2)[M]. (eds.)Norwood N. J:Ablex Publish CO. , 1986.

［060］D. L. Ball, Teaching for Understanding：What Do Teachers Need to Know about the Subject Matter? In M. K enndy(Ed.)，Teaching Academic Subjects to Diverse Learners[M]. New York：Teachers College Press. 1991.

［061］S. M. Hord,Professional Learning Communities：Communities of Continuous Inquiry and Improvement[M]. Austin，Texas：Southwest Educational Development Laboratory，1997.

［062］Tojo Thatchenkery, Carol Metzker. Appreciative Intelligence：Seeing the Mighty Oak in the Acorn [M]. San Francisco：Berrett-Koehler，2006.

［063］C. Argyris，D. Schon Theory in Practice：Increasing Professional Effectiveness[M]. San Francisco：Josscy-Bass，1974.

期刊类

［001］黄海旺. 小学科学课程的几点思考 [J]. 课程·教材·教法，2009（10）.

［002］丁立群 . 亚里士多德的实践哲学及其现代效应 [J]. 哲学研究，2005（1）.

［003］王树生，布迪厄的"实践理论"及其对社会学研究的启示 [J]. 社会科学研究，2007（5）.

［004］邹斌，陈向明. 教师知识概念的溯源 [J]. 课程·教材·教法，2005(6).

［005］宋宏福. 论教师个人知识及其作用 [J]. 黑龙江高教研究，2004(7).

［006］林崇德，申继亮，辛涛. 教师素质的构成及其培养途径 [J]. 中国教育学刊，1996（6）.

［007］辛涛，申继亮，林崇德. 从教师的知识结构看师范教育的改革 [J]. 高等师范教育研究，1999（6）.

［008］钟启泉. "实践性知识"问答录 [J]. 全球教育展望，2004（4）.

［009］张建伟，陈琦 . 从认知主义到建构主义 [J].北京师范大学学报（社会科学版），1996(4).

［010］李德华. 新手教师实践性知识的建构——从教师生活史分析 [J]. 当代教育科学，2005（12）.

［011］李冉. 教师实践性知识的特征与生成机制研究 [J]. 教育与职业，2013（3）.

［012］蔡亚平. 论教师实践性知识的失语与建构 [J]. 教育理论与实践，2005（22）.

［013］钟启泉. 教师"专业化"：理念、制度、课题 [J]. 教育研究，2001（12）.

［014］陈向明. 实践性知识：教师专业发展的知识基础 [J]. 北京大学教育评论. 2003（1）.

［015］陈振华. 解读教师个人教育知识 [J]. 教育理论与实践，2003（21）.

［016］曹正善. 论教师的实践知识 [J]. 江西教育科研，2004（9）.

［017］姜美玲. 论教师实践性知识的本质属性与衍生特征 [J]. 教育理论与实践，2010（19）.

［018］陈向明. 对教师实践性知识构成要素的探讨 [J]. 教育研究，2009（10）.

［019］吴泠．教师实践性知识的涵义［J］．现代教育论丛，2006（6）．

［020］余闻婧．案例教学中教师"实践性知识"的建构［J］．教育理论与实践，2009（33）．

［021］郭炯．教师实践性知识的组织结构及生成途径研究［J］．中国电化教育，2012（11）．

［022］钟启泉．为了"实践性知识"的创造［J］．全球教育展望，2005（9）．

［023］王会亭．教师实践性知识管理论析［J］．当代教育科学，2011（23）．

［024］刘海燕．试论教师实践知识的生成机制［J］．教学与管理，2006（15）．

［025］金忠明，李慧洁．论教师实践性知识及其来源［J］．全球教育展望，2009（2）．

［026］崔学荣．音乐教师实践性知识的习得途径［J］．课程·教材·教法，2009（2）．

［027］刘东敏，田小杭．教师实践性知识获取路径的思考与探究［J］．教师教育研究，2008（4）．

［028］邓国民，阳红．虚拟教研社区与职前教师实践性知识的建构［J］．中国远程教育，2011（11）．

［029］邓国民，Web2.0 环境下职前教师实践性知识的生成［J］．贵州师范大学学报（社会科学版），2012（5）．

［030］王枬，叶莉洁．基于实践性知识的教师博客研究［J］．北京大学教育评论，2008（1）．

［031］邹逸，科学科教师 PCK 回视及启示［J］．教育导刊，2013（9）．

［032］梁永平．论化学教师的 PCK 结构及其建构［J］．课程·教材·教法．2012（6）．

［033］冯爽．中学物理教师 PCK 结构的构建及主题案例分析［J］.中小学教师培训，2012（6）．

［034］张莉娜.新课程背景下促进教师 PCK 发展的教师培训方式和策略研究［J］.北京教育学院学报（自然科学版），2013（2）．

［035］张红霞，郁波．小学科学教师科学素养调查研究［J］．教育研究，2004（11）．

［036］郑敏，张平柯，尹笃林，等．湖南西部贫困地区小学科学教师科学素养现状调查分析［J］．长沙铁道学院学报（社会科学版），2012（2）．

［037］徐红．科学教师科学素养的现状与提升对策［J］．教学与管理，2012（3）．

［038］黄鸿超．新课标下小学科学教师素养之我见［J］．宁波大学学报（教育科学版），2005（2）．

［039］蔡志凌．中学物理教师科学素养的调查与分析［J］．课程·教材·教法，2004（6）．

［040］张宪冰．论"科学课程"教师的专业素养［J］．当代教育科学，2010（24）．

［041］黄晓，孙丽伟，吴术强．职前科学教育教师专业素养亟待提升——基于首届全国科学教育专业师范生教学技能大赛［J］．教师教育研究，2013（5）．

［042］戚小丹，谢广田，杨琴芳．杭州市小学科学教师的现状调查与研究［J］.教师教育研究，2008（2）．

［043］林静．小学科学教师知识观的调查与分析［J］.课程·教材·教法，2013（8）．

［044］蔡铁权，姜旭英，赵青文，等．浙江省小学科学教师科学素养与科学本质观现状调查及认识［J］.全球教育展望，2007（8）．

［045］高潇怡，胡巧．小学科学教师科学本质观的现状调查与思考［J］．教师教育研究，2012（4）．

［046］仲小敏．论科学课程教师专业素养：挑战与发展［J］．课程·教材·教法，2005（8）．

［047］吴麟，王利民，张建珍．初中科学课程教师专业素养问题及职后教育建议——以浙江省为例［J］．教育参考，2015（4）．

［048］林静．教师教学观念的干预与转化——以农村小学科学教师为例［J］.教育科学，2013（2）．

［049］温彭年,贾国英.建构主义理论与教学改革——建构主义学习理论综述 [J].教育理论与实践,2002(5).

［050］殷世东.生态取向教师专业发展的阻隔与运作 [J].教师教育研究,2014(5).

［051］靳玉乐,殷世东.生态取向教师专业发展的理念与策略 [J].教师教育学报,2014(1).

［052］蔡铁权,陈丽华.科学教师学科教学知识的结构 [J].全球教育展望,2010(10).

［053］章亚骏.教师专业发展的影响因素研究 [J].教育探索,2016(1).

［054］王宪平,唐玉光.时空因素对教师专业发展的影响 [J].教师教育研究,2006(5).

［055］薛志华.社会期望对教师专业发展的影响:促进与抑制 [J].当代科学教育,2006(6).

［056］任其平.论教师专业发展的生态化培养模式 [J].教育研究,2010(8).

［057］丁邦平,罗星凯.美国基础科学教育改革及其主要特点——兼谈加强我国科学教育研究 [J].首都师范大学学报（社会科学版）,2005(4).

［058］胡玉敏.2016全国小学科学教育研讨会顺利召开 [J].中国教师,2016(22).

［059］周青,杨妙霞,杨辉祥.美国科学教师专业发展标准及其启示 [J].高等教育研究,2005(5).

［060］何美.美国实施"优秀科学教师专业标准"经验述评 [J].教育发展研究,2012(6).

［061］李宛蓉,王威.美国新任科学教师专业标准研究及启示 [J].中小学教师培训,2015(3).

［062］李家黎,刘义兵.教师信念的现实反思与建构发展 [J].中国教育学刊,2010(8).

［063］孟宪乐.教师文化:教师专业发展的生态环境 [J].现代教育论丛,2004(1).

［064］高晓清.从经验性实践到专业性实践——从教师教育的发展历程比较看教师的实践性特点.教育研究 [J].2009(2).

［065］王策三.认真对待"轻视知识"的教育思潮——再评由"应试教育"向素质教育转轨提法的讨论 [J].北京大学教育评论,2004(3).

［066］董静,于海波.教学理性:从"自在"到"自为"的转变 [J].教育理论与实践,2015(7).

［067］王丽英.高校教师责任与责任心问题探究 [J].黑龙江高教研究,2012,30(11).

［068］张新平.校长:问题解决者与欣赏型领导者 [J].教育研究,2014(5).

［069］王伟敏.新媒体环境下图书馆服务拓展与深化研究 [J].图书馆学研究,2013(17).

［070］杨玲.中小学教师职业认同的阶段发展论 [J].教师教育研究,2014(2).

［071］黄兆信,王志强.论高校创业教育与专业教育的融合 [J]教育研究,2013(12).

［072］陈向明.从教师"专业发展"到教师"专业学习" [J].教育发展研究,2013(8).

［073］陈琦,张建伟.信息时代的整合性学习模型——信息技术整合于教学的生态观诠释 [J].北京大学教育评论,2003(3).

［074］孙元涛.教师专业学习共同体:理念、原则与策略 [J].教育发展研究,2011(22).

［075］樊文芳.生态取向下小学科学教师专业发展的环境构建 [J].继续教育研究,2015(3).

［076］王天平,肖庆顺.论教师知识管理的内涵及方式 [J].天津市教科院学报,2009(6).

［077］李中国.英美两国科学教师教育重要举措及其借鉴 [J].继续教育研究,2011(3).

［078］F.麦克尔·康内利,D.琼·柯兰迪宁,何敏芳,等.专业知识场景中的教师个人实践知识 [J].华东师范大学学报（教育科学版）,1996(2).

［079］任小云，段锦云，冯成志.个体采纳与群体采纳:决策过程中的两类建议采纳行为［J］.心理科学进展，2021，29（3）.

［080］闫守轩，朱宁波.英国新一轮小学科学课程改革及其启示［J］.课程·教材·教法，2015（10）.

［081］薛海平，陈向明.我国中小学教师培训质量调查研究［J］.教育科学，2012（6）.

［082］吴刚平.教师实践性知识的行动逻辑与理解转向［J］.全球教育展望，2017（7）.

［083］刘旭东，吴银银.我国教师实践性知识研究十年:回顾与反思［J］，教师教育研究，2011（3）.

［084］蒋永贵，郭颖旦，赵博，等.初中综合科学教师专业素养模型的构建研究——基于对15位资深教师的深度访谈［J］.教师教育研究，2022（2）.

［085］曾凡碧.高中英语学困生问题分析与转化思考［J］.中国教育学刊，2019（S2）.

［086］张军征，樊文芳.科学探究模拟软件的真实度分析［J］.电化教育研究，2011，（3）.

［087］朱广艳.有效利用信息技术培养学生科学探究能力的思考——源于数字探究实验室的案例分析［J］.电化教育研究，2008（4）.

［088］王慧君.科学探究课的旨趣及对探究课中两个问题的思考［J］.课程·教材·教法，2008（3）.

［089］张军征，樊文芳.模拟软件促进科学课程探究学习的作用分析［J］.现代教育技术，2012（4）.

［090］伍国华.基于计算机模拟的科学发现学习实现模式——从单纯发现到指导发现［J］.电化教育研究，2010（8）.

［091］刘万海，张维波，论生态取向的教师间合作专业发展［J］.当代教育科学，2011（24）.

［092］张琪.试论生态学习观取向下的教师专业发展［J］.教学与管理，2011（6）.

［093］魏薇，陈旭远.从"自在"到"自为":教师专业自主的内在超越［J］.教育发展研究，2010（24）.

［094］陈向明.教师实践性知识再审视——对若干疑问的回应［J］.北京大学教育评论，2018（4）.

［095］樊文芳，张军征.支持科学课程探究学习的实验模拟的交互因素分析［J］.现代教育技术，2011（10）.

［096］樊文芳.教师实践性知识发展内涵及其研究的反思［J］.中小学教师培训，2018(12).

［097］樊文芳.教师实践性知识发展的层次探析——基于专家型教师成长的个案［J］.基础教育，2019（6）.

［098］樊文芳.模拟型课件支持小学科学探究学习的观察与分析［J］.中国教育信息化，2018（18）.

［099］樊文芳，张军征.换岗实习:改善农村教师信息化实践性知识的现实选择［J］.教育理论与实践，2014(6).

［100］W. Doyle. Work in Mathematics Classes: the Context of Students' Thinking during Instruction［J］. Educational Psychologist, 1988（23）.

［101］J. J. Schwab. The Practical : A language for Curriculum［J］. School Review, 1969 (2).

［102］N. Verloop, etc. Teacher Knowledge and the Knowledge Base of Teaching[J]. International Journal of Educational Research, 2001 (5).

［103］D. Beijaard, J. Driel, N. Verloop. Evaluation of Story-line Methodology in Research in Teachers' Practical Knowledge[J]. Studies in Educational Evaluation, 1999（25）.

［104］D. J. Clandinin, F. M. Connelly. Teachers' Personal Knowledge : What Counts as Personal in Studies of the Personal[J]. Journal of Curriculum Studies, 1987（19）.

［105］P. C. Meijer, N. Verloop, D. Beijaard. Similarities and Difference in Teachers' Practical Knowledge about Teaching Reading Comprehension[J]. The Journal of Educational Research，2001(3).

[106] J. Driel, D. Beijaard, N. Verloop. Professional Development and Reform in Science Education：The Role of Teachers' Pratical Knowledge[J]. Journal of Research in Science Teaching，2001(2).

[107] D. J. Clandinin. Personal Practical Knowledge：A Study of Teachers' Classroom Images[J]. Curriculum Inquiry，1985(4).

[108] D. Beijaard, N. Verloop. Assessing Teachers' Practical Knowledge[J]. Studies in Educational Evaluation. 1996(3).

[109] Johnston, M. Contrasts and Similarities in Case Studies of Teacher Reflection and Change[J]. Curriculum Inquiry，1994(1).

[110] L. S. Shulman. Those who understand：Knowledge Growth in Teaching [J]. Educational Researcher，1986(15).

[111] F. M. Connelly, D. J. Clandinin. Telling Teaching Stories[J]. Teacher Education Quarterly，1994(1).

[112] W. S. Carlsen. Teacher Knowledge and Discourse Control：Quantitative Evidence from Novice Biology Teachers' Classroom[J]. Journal of Research of in Science Teaching，1993(5).

[113] D. Clarke, H. Hollingsworth. Elaborating a Model of Teacher Professional Growth [J]. Teaching and Teacher Education，2002(8).

硕博士论文

[001] 陈静静. 教师实践性知识及其生成机制研究——中日比较的视角 [D]. 上海：华东师范大学，2009.

[002] 何美. 美国优秀科学教师专业标准、评估及认证研究 [D]. 上海：华东师范大学，2012.

[003] 张立新. 教师实践性知识形成机制研究——基于教师生活史的视角 [D]. 上海：上海师范大学，2008.

[004] 张立忠. 课堂教学视域下的教师实践性知识的研究 [D]. 长春：东北师范大学，2011.

[005] 潘丽芳. 教师实践性知识研究——以 S 市小学教师为例 [D]，上海：华东师范大学，2013.

[006] 赵彦俊. "实习支教生" 实践性知识生成研究 [D]. 重庆：西南大学，2009.

[007] 赵翠玲. 地理教师实践件知识发展研究——上海市第二期地理名师培养基地个案透视 [D]. 上海：华东师范大学，2012.

[008] 金美福. 教师自主发展论 [D]. 长春：东北师范大学，2003.

[009] 姜美玲. 教师实践性知识研究 [D]. 上海：华东师范大学，2006.

[010] 李丹. 幼儿教师实践性知识发展研究 [D]. 重庆：西南大学，2011.

[011] 李水霞. 新课程下小学科学课程实施个案研究 [D]. 长春：东北师范大学，2015.